雷军
管理日志

林军　雍兴中◎编著

ZHEJIANG UNIVERSITY PRESS
浙江大学出版社
·杭州·

图书在版编目（CIP）数据

雷军管理日志 / 林军，雍兴中编著． -- 杭州 ： 浙江
大学出版社，2024.8（2025.5 重印）
（中国著名企业家管理日志）
ISBN 978-7-308-24835-8

Ⅰ．①雷… Ⅱ．①林… ②雍… Ⅲ．①雷军－商业经
营－经验 Ⅳ．① F715

中国国家版本馆 CIP 数据核字 (2024) 第 075340 号

雷军管理日志

林　军　雍兴中　编著

策　　划	杭州蓝狮子文化创意股份有限公司
责任编辑	黄兆宁
责任校对	陈　欣
封面设计	张志凯
出版发行	浙江大学出版社
	（杭州市天目山路148号　　邮政编码　310007）
	（网址：http://www.zjupress.com）
排　　版	杭州林智广告有限公司
印　　刷	杭州钱江彩色印务有限公司
开　　本	710mm×1000mm　1/16
印　　张	18.75
字　　数	318千
版 印 次	2024年8月第1版　2025年5月第3次印刷
书　　号	ISBN 978-7-308-24835-8
定　　价	68.00元

目 录

1月

创业维艰

诀窍就是"泡"

我学电脑是从"泡机房"开始的。那个年代，计算机还远没有现在这么普及，计算机系机房的 PC 机总数不超过 15 台，上机自然紧张。我解决上机问题的诀窍就是"泡"，每天待在机房里磨蹭。最好的运气就是别人不来，有空的机器；如果有人不懂，我也可以借指导之机用一会；实在不行，就坐在一边看看热闹。

不过，"泡机房"也是一件很痛苦的事，有时候遇到不好说话的机房管理员，没有上机票的话死活就是不让你进去。一般想"泡机房"就必须提前一个小时在门前排队。武汉的冬天是没有暖气的，非常冷，但机房里又必须穿拖鞋，我们机房旁边就是一个风口，在机房门前穿着拖鞋等上一个多小时就已经冻得直哆嗦，但我还是乐此不疲。后来我去得太频繁，以至于机房管理员见着我，不问有没有上机票就往外轰。

那时，学电脑就是如此不容易，以至于现在电脑可以随便使用的时候，玩游戏仍然有一种负疚感，觉得浪费时间。

——《我赚的第一桶金》1996 年 5 月发表于金山西点 BBS，

12 月收录于《软件》

背景分析

1987 年，雷军考入武汉大学计算机系。在大学期间，雷军对计算机表现出了浓厚的兴趣。此时的雷军，还没有燃起改变世界的梦想，但他十分擅于给自己定一个目标，督促自己不断上进。

应该会有不少人认为拥有一个不平凡的梦想是雷军成功的先决条件。而雷军对此一直有不同意见。在他看来，梦想没有大小、不分贵贱，每个人都有自己的梦想，都可以取得成功。诚然，每个人天资禀赋不同，机遇条件也有不同，但只要超越了自己就是成功者。当自己有 60 分能力时，就做到 61 分；当自己有 100 分能力时，就做到 101 分。不同的人，在不同的时间，都可能有不同的梦想，关键是在人生的每个阶段，都有力争上游的态度。

行动指南

先在自己能力范围内做到最好。

1月 2日 写点什么软件

大二下学期，当时想学的东西都学得差不多了，就有了一种特别强的表现欲望：可不可以写点什么软件，让大家都来用？当时我认为，在国内做软件，一定要掌握中文处理和加密这两项最关键的技术。中文是中国软件开发的障碍，它使中国用户不容易同步享受到世界最新的软件成果，但同时它也是中国软件产业的天然壁垒，一个不是在中文环境中成长起来的程序员很难突破这个壁垒，所以中文会保护中国软件产业，这也是中国软件的市场和希望所在。加密技术是产品销售的保证，国内盗版严重，不加密的软件当时没有经销商愿意卖。

为了以后写软件比较方便，我考虑写一个加密工具。1989 年上半年，我写了一个软件雏形。后来这个雏形能够成为产品，主要是因为我认识了合作伙伴王全国。天下居然有这样的巧合，我在写加密软件内核的时候，他正在写加密软件的界面，合作就成了很自然的事情。我们计划花半个月的时间，构造一个实际可用的软件，最后我们按时完成了计划。我现在还清楚地记得完成的时间是 1989 年 8 月 17 日。

——《我赚的第一桶金》1996 年 5 月发表于金山西点 BBS，

12 月收录于《软件》

背景分析

20 世纪 80 年代末 90 年代初，中国软件行业刚刚起步，当时中国与发达国家在方方面面都存在差距。中国人历来讲究"福祸相依""危中有机"，认为优势和劣势可以相互转化。在普通人眼中，中文是软件开发的劣势，而雷军却看到了机会和希望。事实上，同时代取得成功的求伯君也是看到了中文处理软件的机会。后来，他成为雷军崇拜的偶像，也就不足为奇了。

在现代生活中，我们常常会遇到一些集体焦虑。这是由于人类天生对于坏消息更为敏锐，而舆论又倾向于放大负面消息。这个时候往往需要我们违反直觉，做一个"理性乐观派"，找到事物发展的规律。正是在这样的思维引导下，雷军毅然先后投身于中文软件开发和智能手机制造，为中国科技发展做出了卓越贡献。

行动指南

差距终将抹平，壁垒总会打破，这中间的过程，就是机会。

1月 3日 勇于寂寞

这个时候写软件，比以前麻烦得多：白天要上班，虽然办公室没有多少事可干，但也不能干别的，周末还要到中关村会会朋友。这样，我的时间只有周一到周五的晚上。那时为了节约时间，我经常用小时来安排晚上的日程表。有时如果完不成计划就干通宵。干通宵虽然累，但也有某种精神上的慰藉。每到凌晨，万籁俱寂，而我一个人还在电脑前干活。当时有一种极大的精神鼓舞着我：我在用别人睡觉的时间干活。这个时候，嘈杂的电脑风扇和敲键盘的声音就成了悦耳的音乐。

干通宵记忆最深刻的是有次凌晨四点，程序写完的时候，存盘时死机了，备份的文件变成了零字节，而我第二天必须给人演示这个程序。我已经不可能把整晚的工作全部重写，当时我都了，不知道说什么好。同宿舍的朋友醒了，帮我从硬盘里的第一个扇区找起，花了两个小时，把程序全部找回来了。我那个朋友后来开玩笑说我当时都快哭出来了。

那个时候的辛苦可想而知，由于刚开始工作，上班不好意思迟到，只能勉强自己少睡点。但我面临的最大痛苦不是苦累，也不是报酬太低，而是快乐没有人分享。每每我遇到一个难关，不会有人帮忙解决；花费很大的力气解决的时候，高兴得手舞足蹈，也没有人分享。"独乐乐不如与众同乐"，那段光阴，想"与众同乐"都不可能，只有"独乐乐"。这是多么悲哀！在那些快乐没有人分享的日子里，我终于完成了 BITLOK 1.0。

作为产品开发者，如果没有用户和朋友的支持，是一件非常可悲的事，但一个开发者只有勇于寂寞、甘于寂寞，才可能开发出好的产品。

——《我赚的第一桶金》1996 年 5 月发表于金山西点 BBS，

12 月收录于《软件》

背景分析

大学毕业后，雷军来到北京一面工作一面从事软件开发。坚持是成就事业的可贵要素，但也有不同的现实困难。有朋友的理解、亲人的支持、团队的帮助，大多数人都能坚持下来，比如大多数高考学子。但有一类情况特别困难，就是孤身一人，不仅苦痛时无人帮忙，就连快乐也无人分享。所以最高级别的坚持，是甘于寂寞。

寂寞是所有人都能感受到的、都会拥有的情绪，但有的人选择无视它，或者随手抓来别的替代物，以此来消耗它——即使它永远都不会有消失的那天；而有的人却选择默默消化，以寂寞为养分。雷军便是如此，或许这也是他能达到普通人难以达到的成就的原因之一。

找个时间，独处一会儿。

1月 4日 见到了夕阳

这段合作的工作量非常大，工作非常辛苦，一般要工作到深夜两三点钟，困了就和衣睡在沙发上。第二天别人 8 点上班，我们必须在这之前起床。半个月下来，两个人瘦了一大圈，脏衣服也累积了一大堆。有个礼拜天，我们从早上干到了傍晚，出门吃饭，见到了夕阳，当时大家还开了个玩笑：当我们见到太阳的时候，太阳已经下山了。

虽然我们这次开发只用了半个月的时间，但当时我们绝对没有想到以后会坚持开发 7 年。产品做完后，我们非常激动，心想该为我们这个开发组取个响亮的名字。以前看过一个电影，叫《神秘的黄玫瑰》，讲的是一个除暴安良的神秘人物的故事。我们做加密软件就是为了遏制盗版，所以借助这个故事的名字，也取名"黄玫瑰"。我们把产品取名 BITLOK，版本号设定为 0.99，因为这个产品和真正好的版本还有距离。就这样，BITLOK 0.99 诞生了。

——《我赚的第一桶金》1996 年 5 月发表于金山西点 BBS，

12 月收录于《软件》

知乎上流传过一句话：大多数人努力的程度都达不到谈论天赋的程度。著名球星科比取得的成就固然与他的天赋相关，但他见过无数次凌晨 4 点时洛杉矶的样子。只有付出与科比相同的努力，才有资格说科比的胜利是建立在天赋上的。雷军自小便是学霸，但如果将他的成功归于天赋惊人、智商超群，就太简单了。古人云"玉不琢，不成器"，天赋需要努力来兑现。事实上，雷军每一个阶段的成功都付出了超出常人的努力。

行动指南

付出比常人更多的努力。

1月
5日 做好准备再创业

不少人想白手起家、空手套白狼。在今天这个商业社会里，这是非常不现实的一件事情。我特别想问：你为什么不能先做能力及资源上的积累再创业呢？如果你觉得机会难得，那么为什么不去试图说服更多人给资源，然后再创业呢？

我参与创办过金山软件、卓越网，作为天使投资人投资了不少成功的创业项目，看起来很拉风。但其实，我也有过非常惨痛的失败教训。创业不是件容易的事情，一定要想清楚，做好充分的准备再出发。

有的人为了养家糊口被迫去创业，有的人为了面子和虚荣盲目创业，这样的创业历程注定会很坎坷！

——《阳光灿烂的日子》2008年11月写于新浪博客

背景分析

2007年12月20日，雷军辞去金山CEO职务，他的创业生涯也行至中途。当时博客兴起，雷军也习惯在网络上与人分享经验，同时也是对自己前半段创业生涯的总结。2008年金融危机爆发，很多创业者面临困难，归根结底是准备不充分。雷军从自身经历出发，总结出理想的创业是找到自己喜欢并擅长的事，然后努力学习创业需要的技能，最后要找到自己所擅长的事和社会需要的结合点，这样的创业才能事半功倍。创业需要热情，但更需要头脑。谋定而后动，雷军做事就非常讲究先想清楚。创业的目的是什么？自己有什么积累？如果没有，那么能做些什么？想明白这些问题可以避免"头脑一热"。

行动指南

创业要做好准备，有所积累。

1 月
8 日 提高学习能力

　　走到那个教室，我就想起在那里度过的许多时光。在我记忆中最深刻的一件事情是什么呢？是我刚上大学的时候在那里自习，旁边的教室里面掌声不断。我过去看热闹，便听了我人生中的第一次讲座。那是化学系在举办迎新讲座，他们系里一个老教授刚从国外回来，给新生讲应该怎么上大学。

　　具体的内容我忘了，但是我至今还记得他讲的非常重要的一段话，他说："现在同学们经常抱怨学习和分配不对口，学的东西没有用。你们知道大学到底教什么？怎么叫学会上大学？大学里面最重要的是教你怎么学习，是教给你一种学习的能力。上研究生院，教的是做研究、做工作的一种能力。如果学到了这种能力，你还有什么学不会的呢？还有什么专业不对口呢？"大家想想，就像我们哲学系的师兄艾路明，企业也办得很好，他也不一定要从经济系或者教如何办企业的系毕业（才能办企业）。这就是我听的第一场讲座，听完以后，对我启发特别大。所以我花了很长时间去琢磨，怎样才能提高自己的学习能力。

　　——《上大学最重要是获得学习能力》2018 年 11 月武汉大学演讲

背景分析

　　2015 年开始，全社会对于创新创业产生了极大的热情，大学生也成为被鼓励的创业对象。2018 年，雷军已经是成功的企业家，当他回到母校演讲时，他没有大谈创业经验，而是对学弟学妹强调了学习能力的重要性。2023 年在武汉大学的毕业典礼上，雷军再次受邀演讲，他分享的故事依然是在大学听的第一场讲座。在雷军 30 多年的创业生涯中，他一定有非常多值得分享的经验，然而他每一次面对学生群体，强调的都是学习能力。

"学生的首要任务是学习"，这句话听起来比较官方，但确实是真理。电影里有句台词说：听过很多道理，却过不好一生。其实原因并不复杂，听过的道理需要被实践。把每一个枯燥的道理都做到，没有理由过不好人生。

行动指南

创业是能力的结果，而不是能力的证明。

1月 9日 能者为师

外界说我是IT界最年轻的老革命。我玩BBS的时候，丁磊和马化腾他们是我们的站长，一个负责深圳站，一个负责广州站。周鸿祎大学刚毕业时，到北京的第二顿饭是我请他吃的，那时候他跟刚求职的小孩一样，可我已经出道六七年了。

那你为什么没有抓到机会？你要反思。第一点就得承认别人做得比你好。有很多人出道比较早，就摆资格，不愿意跟人学习、交流，这种人在IT界混不下去，因为IT界日新月异，每天都会出来新人。也许今天你给我打工，明天你就是首富了。我真的不敢忽略任何一个人，因为他们明天都有可能比我更成功。你必须承认有人比你做得好，无论是腾讯的马化腾，还是网易的丁磊，或者陈天桥，他们都是佼佼者。

能者为师，这点非常重要。三人行必有我师。你能不能够调整好自己的心态，这是最大的事情。你要琢磨他们为什么能上市，他们为什么能成功，你的缺点在哪里，你应该怎么完善自我。这是第一点。

第二点，还是需要放松一些，只要你每一天、每一个阶段都在努力，都付出了，没有耽误时间，就对得起自己。

——《我和金山的"五次上市"》2007年10月发表于《中国企业家》

背景分析

进入 2000 年，互联网产业迎来一波翻天覆地的浪潮。网易、搜狐等门户网站兴起，QQ 异军突起，盛大游戏上市将陈天桥送上了首富宝座。而年少成名的雷军显得有些落寞，他有没有不服气？肯定是有的，但他没有被情绪左右，而是潜下心去学习。如果理解不了这件事的可贵，不妨以普通人的视角带入：作为一个单位里的前辈，面对超越自己的后辈，能不能毫无芥蒂地向后辈虚心学习？

行动指南

不要把资历当能力。

1月 10日 和牛人交流

我喜欢琢磨新的东西，也经常为自己或者别人的一些好主意欢欣鼓舞。我没有精力或能力做那么多不同的事情，这些主意闲置在一边常常让我感到痛苦不堪。我曾努力同时做过不少有趣的事情，但我知道，纵使我每天工作 24 小时，我依然很难让每件事情达到我的预期。我为之焦虑不安。

我还有一个很大的痛苦，我喜欢聪明能干的人，非常希望有机会和他们共事。以前的办法就是"三十次顾茅庐"请他们来我们公司工作，但这个办法不是每次都奏效。

如何排解这些痛苦呢？最近两三年我终于找到了一种方式，就是做天使投资。我可以投点钱，让这些能干的人来实现这些有趣的想法。每天和这些牛人交流，时时感受他们的创业热情和智慧火花，时时看到业务一步一步新的进展，让他们把这些新奇的想法一点点变成现实，这是多么享受的一件事情呀，如沐春风！

——《天使投资只是我的业余爱好》2008 年 10 月写于新浪博客

背景分析

把金山带上市，是雷军对自己和团队的承诺，这个承诺也让他身心俱疲。因此，2007年金山上市后，雷军选择了隐退。此时他才38岁，正是年富力强的时候，不可能甘心真正退休，因为他心中办一家伟大公司的梦想还没有实现。这一阶段，天使投资完美契合了雷军的需求，离开经营管理的案牍劳形，有大把时间来思考和看创业方向。更重要的是，他得以和行业中最优秀的头脑交流，寻找下一个风口。

行动指南

抽时间，多和行业牛人交流。

1月 11日 只要能学东西

当年的游侠，必备如下装备：一辆破自行车和一个破包，包里至少要装两盒磁盘及三本很厚的编程参考书。武大樱园宿舍到电子一条街的距离并不远，但走路需要四五十分钟，自行车成了必需的装备。新自行车招贼，所以最好是辆"破"自行车。当年最好的电脑是"286"，内存也只有1M。对于一个高手来说，所有常用软件必须自备，这样至少需要20张磁盘。编译工具里没有编程接口资料，也没有电子版的图书，只好常备几本很厚的编程资料。那时的书质量不高，内容也不全，还常常有很多错误，至少需要三本对照着看。背着三本很厚很沉的书跑来跑去，肯定不是一件舒服的事情。就是在那个时候，我下定决心，要写一本没有错误、内容全面的编程资料书，让所有程序员只带一本书就可以了。这本书就是我和同事1992年合著的《深入DOS编程》。

就这样，我骑着破自行车，背着装满磁盘和参考书的大包，开始闯荡武汉电子一条街。

刚出道时，我的想法比较简单，只要能学东西，干什么都可以，赚不赚钱不重要。

我对各种新生事物都抱着非常浓厚的兴趣。接下来的两年，涉猎之广，令我自己今天来看也很惊讶。我写过加密软件、杀毒软件、财务软件、CAD 软件、中文系统以及各种实用小工具等，还和王全国一起做过电路板设计、焊过电路板，甚至还干过一段时间"黑客"，解密各种各样的软件。两年混下来，我和各家电脑公司老板都成了熟人，他们有任何技术难题，都愿意找我帮忙。这样，我成了武汉电子一条街的"名人"。

——《阳光灿烂的日子》2008 年 11 月写于新浪博客

背景分析

创业需要经验，但经验也需要到创业中去学习。雷军对首次创业的预期设定很合理，最重要的就是学习，赚钱是第二位的。当时最好的电脑是"286"，内存也只有 1M，雷军的背包里常常需要自备 20 张磁盘。雷军形容这段经历是"闯荡江湖"，走出象牙塔，走出舒适圈，到社会水域中去感受温度，这是创业的第一步。这也是雷军数次在大学演讲中，始终强调学习能力的原因。他并不希望自己的经历传达出错误的信息。大学生阶段的创业不宜过分拔高，雷军本人也是以学习为主的。

行动指南

到真实的环境中去摔打、去学习。

1月 12日 向高手靠拢

1990 年初，我在一个朋友那里用了 WPS 汉卡，当时就被震住了：不仅界面易用美观，更强的是打印结果可以先模拟显示出来。软件的署名是香港金山公司求伯君，当时我觉得这个"香港"软件写得真好。由于当时的电脑存储和运算能力不足，运行 WPS 软件需要一块价值不菲的汉卡来支持。我特别想买套来用用，但买一套需要2000 多元，这在当时是一个天文数字。没有办法，我决定把 WPS 解密，并移植到普通电脑上直接使用。

这可不是件容易的事情，我几乎有两周没怎么睡觉，才终于完成。在使用过程中，我又在原来的基础上做了一些增强和完善，不少朋友都觉得很好用。于是，我解密的 WPS 版本成了国内最流行的 WPS 版本。因为这个渊源，我后来认识了求伯君。

我成功破解了不少软件后，成了当时圈子里面几大解密高手之一。有次一个朋友告诉我，《自然码》加密做得很牛。我和王全国就着手解密《自然码》，没过多久就搞定了。但研究完后，觉得《自然码》的代码写得非常好，越研究就越佩服《自然码》的作者周志农。后来我到北京，第一个想认识的牛人就是周志农。

——《阳光灿烂的日子》2008 年 11 月写于新浪博客

背景分析

在电子街创业时，雷军做过不少软件破解工作，这奠定了他在程序员圈中的名声。而雷军也在这个过程中，对软件背后的作者心生敬佩，并且对他们充满敬意。某种程度上，求伯君的事迹激励了雷军。在任何行业，大咖、牛人都对创业者有巨大的帮助，或者是有精神上的感召，或者能提供资源上的支持。

行动指南

想一想：你所在的行业谁是大咖，有什么办法可以产生联系？

1月 15日 "黑"到什么程度

我们开展的是关于中国软件产业的讨论。有的同志认为：中国软件产业处在黎明前的黑暗中。到底"黑"到什么程度，也就是说，中国软件产业目前处于一个什么状况，这是我们要认真讨论的一个问题。我们只有搞清楚自己及竞争对手的现状，找到自己的出路，我们的前途才是光明的。下面我根据大家的理论谈几个想法。

第一，我认为中文平台是中国软件开发的基石，是支撑点。中文平台站住了，下一步的问题就是我们能不能向我们的用户提供好的应用软件。例如：是否能让用户先运行完《中文之星》之后再运行 Office 呢？

第二，软件开发应坚持务实的原则。例如台湾地区，它的游戏产品做得很有名气而且销路很好。这说明台湾的软件产业主要走这条路，而且走对了。我们大陆为什么不这样做呢？像游戏这样的娱乐产品是要带有很强的民族文化特色的。中国又有五千年的优秀文化，根据这些内容生产出的软件产品的市场是极大的。虽然这些游戏软件不一定能提高生产率，但如果人们能从娱乐中受到教育，那也是软件产业的职责。

第三，为了让中国软件走向世界舞台，在中国办软件工厂，我认为条件还不成熟。我们不要怕别人说我们是"手工作坊"，关键是看能不能出精品。

——《目前软件开发要务实》1995 年 9 月发表于《今日电子》

背景分析

20 世纪 90 年代初，中国软件市场急剧扩张，跨国软件企业纷纷来华开展业务，还处在成长期的中国软件遭遇强敌。这一局面导致中国软件失去了壮大的机会，也加速了中国软件企业的优胜劣汰。1994 年，微软 Word 4.0 进入中国，与如日中天的 WPS 达成了合作。早在 1993 年，雷军刚加入金山不久，就带领团队花费三年时间推出了更适应 Windows 系统的文字处理软件《盘古组件》，不料市场遇冷，雷军对此也进行了深刻的反思。反思不是简单地承认错误，而是要在复盘中找到正确的路径。失败不是成功之母，在失败之后总结经验，才是通向成功的道路。

行动指南

看到困难只是定性，还需要定量、定位。

1月 16日 高手胜算大

现在的软件研发越来越强调团队协作，不少团队都配置了专门的分析需求的工程师、研究用户界面及用户体验的设计师，软件研发的分工越来越细。很多程序员以为只要把技术搞好，就不用管用户需求和用户体验。实际上，需求方案及界面方案不可能写得非常细，具体的实施还是要靠程序员自己来调整的。这个时候，软件设计、页面最终的呈现、用户体验的好坏差距很快就体现出来了。

我们写程序的最终目的是满足用户需求，而不是简单完成需求规划方案中的功能。所以，首先，程序员一定要认真揣摩用户心理，明白用户的真实需求。

其次，怎么设计交互界面，让用户觉得好用、用起来舒服，这里面的学问很大。我举一个小例子，每个程序窗口右上角都有三个按钮，如最小化、关闭等，乔布斯觉得不好看、不易用，他提出改用红绿蓝的交通灯。这样修改后，果然 Mac OS 漂亮和易用了很多。

目前互联网和手机上的应用开发，都非常强调小团队研发。这样的研发模式下速度会快很多，但对程序员的综合素质的要求也就更高了。

我强烈建议程序员不要局限在技术本身，还需要多花点精力考虑和用户相关的问题，学会洞察用户的需求，并努力设计好用、易用的产品。做到这些方面的程序高手，创业胜算就很大了。

——《这样的程序员创业有戏》2008 年 12 月写于新浪博客

背景分析

技术要关注用户。具体怎么做？通常的想法是通过团队协作，让技术人员了解用户需求。但雷军认为前后端应该打通，技术人员不能沉浸在技术小圈子里，开发人员自身也一定要了解用户需求。对用户需求有洞察能力的人，才算是高手。创办小米后，雷军要求公司技术人员都要"泡论坛"，直面用户反馈。"和用户交朋友"的思想，也来源于雷军早年的程序开发经验。

重视人员的综合素质，高手的胜算会更大。

1月 17日　可能出错的地方

如何写出像诗一样美的代码呢？方法也很简单。

第一，买几本经典的编程书，把书上所有例程全部重新写一遍，再逐个比较和书上范例之间的差距，一步一步改善自己编程的风格和技巧。时间长了，自然就能写出像书上例程一样的代码了，甚至可以比书上写得更好。

第二，基础扎实后，多看看 Linux 等系统级的源代码，看看高手是如何写的，就有感觉了。

第三，通读一下 MSDN 中所有的资料，所谓"读书破万卷，下笔如有神"。

还有，一定要牢记软件工程的铁律：可能出错的地方一定会出错。对每个变量都做初始化，引用的每个参数都做有效性检查，在每个可能出错的地方都做边界条件检查，这样开发出来的程序一定会稳固很多，即使出错也会很容易修改。野路子出来的高手，一般开发速度很快，但做完后 bug（程序错误）很多，往往需要经过很长时间的修改。而真正的高手，追求的境界是 bug free code（零缺陷代码）。

——《这样的程序员创业有戏》2008 年 12 月写于新浪博客

企业家有各种不同的出身、受教育程度和职业背景，因此他们具有不同的行事风格。雷军做事尤其讲究章法，做事之前的思考非常多。这和他程序员出身的背景不无关系，软件工程的铁律让他对每件事的细节都极其关注。我们也不难发现，几乎所有成功人士都是"细节控"，非常笃信"细节决定成败"。任何人的成功都是由一件一件的小事积累而来的，日常工作中如果没有养成关注细节的习惯，也就无法通向更高的层次。

不要留有可能出错的地方。

1月 18日 在失败中成长

还有件很烦心的事，就是四个股份相同的股东，谁做董事长，谁说了算。我当年二十岁刚出头，不想掺和这样的事情，但他们好几次把我从武大的教室里面叫出来开会，一开就是一个通宵。短短几个月时间，董事长改选了两次。和大多数创业公司一样，中间还发生过好多好多事。

高涨的创业热情被残酷的现实一天一天消磨，我开始思考一个问题：作为一个大四的学生，我是否真的具备创业所需的能力？琢磨了好几个晚上，我提出了散伙。

那是冬天的一个星期天，大家同意我和王全国退出。我们分了一台"286"、一台打印机和一堆芯片，就离开了。虽然我们一起创业只有半年多时间，但回想起来过去的事情历历在目，觉得有一个世纪那么漫长。

经过了创业的煎熬，回到学校，心里轻松极了。一个人走在武大的樱花路上，觉得阳光灿烂。

我的大学创业过程就这样惨淡收场了。

我觉得，人就是在挫折和失败中成长的。正因为这次失败，我对自己的能力有了清醒的认识，也为未来的发展做好了脚踏实地、一步一步干的心理准备。

——《阳光灿烂的日子》2008 年 11 月写于新浪博客

雷军的第一次创业是校园创业，事后看相当稚嫩。他们的产品被大量盗版，公司没有赢利，大家只能靠打牌赢饭菜票过日子。更重要的是公司股权结构有重大问题，而几个大学生其实也没有管理能力。失败并不可怕，可怕的是不知道为何失败。幸运的是，雷军很快认识到自己的不足，果断结束了第一次创业。这件事也表明雷军拥有成熟的心智，对于创业失败没有过多纠结，并且与创业伙伴也没有发生任何纠葛。学长王全国一直是雷军的好友，并且后来加入了金山，成为一段佳话。

行动指南

创业不要怕犯错，但改错一定要及时。

1 月 19 日　谷歌不成功，不代表我不能成功

　　手机销售的渠道费用是很贵的，我们就用互联网的手段把这些钱省下来。有人说谷歌曾经在网上销售手机未能成功，你凭什么成功？前些天在 TechCrunch[①] 上也有人问这个问题，我回答说，谷歌不成功，不代表我不能成功，他们不懂电子商务。结果这话被媒体曝出来成了"谷歌不懂雷军懂"，我被骂到半死。但是这里我真的要说，就电子商务来说，我已经做了 10 年，至少在这个方面我比谷歌的创始人懂。让我来解释一下：大家觉得手机不适合在网上卖，是因为体验的问题，所以小米做了大量的工作，让人在没有用过的情况下，就已经对我们的产品有了体验。我们做了哪些工作呢？我们的手机在测试的时候就开始卖，我们把各个手机公司高度保密化的东西全部公开了。我们鼓励发烧友发布体验，我们鼓励各个测试机构试用。我们又借用了凡客诚品（VANCL，简称凡客）的系统，实现产品可以在全国 200 多个城市 24 小时内送到，坏了可以上门取。其实我觉得手机为什么要坏呢？我要求它不要坏，我希望手机坏了别修，扔掉换个新的，只是我的团队说现在的科技水平还达不到。

——2011 年 11 月谷歌总部演讲

---

① TechCrunch，美国科技类博客，由互联网方面的律师 Michael Arrington 建立，主要报道新兴互联网公司，评论互联网新产品，发布重大突发新闻。

背景分析

作为互联网巨头，谷歌几次做手机均告失败。在小米手机研发的初期，无论是拉投资还是找人，雷军都遇到过对方提出的"谷歌没做成，为什么你能成"这个问题。但成功的关键是找对方法，而不是看公司大小，否则世界上就永远只剩下巨头，不会有新公司的崛起。雷军认为谷歌没有电商的基因，也没有硬件的基因，而小米作为一家新公司，一张白纸好描画，可以同时集中硬件和互联网的人才。谷歌没能做成的事，小米做到了。

行动指南

从巨头的失败中总结经验，就有成功的机会。

1月22日 每输一次就多一些经验

过去，我们整个社会都在鼓励成功，但其实需要提倡的是包容失败。之前我老说我是连续投资者，如果我投资了你，输一次没关系，你还可以再继续进行第二次、第三次。每输一次，你就多了一些经验。其他天使投资人在听到我的思路以后大受启发。我说，你投了一个项目，他失败了，你反过来去安慰他、鼓励他、支持他，那么他下一次创业的成功率可能会高很多。我们投资的时候，要给被投资人一个犯错的机会，他失败了等于我们替他交了学费，而当我们再次给他投资时可能成功的概率会更高。

——《创新的本质是要容忍失败》2011 年 12 月创业邦公司年会演讲

背景分析

雷军非常喜欢连续创业者，因为他本人就是。在成功路上，失败是必修课，在某种程度上也是难得的财富。容忍失败，事实上是在累积财富，提高下一次成功的概率。对待创新和创业者，要有"不抛弃，不放弃"的精神。当然，现实情况是风险投资机构受限于商业模式，要对投资人，而非创业者负责，因此有严格的投资回报要求。雷军关于"创新要容忍失败"的呼吁长达十余年，而要改变既定的行业规则依旧任重而道远，大众也不必苛责风险投资机构的现实。雷军能做到这一点和自身创业经历不无关系——自己淋过雨，也想为他人撑一把伞。

行动指南

创业失败不要紧，再接再厉。

1 月 23 日 要重视逆商

大家都希望孩子情商高、智商高、逆商高，其实情商和逆商在某种程度上甚至比智商更重要。谈到智商的这个问题呢，我想说今天的孩子能上清华附小，我觉得智商都是非常高的。关键问题是在学校教育的前提下，我们家长该做些什么。在智商培养方面，最重要的是挖掘和培养他学习的兴趣，帮助他找到学习的办法，这个我就先不展开了。

关于情商，最核心的是与人相处的能力、团队合作的能力。像我女儿加入班级足球队后，每天都那么激动。我也特别支持她参加足球队，我觉得足球队能培养孩子团队协作的能力，哪怕是当个啦啦队队员，在场边给人鼓掌，也是一种参与。

还需要我们大家引起足够重视的是逆商，逆商的核心是当你遇到困难、遇到挫折时，你怎么能够战胜困难、战胜挫折，艰难前行。今天在我们这个社会中，竞争还是非常激烈的，每个人都有这样那样的压力，都会遇到这样那样的困难，怎么突破自己呢？总体来说，今天的家长对孩子都比较宠爱，为其清除了大多数困难，使得孩子缺乏独立面对困难的机会和勇气，这对逆商的培养或许并不能起到一个良好的效果。他们在成长和未来走向社会的过程中，怎么克服这些坎坷，是最难的一点。所以今天我想跟大家分享的是除了培养智商和情商之外，可能要加强对孩子逆商的培养。

——《不陪孩子你瞎忙啥》2014 年 7 月在清华附小

"家校学习共同体"沙龙中的发言

背景分析

外人看到的都是企业家成功光鲜的一面，但很少有人关注到他们取得成功的过程。雷军在创业过程中也经历了不少挫折，这也是很多企业家所共有的经历。但雷军特殊的地方在于，他在大学期间就经历了创业失败，而挫折教育经历得越早越好。

行动指南

问问自己：第一次重大挫折是什么时候？自己的逆商几何？

1月24日 琢磨商业模式

谈到创业机会和投资机会，对于未来 10 年，我是非常乐观的。未来 10 年肯定是属于年轻人、创业者的，归根到底是属于有想法、能坚持的创业者的。人类发展的历史，就是"长江后浪推前浪，前浪死在沙滩上"的过程。这种生生不息的迭代，在我们企业界每天都在上演。我们不要仰望巨头就垂头丧气，在资本市场低迷的今天，我觉得创业是有很大的机会的。当 BAT（百度、阿里巴巴、腾讯的简称）砸一大把钱就能把你砸死的时候，你可以静静琢磨你的商业模式，琢磨你的产品，你有时间。

我认为，今天可能是我们大规模投资创新和颠覆性产品的机会，因为做创新、颠覆性产品需要时间。在资本过热的时候，市场不会给你时间，有的公司融资能力强，砸一大把钱就能把你砸死，这样就导致一些好的创意被扼杀，你的积极性也被扼杀。在今天这个环境下，我觉得创业者也要真正关注一下，过去一年采用的烧钱模式是不是还 OK。

——《未来十年依然是创业的黄金十年》2015 年 11 月
GGV（纪源资本）成立 15 周年峰会上的演讲

创业和投资低潮往往是上一轮投资过热的结果。烧钱模式在互联网行业大行其道，其本质是资本游戏，而企业比拼到最后靠的一定是创新能力。唯有过硬的产品和正确的商业模式，才能帮助企业在市场上站稳。创业者尤其要想清楚，不依赖烧钱的话，企业要靠什么生存下去，它的核心竞争力是什么。

行动指南

钱多不是坏事，但一定要想清楚企业的核心竞争力是什么。

1月25日 创业并不光鲜

今天我们一共到场了 190 家企业，大家在创业方面都是佼佼者，是时代骄子。到场的几乎每一家企业都在创造奇迹，业绩也都蒸蒸日上。但作为创业者，我可能看到的是另一面。我觉得每个人在市场上打拼，都极其不容易，因为创业者其实没有公众理解中的那么光鲜。

可能很多人在创业之前，很喜欢享受成功创业者的那种感觉。媒体宣传的成功创业者是什么样子的呢？事业很成功，又是豪宅又是名车，今天买飞机明天买游艇，出席各种光鲜的场合。的确，不乏个别成功创业者，过上了幸福的生活。如果按这个标签，毫无疑问，我是个失败的创业者，因为我是"劳模"。

别人讲我是"劳模"的时候，我都觉得很愧疚，对不起大家，我做了一个错误的示范。可是有时候我在想：如果你要真的实现内心与众不同的梦想，你付出的不比别人多，怎么可能成功呢？在座的绝大部分人，难道你的智商真的比大家高一大截？难道你真的拥有特别的资源？我们几乎都是第一代创业者，面临如此激烈的竞争，如果我们付出的不比别人多，是不可能成功的。

这就是我内心很矛盾、很复杂的地方，我真心不愿意听到大家夸我是"劳模"。

我在很忙的时候也很内疚，我觉得自己不成功：为什么我不能像那些成功的企业家一样，每天喝着咖啡就把工作都做好了？我对自己的所作所为产生了困惑，这样做究竟是对还是不对？当然，我觉得企业到了一个阶段，CEO的主要精力应该是在战略决策、组织结构调整、重大合作上，但是即使做这些，也是非常忙碌的。

——《努力工作，克制贪婪是世界上最笨也最高明的办法》
2017年11月小米投资年会上的讲话

背景分析

因为领悟到了顺势而为，意识到光有勤奋还不够，所以雷军一直不喜欢被称为"劳模"。但不要误会雷军在否定勤奋的价值。勤奋可能不是成功的充分条件，但绝对是成功的必要条件。事实上，创业的失败率极高，成功需要很多要素，勤奋可能是创业者唯一能够自己掌控的资源。雷军极其在意团队的奋斗精神，鼓励奋斗文化，并且欣赏那些有自驱力的员工和创业者。

行动指南

创业要有心理准备，任何时候都需要努力奋斗。

1月26日 不要勉强自己

建议一：只有真正喜欢才能写好程序

喜欢写程序，做程序员就是上天堂；不喜欢写程序，做程序员就是下地狱。

程序员需要整天趴在电脑前，没日没夜地工作，非常辛苦，而且工作来不得半点虚假，少写一个标点符号都不行。喜欢的人，日子过得非常开心，每写一行代码，都会有新的成就感，尤其是当自己的作品被广泛应用的时候，那种自豪感油然而生。不喜欢的人，坐在电脑前极端无聊，被进度压得喘不过气来，天天为找bug、改bug生气。

只有喜欢，只有热爱，才能把程序写好！

我建议不喜欢写程序的人早点转行，不要勉强自己，免得误人误己。

建议二：把程序当艺术品，像写诗一样来写代码

现在很少有公司做 codeview（对写好的程序做代码级检查），于是很多人在进度的压力下潦草应付，只要测试通过就算搞定。表面上看，开发速度很快，进度有了保证；但实际上，这样的程序连开发者自己都很难读懂，一旦有 bug，很难调试，将来维护升级都非常困难。这样的代码多半只能重写，浪费自然严重。

如果每个人写程序的时候都是把它当成艺术品来写，把每行都写得认认真真、干干净净，虽然速度略微慢了一点，但综合的开发成本会低很多。

——《这样的程序员创业有戏》2008 年 12 月写于新浪博客

背景分析

雷军是典型的科技创业者，他有非常扎实的技术功底，在成为成功的企业家之前首先是一名成功的技术人员。而要在技术道路上成功，一点也不比在商业道路上成功来得轻松。技术有非常枯燥的一面，并且没有明显的商业回报。要走这条路，不是真心喜欢是不可能的。其实任何事业都一样，努力、坚持、毅力，背后都需要有热爱的支撑。

"热爱"是一种强烈的情感体验，能够激发内心最深处的激情和动力，全身心投入。每个人在生命中都会与"热爱"邂逅：有的人选择了浅尝辄止，把"热爱"变成了业余爱好的消遣；有的人选择了水乳交融，把"热爱"变成了一生的事业、生命的动力。雷军毫无疑问就是后者。

行动指南

你真心喜欢现在做的事情吗？一定要想清楚。

1月 29日 乐在其中

除了勤奋之外，创业者还要在自己的事业中找到乐趣。维珍航空 CEO 理查德·布兰森说：创业的秘诀是什么？不能乐在其中，就别做。

保持初心，追随内心。2015 年我曾经有一段时间总在思考这样一个问题：小米当初为什么出发？我们创业的本质是什么？后来我想清楚了，在那一年的小米年会上和全体员工分享了答案：要形成良好的创业心态，本质就是要做自己觉得酷的产品，就是要享受这个过程，在探索的道路上永不止步。

——《认知和思考最好的体现是面向未来的行动》
2018 年 11 月为《重新理解创业》作序

背景分析

雷军对"勤奋"一直有反思。离开金山后，他总结光有勤奋是不够的，还要顺势而为；在创办小米后，雷军总算是捕捉到了移动互联网的风口，这时他的感悟又不一样了，他觉得勤奋不能是一种外在约束，要找到内在的驱动，那就是兴趣和热爱。兴趣是最好的老师，热爱是最大的动力。雷军始终想改变创业者苦大仇深的印象，使之享受创业本身的乐趣。

创业带给人激情，让人保持积极的人生态度，在创业过程中还能结交志同道合的朋友，这些都是创业的乐趣。但创业最大的乐趣，莫过于自身的成长。创业是一个不断学习和成长的过程，也就是雷军所说的："在探索的道路上永不止步。"

行动指南

以热爱为事业。

1 月 加入这样的集体
30 日

前段时间网上有人"黑"程序员，说程序员是一群什么样的人呢？说他们永远穿着格子衬衣，而且经常掉头发，要不就是发际线比较高，要不就是秃头，性格比较木讷，但是我觉得这绝对不是程序员这个群体的表现。我跟大家说一说我所认识的程序员。

1991 年，在一个展会上，我见到了求伯君，当时他应该只有二十六七岁，穿着一件呢子大衣，一身名牌，走路带风，就像明星登场一样。他与我擦肩而过，那一瞬间我觉得金山的程序员真牛。

我第二次见到求伯君是一个多月之后，求伯君力劝我加入金山，我说我考虑一天，然后第二天我就决定加入金山了。我觉得在金山写程序能够如求伯君一样成就功名伟业，便毫不犹豫地选择加入金山。等我加入了之后我才想起求总没跟我说有多少工资、多少股票，我是上了一个月的班才拿了 2000 多元工资，当时绝对是被求总成功的程序员形象打动了。等我加入金山以后，有点小失望，因为我加入金山之后发现公司只有5 个人，我是第 6 个人，觉得有点被忽悠了。但是让我还是很激动的是，虽然只有 5个人，但那 5 个人都是非常优秀的程序员，所以金山在早期有着极其浓厚的程序员文化。在我们那儿就是"万般皆下品，唯有程序高"，所有人都狂热地喜欢写程序。

——2018 年 12 月金山集团成立 30 周年庆典现场演讲

背景分析

求伯君招揽雷军，无疑是金山历史上最成功的一次招聘。这段往事虽然雷军用轻松诙谐的风格来讲述，但背后无疑有让人值得学习的地方。"一流选手只喜欢和一流选手共事，他们只是不喜欢和三流的选手在一起。"这句话出自乔布斯，也演变出了公认的"一流人才"法则。人才是相互吸引的，雷军加入金山是因为求伯君，但他留下，无疑是因为金山是一个非常优秀的集体，让他产生了归属感。众多企业都想招揽一流人才，但往往只是在薪酬上花费心思，殊不知一流人才可能更在意的是与什么样的人一起工作。因此，招聘重要人才，只有人力部门参与是不行的，还得派出公司最优秀的人才。这是个"一把手工程"。

要想招聘一流的人，就要用一流的人去招聘。

1月 31日 永怀敬畏

对创业永怀敬畏之心。创业者哪怕做对了 100 件事，但不幸地有一件事做错了，就有可能会导致严重的后果，甚至前功尽弃。每次听人说觉得创业 so easy（非常容易），我都觉得其实人们还是低估了创业的复杂度和成功概率。

要有空杯心态，放下过去所有的经验和认知，从零开始全然忘我地学习。

创业者仅有创业的激情和毅力是远远不够的，还需要从"看到"努力做到"看穿"，因为"看穿"才敢大赌，才有大赢的机会。

——《认知和思考最好的体现是面向未来的行动》

2018 年 11 月为《重新理解创业》作序

背景分析

创业成功是小概率事件，即便是雷军这样成功的企业家，一路上也是失败的经历多于成功的。金山时期，《盘古组件》开发失败；卓越网时期，公司被卖给亚马逊；天使投资人时期，凡客诚品、UCWEB（优视动景，一款手机浏览器）虽盛极一时，但又归于平淡；小米时期，也经历了 2015 年的巨大坎坷，直到 2017 年才重新回归增长。创业维艰，在这条路上切记保持谦逊，容不得半点懈怠。

行动指南

对创业要有敬畏之心。

2月

梦想

2月 1日 开始做梦

　　我在图书馆看过一本《硅谷之火》，被书中乔布斯的故事深深吸引。20世纪80年代是乔布斯的年代，他是全世界的IT英雄，他在当年的影响力绝不亚于今天。90年代初，连盖茨都说，他只不过是乔布斯第二而已。在电子一条街打拼一段时间后，我自我感觉良好，就开始做梦：梦想写一套软件运行在全世界每台电脑上，梦想办一家全世界最牛的软件公司。于是，下面的故事就这样开始了。

　　那是1990年七八月份，大三暑假。王全国有个同事，他和他的一个朋友想办一家公司，拉我和王全国入伙。他们两人负责市场销售，我和王全国负责技术和服务，股份四个人平分。我和王全国对自己的技术相当自信，他俩也对自己的销售能力非常自信，看起来好像是"天作之合"，我们几乎没有犹豫就答应了。我当时想：乔布斯、盖茨、戴尔就是在上大学时创业成功的，我为什么不可以？想到这些，我顿时热血沸腾，脑子晕晕的。今天回想起来觉得好奇怪，我们好像根本就没有讨论过，开公司谁投钱、开张后做什么、靠什么赚钱等实际问题。真的是"人有多大胆，地有多大产"。

　　　　　　　　　　——《阳光灿烂的日子》2008年11月写于新浪博客

背景分析

大二下学期，雷军在图书馆看到了《硅谷之火》。后来雷军说，看完书之后他在武汉大学操场上一圈一圈地走，胸中仿佛有一团火。有梦想并不困难，难的是把梦想付诸实现。每个人都有自己的梦想，不同的条件、不同的境遇，梦想也不尽相同。但相同的是，实现梦想需要付出时间、努力和勇气。雷军的难得之处，是在上大学时就拥有了梦想，并且大胆地走出了第一步。

行动指南

用梦想来燃烧自己。

2月2日 梦想需要落地

有梦想再简单不过了，我相信在座的每一位武大同学，你们都有梦想。但是难的是什么？是这梦想怎么落地。如果我们的梦想是要办一家伟大的企业，要做一个伟大的人，一个高尚的人，一个脱离了低级趣味的人，那我们要怎么去做呢？东升学长写的是，"千里之行，始于足下"。我找的第一件事是什么呢？感谢20世纪80年代的武大有学分制，我说我想挑战一个自己认为很难完成的目标，就是两年修完四年所有的学分。

我不知道今天，30多年过去了，有多少人完成了这个挑战。这在20世纪80年代的武大，是一件很不容易的事情，我觉得容易不容易不在我，在学校。你们知道两年修完四年的课程，难点在什么地方吗？难点是有一半的课会缺课。当时有不少武大的教授是点名的，你没有到成绩就不及格。

——《上大学最重要是获得学习能力》2018年11月武汉大学演讲

背景分析

　　武汉大学是最早一批实施学分制的大学，只要修完一定的学分就可以毕业。于是，雷军刚进大学就给自己定下了一个目标，用两年时间修完所有学分。这个目标看起来只要把所有课报上，再努力用功就可以了，但事实上这意味着有一半的课会缺席。雷军除了找同学代打卡，还经常在老师那里刷存在感，擦个黑板什么的。他更多的是主动跟老师沟通，先跟老师打个招呼。最后，很多老师知道雷军的计划以后，帮了他很多忙。这再次说明，成功是有方法的。"勤奋"一向是雷军的标签，但很多人会忽视雷军智慧的一面。我们需要努力地工作，更需要聪明地工作。

行动指南

　　有了梦想，还要有所行动。

2月 5日　光有技术是不够的

　　软件商品化，光有技术是不够的。

　　为了实现开发大型软件的梦想，我义无反顾地加盟了金山软件公司，同时也邀请过去的伙伴们一起加入。在开发大型软件（这个软件就是后来的《盘古组件》中的一部分）之余，BITLOK 的开发也只能成为业余的兴趣。

　　在金山友爱的环境里，很多同事协助我完成了不少工作。更值得一提的是，每完成一个版本，同事就来试探解密，发现问题再告诉我，我再完善，如此多次，最后才定型。BITLOK 1.2 就是依靠集体的力量开发完成的。

　　这个时候 BITLOK 已经是一款很完善的商品软件，但从来没有作为一套真正的商品软件在货架上销售过。BITLOK 从技术上讲已经比较成熟了，但从市场上讲，等于还是一个实验室的作品。1993 年，有个朋友有兴趣推销，我坚持认为 BITLOK 是一个业余产品。后来在这个朋友的再三劝说下，BITLOK 才有机会摆在货架上。这个朋友非常尽心，在产品宣传和技术服务上都下了很大的功夫，BITLOK 很快就赢得了不少客户。

BITLOK 有我们的技术，加上这位朋友的宣传和服务，成了一个真正的商品。如果一个产品没有市场宣传、销售和售后服务等多项保证，就不是一个真正的商品。如果没有那个朋友非常下功夫地推广，BITLOK 永远也成不了真正的商品软件。对于这位朋友，我总存有很多感激之情。

——《我赚的第一桶金》1996 年 5 月发表于金山西点 BBS，
12 月收录于《软件》

背景分析

1992 年初，雷军应求伯君的邀请加入金山软件公司，成为金山第 6 号员工。此后，他先后出任金山软件公司北京开发部经理、珠海公司副总经理、北京金山软件公司总经理等职务。在金山，雷军完成了从一名工程师到企业管理者的蜕变。这一时期，虽然他还有做"最好的程序员"的想法，但站在更大的平台上，有了更多商业上的思考。如果技术人员不以商业为目的，那么即使有了很优秀的作品，也不能发现其中的价值。类似的例子很多，比如，东芝研发了小体积、高存储的硬盘，直到苹果 iPod 项目才大放异彩。雷军这类技术出身的企业家，在一定程度上很好地避免了这一现象。

行动指南

把技术人员的"作品"转化为"商品"，考验的是公司的能力。

2月 6日 平台竞争很激烈

互联网 10 年发展下来，城头变幻大王旗，各领风骚两三年。

时至今日，最成功的 3 家公司就是腾讯、百度和阿里巴巴了。这 3 家虽然业务差异非常大，但都是平台型的公司，平台的商业模式是它们最终胜出的最核心的因素。

商业模式的重要性毋庸置疑，做平台无疑是互联网行业最好的商业模式。

每个人创业的时候当然都会想要做平台型的公司。如果有这样的机缘，我会非常支持！但一定要想到，想做平台的人非常多，竞争非常激烈，最后一将功成万骨枯。

Facebook（脸书）开放平台后，去年国内几家 SNS[①] 公司也开始开放接口，支持第三方研发，这几乎是一种潮流，比如校内网[②]、51[③] 等。我觉得最好的创业想法，就是暂时不要考虑做平台，先依托别人的平台开始做。

最近我看了一下校内网，已经有 1200 种应用，最火的要数"开心农场"，这个游戏是一家上海公司做的。这个游戏在校内网上，已经有 1000 多万安装量，300 多万日活跃用户，百度指数也有 33000 多，这是一系列非常恐怖的数字。要知道，这个产品上线才 6 个多月。

我相信，所有的平台公司都会一步一步走向开放。在这些平台上做应用，推广难度会相对低很多，成功的可能性就提高了很多。如果有一个好的创意，应该第一时间在各个平台上做应用。有了经验，有了实力，再做平台也不迟。

——《互联网创业不妨先放下平台梦》2009 年 5 月写于新浪博客

背景分析

2010 年前后，中国最成功的互联网公司无疑是 BAT，美国则是 Facebook、亚马逊和谷歌。它们都是平台型公司，而且分别占据了社交、电商和搜索的优势地位。在互联网行业，大公司基本就等同于平台型公司，所以基本每家创业公司都有平台梦。在雷军看来，梦想固然要有，但脚踏实地更重要，不是每个公司都适合做成平台型的。比如上文中提到的校内网，当年风靡一时，"偷菜"还成了一个社交热词。如今，校内网早已没落，年轻人对此可能更是一无所知。

行动指南

创业初期暂时放下平台梦。

---

① SNS，social network service 的缩写，意为"社交网络服务"。
② 校内网，中国最早的校园社交网站，成立于 2005 年，2009 年更名为人人网。
③ 51，即 51.com，是成立于 2005 年的社交网站，后转型为游戏社区。

2月 7日 对钞票没有丝毫心动

北京是中国电脑业的"圣地"。毕业的时候，我对于去北京非常执着，就像飞蛾扑火一样。我觉得，北京较之武汉，信息要灵通很多，市场也要大很多。当其他同学选择了深圳和广州，讲述那里的钞票时，我没有丝毫心动。

满怀着干一番大事业的心情，我被分到了北京的一个研究所，参与了很大的项目。虽然工作在郊区，工资很微薄，但我不曾在意过这些，只是一直找不到参与大项目的感觉。那段日子，时间过得非常慢，慢得不知道该如何打发。

这个时候，我认识了苏启强，当时他是用友公司的副总经理，他建议我继续开发加密软件。就这样，尽管我不愿意再开发小产品，但没有别的选择，就继续开发BITLOK 新版。从开发第一个版本到我大学毕业，已经过了两年，水平有了提高。回头去看过去的产品，我决定推倒重写。

——《我赚的第一桶金》1996 年 5 月发表于金山西点 BBS，
12 月收录于《软件》

背景分析

深圳，改革开放的热土；北京，中国 IT 行业的"圣地"。回到 20 世纪 90 年代，南方涌动着财富的气息，在这个关头北上搞研发，在当时很多人看来，无疑是逆时代潮流而动。很显然，雷军心中有一幅更远大的图景，他怀有工程师的理想主义，并不急于获得经济上的回报。雷军的决定，让他在之后的岁月里收获了更多成就。他的选择，不仅推动了中文软件行业的发展，也让他成为中国 IT 行业的代表性人物。他的故事，也鼓舞了更多的人追求自己的理想。

行动指南

财富和事业，孰先孰后，需要考虑清楚。

2月
8日

人因梦想而伟大

2007 年 10 月 9 日，金山成功在香港主板挂牌上市，这标志着第一个阶段创业的成功，标志着新征程的开始！从那天开始，我一直在思考：金山为什么能够活到今天？未来的金山还能不能够继续笑傲江湖？我觉得金山的成功有其成功的基因。古龙在《七种武器》中写到"七种武器"，大家都记忆犹新，今天我也想用"七种武器"这个概念来诠释我理解的金山成功基因。

第一种武器 梦想：人因梦想而伟大。

创办之初，我们就梦想有一天我们的软件能运行在世界上的每一台电脑上。陷入绝境之时，我们依然希望把金山办成世界一流的软件公司。时至今日，我们矢志不渝！

就是因为有梦想，我们聚集了一群优秀的人，我们拥有了一往无前的自信。无论面临什么样的对手，无论遇到什么样的困难，我们都能坚韧不拔、百折不挠，从失败到另外一个失败，直到最后的胜利，成为一支不可战胜的力量。

金山因梦想而常青，金山人因梦想而伟大！

——《金山为什么》2007 年 11 月为《梦想金山》作序

背景分析

2007 年金山上市后不久，一本记录金山企业发展史的官方传记出版，雷军为其作序。关于梦想的话语，听起来往往就像心灵鸡汤，但雷军还是把梦想作为回顾金山的第一个关键词。回顾金山，总让人想起裴松之在《三国志》中对先主刘备的评语："然折而不挠，终不为下者。"金山拥有 WPS、求伯君的光环，但在微软和盗版的夹击之下，始终未能大成。而为此奋战的雷军，又接连错过了互联网行业崛起的风口。金山在 2000 年后艰难转型，最终以多元化模式完成了上市。今天，企业面对员工谈愿景往往会被讥为"画饼"，但谁也不能否认，要带领一支团队在逆境中前行，必然要有共同的梦想、使命和责任感。

以梦想鼓舞团队。

2月 9日 共同的梦想

未来的金山，还有漫漫征程，未知跟不确定性恰恰就是未来最大的魅力，30年后，也许今天的绝大部分公司都会关门，包括现在显赫一时的公司。但是，我相信，金山肯定还在，肯定会更好。因为金山已经活了30年，金山懂得活30年的秘诀。30年来，金山的历程已经充分证明了没有人比我们更重视技术，重视创新，尊重程序员；没有人比我们更有韧劲，更能坚持，更善于不断转型、不断突破；没有人比我们有更深厚的兄弟情谊和抱团打天下的决心。因为坚信，所以奋斗。今天在场的兄弟姐妹们，无论是曾经立下赫赫战功的旧金山人、老同事，还是今天所有的90后年轻人，我们因为一个共同的梦想走到一起。我坚信，未来我们还会书写出更加辉煌的新的传奇。

我在金山工作了快30年，我在金山感悟到最重要的一句话是：人因梦想而伟大。无论你是谁，只要你有梦想，你就能成为一个伟大的人。金山的梦想就是用技术改善和服务整个世界，只要金山的程序员文化不动摇、技术梦想不褪色，我们金山就将永远屹立，永远年轻，永远光芒万丈，永远更加辉煌！

——2018年12月金山集团成立30周年庆典现场演讲

背景分析

2018年的金山，成立30周年，横跨了中国IT行业的3个世代，旗下拥有金山办公、金山云、西山居、猎豹等公司，以及4个明星业务（办公软件、游戏、云服务、安全）。衡量一家公司成功与否，有两个指标是最硬的，一是规模，二是时间。从某种程度上说，时间是更为重要的指标，所以也才会有众多企业将"百年老店"作为发展目标。雷军从未将"百年老店"宣之于口，但他从不讳言金山将比绝大部分公司活得更为长久，因为已经存续 30 年的公司，无疑拥有更强的穿越周期的力量。打造梦想共同体，坚持企业文化不动摇，这些都是雷军经营公司的法宝。

行动指南

将团队打造成梦想共同体。

2 月 12 日　重视人才的梦想

2004 年，也就是 14 年前，当时我们大学毕业生的工资是 4000 块钱，结果有个小"海归"跟我们求职，这个小"海归"就是我们现在西山居的 CEO 郭炜炜，也是今天金山的"网红"。郭炜炜当时在美国念完大学，拿到了暴雪的 offer（录取通知），他在唐人街的网吧里玩西山居的游戏，就迸发了要加盟西山居来做一个武侠 IP 的梦想，所以勇敢地给我们递出了求职申请。邹涛一看，是"海归"啊，那应该多给点钱，我们当时的工资是 4000 块，这样的"海归"应该重视，要给他重奖，就决定给他 4500 块。郭炜炜同学很可爱，4500 块啊，以为是美元。一上班发现是人民币以后，差点"晕倒"在厕所里。如果不是因为他有一个大型武侠 IP 的梦想，我相信他当时就不干了。就是因为这样的梦想，让他在当时那么艰苦的条件下，一干就是 5 年，项目从五六个人干到了三四百人，用 5 年时间做了一个项目。

对剑网 3，当时整个公司都寄予了厚望，结果一发布，搞砸了，严重低于预期。在这样的情况下，如果没有人站出来力挺，如果没有一批人愿意抱团继续把这个事做好，我相信剑网 3 就挂了。在这个时候，邹涛坚持要把这个项目改好，结果从 2009 年改到 2010 年，改到 2011 年，改了两三年才基本上改好。从 2012 年开始，游戏营收连续四五年每年翻番，成了金山的主要收入和利润来源，剑网 3 也成了中国最流行、最成功的大型武侠 IP。

——2018 年 12 月金山集团成立 30 周年庆典现场演讲

背景分析

这段话是雷军在金山成立 30 周年庆典演讲时分享的第二个故事。西山居是金山的"现金奶牛"，为 WPS 在移动互联网时代超越 Office，为金山云开辟新的战线，做出了巨大的贡献。雷军在这个场合提及郭炜炜的往事，赞赏自是应有之义。同时，也透露了雷军的人才观。人才最重要的是要有自驱力，公司有梦只是一方面，关键是员工也要有梦想。公司为员工实现梦想提供的平台，双方就是天作之合。

行动指南

发现员工的梦想，给他们机会。

2月

13日 志存高远

回到金山后我重新梳理了金山的企业文化，把以前很复杂的口号缩减为两句——志存高远，脚踏实地。

志存高远的意思就是不管我们今天有多差，只要内心有梦想，就会有机会。我说我在这个公司干了二十几年，有过差点关门的时候，有过辉煌的时候，我觉得只要内心有梦，就一定会有机会。所以无论我们今年多么边缘化，我们都要胸怀大志，这叫志存高远。第二句是脚踏实地，就是要忘掉我们曾经有多么辉煌，现在都要清空，从零开始。因为我那几年全在做投资，像 YY 这样的公司都是从一开始什么都没有做起来的，金山现在也需要从零开始，再创业。

这就是我要解决的第一个问题，梳理金山价值观的核心，因为梦想是一直牵引着金山往前走的动力。当初人们加入金山就是因为有梦想，金山遇到困难时他们也没离开，也是因为有梦想。可能金山上市后大家分了点股票赚了钱，但是过了那段时间，他们还是想做事情。

比如有一个高管跟我说，反正房子买了，车子也买了，然后也略显平淡地过了好几年了，今天想再干点事情。所以我很清楚他们是一群什么类型的人，因为这些人当初都是我招的，所以我提出一定要志存高远。

——《雷军口述：如何让边缘化金山重回主流》

2013 年 6 月 24 日发表于新浪科技

背景分析

梦想、志向、愿景，这些都是好词，都应该去和员工聊，统一团队的思想。但现实是，不少领导讲出来，总有一股鸡汤味，让人觉得在"画饼"。究其原因，是没有找到正确的沟通方式，不了解自己团队的思想动态。雷军是一位极擅长观察和共情的领导。回归金山，他发现团队并不是不能干事，反而是心里憋着股劲儿。因为在边缘化中金山的斗志日趋平淡了，让一群能干事想干事的人有点心痒。所以，他选择用"志向"来沟通，激励团队要不甘平凡。众人拾柴火焰高，领导人需要做团队的点火器，点燃众人心中的那团火。

行动指南

点燃团队本就蕴藏的动力。

2 月 14 日 要有雄心壮志

我自己投过一些小公司，最怕的情况不是公司没钱快关门，而是公司半死不活。前段时间我的口头禅是，送你五个字：早死早超生。为什么呢？我最怕的就是只挣个几百万利润的，在那里浪费时间。如果关门重新来，一定比原来快。我认为一个优秀的创业者，首先要有办一流的伟大企业的雄心壮志，其次一定要找到大方向，如果不小心误入歧途，我也希望大家能够想清楚。在中国，创业可能很容易就挣点钱过小日子，但是想做成大事情的话，没有决心是不行的。

优视科技当初接了中国移动公司一个1500万元的大单，能有好几百万元利润，我投资的时候，告诉他们这个生意不要做了。他们傻了：去年在中国移动门口站了8个月，好不容易拿到1500万元的单子，10个省的生意，你说不做就不做了？但是他们回去想了一个月以后，接受了我的观点。我的看法是：假如你做了，你这辈子肯定做不成伟大的企业。

天天做点小生意，这样的公司怎么能做大？我告诉他们，假如想要干大事，就跟我说未来两年需要多少钱，我投资，只要他们聚焦在关键事情上去突破。我希望创业者能够真正冷静下来想一想，未来5年大的机会是什么。想清楚了，轻装上阵，然后聚焦，立下建立一家伟大公司的目标，在经历坎坷的时候，能够不放弃，坚持走下去。

——《创业运气很重要，成功须三大秘诀》2010年8月发表于《创业邦》

背景分析

影片《盗梦空间》里有句台词：既然是做梦，就干脆做大点。雷军这段话并不是瞧不起小公司，而是他最明白创业的艰难，既然都下定决心创业了，不妨树立办一流企业的雄心壮志。《孙子兵法》有云：求其上，得其中；求其中，得其下；求其下，必败。一个人想要达到的上限，决定了他的下限。雷军的话是鼓励创业者要有远大理想，这样才能在创业路上走得更远。

行动指南

既然有志创业，不妨梦想大一点。

2月15日 做一家大公司

我投资UCWEB后，短短的几个月，就融资了1000万美元，公司价值增长了10多倍。看起来似乎很"梦幻"，这怎么可能呢？

其实这不是我个人能力的原因，而是我们大家一起踏踏实实在企业战略和团队上做了重大调整，调整后公司的价值因此发生了质的变化。第一，何小鹏邀请俞永福加入了创业团队，并由其出任了 CEO，团队变得完整了；第二，放弃了企业市场，专注在手机浏览器的个人消费市场，目标单一；第三，进一步坚定了做一家大公司的梦想，给了投资者足够的想象空间。再对照十条标准，全部满足，谈融资就相对简单了。如果没有这些，融资就是空中楼阁。

这时再讲融资故事就非常清晰了：移动互联网是未来的发展趋势，在不久的将来，移动互联网业务的规模会超过互联网业务的规模；UCWEB 要做手机上的浏览器，成为手机上网的第一入口；过去两三年的创业已经小规模验证了 UCWEB 团队的实力以及业务模式。结论是 UCWEB 有可能成为下一个百度、下一个腾讯。

这就是我当时给晨光创投和联创策源讲的故事，这个故事到今天也许还有很多人不相信，但当时他们信了，短短一周时间，就决定投资 1000 万美元帮助 UCWEB 实现梦想！ 1000 万美元，对于一家 20 人的小公司来说，当然是笔天文数字呢！后来他们告诉我，这是他们投资的最贵的早期项目。

就这样，UCWEB 前后花了一年半时间，完成了第一轮机构的融资。虽然融资的"临门一脚"只有几天时间，但之前做的所有工作都非常重要！

——《我怎么才能融到钱》2008 年 11 月写于新浪博客

背景分析

雷军做天使投资的成功案例很多，但他聊得比较多的还是 UCWEB。一方面，这和他钟情移动互联网有关，另一方面也和他出任了 UCWEB 董事长有关，所谓在其位谋其政。在投资之外，雷军对于 UCWEB 最直接的帮助有三个。其一，建立了团队，雷军不仅自己出任董事长，还拉来了俞永福任 CEO；其二，定战略，放弃中国移动的企业生意，面向消费市场；其三，讲好公司故事，拉来更多投资。其实二和三是一回事，就是把公司的梦想做大，并且要让人相信。雷军设计的故事，不仅让人们看到了 UCWEB 的潜力，也激发了投资人对于移动互联网行业的热情和信心。需要注意的是，讲好公司故事不是"画饼"，更不是欺骗投资人。UCWEB 此后虽没有发展为巨头，但团队确实是以此为目标的。"成败利钝，难可逆睹"，结局不可预见，但初心一定要正确。

行动指南

要讲激动人心的故事。

2月 16日 进取之心

一家中国公司，坐拥全球最大的消费市场，在本土作战的优势下，取得了让业内瞩目的成绩，大概可以很满足了。但我们并没有把自己只定位在中国市场，因为我们的征途还在更广阔的天地。

以后的战场将在全球。今年，我们一不小心就有机会进入全球前五了，未来我们将向全世界展示来自中国的科技创新力量。

通过 30 年的努力，中国成了全球制造大国。在移动互联网的台风口中，到了中国制造转为中国创造，制造的规模托起闪光的品牌，中国消费电子业者真正登上全球舞台的时候了。看看索尼、三星这些前代"亚洲科技之光"，都是因势而起，借着消费电子行业革新的浪潮，促使品牌和产品走向了全世界。

所以，进取之心是一种时代精神和民族面貌。中国已经是世界第二大经济体，中国的品牌也应当面向全球，以规模赢得产业话语权，以品质赢得赞誉、信赖，以胸怀、境界赢得尊重。

——《进取之心，顺势而为》2014 年 7 月写于微信公众号

背景分析

在英语中，企业和进取心是同一个单词，这不是巧合。进取心是企业家的一个基本素质，他们拥有梦想和抱负，在自我实现更大成就的同时，也推动着社会进步。企业家的进取心是社会的宝贵财富，雷军身上从不缺乏这种进取心。金山时期，他梦想把金山带上世界舞台；小米时期，他梦想做世界上最好的手机。新时代的中国企业家，都需要有这种全球视野和抱负。

保持企业家精神，不断进取。

2月19日 优秀的人内心是有使命的

　　关于怎么工作这个问题，大家都有自己的办法。我也认真地琢磨过。当我们进入一家公司工作，好像就是公司给我工资，每天上几个小时班。但是如果你每天都这样想，是很难在职业生涯中有好的发展的。从工作的第一天起，就应该把工作当作自己的事情来做。我们所有的能力都是在不断付出中提高的。当你明确了为自己工作的想法，你的工作态度就完全不会被外界影响。一个优秀的人的内心是有目标、有使命的，会经历一个不断努力的过程。

　　　　　　　　——《优秀的人内心是有使命的》2019 年 3 月手机部内部讲话

背景分析

　　工作究竟是为了什么？首先肯定是获得生活所需，但工作的意义肯定不仅如此。关于工作更深层次的意义，很多企业家都提出过自己的看法。比如稻盛和夫就提出过：工作的目的是提升自己的心志。历史学家许倬云则说：工作不仅仅是糊口的工具，更重要的是把我们与社会连接在一起。归结起来，他们和雷军都有一个共同点：工作是自己的事情，值得认真对待。工作是实现自我价值的机会，而不是一种负担和无奈。唯有把工作当成自己的事，才能在工作中获得成长，否则只是无意义的内耗。

行动指南

　　把工作当成自己的事情来做。

2月 20日 上市仅仅是新的开始

世界会默默奖赏勤奋厚道的人。明天小米即将上市，这是对我们的一部分奖赏。但这一切只是刚刚开始，上市从来不是我们的目标。我们奋斗不是为了上市，我们上市是为了更好地奋斗。成功上市只是小米故事中的第一章的总结，第二章将会更加华丽绚烂。

我们的高管团队经过反复的测算，坚信未来我们还有无限的成长空间。首先，我们的智能手机业务排在全球第四，而智能手机仅看存量就是个巨大的市场。我们要力争保持持续的高速成长，力争尽快冲入世界三强。其次，我们会有计划、有节奏地进行品类拓展，还有很多千亿级的市场等着我们一仗仗打过去，不断从胜利走向更大的胜利。最后，国际市场的广阔天地大有可为。小米 2018 年第一季度国际业务收入在全部收入中的占比已经达到 36%。我们要进一步推进国际化，尽早实现国际业务收入占全部收入的一半以上。仅这三条策略，就保障了小米未来的成长性。

——《明天我们就要上市了》2018 年 7 月全员信

背景分析

上市是对创业者的奖赏，但对于企业来说，这只是万里征途的第一个里程碑。在上市之后，企业往往要面临一个现实的直击人性的问题：前期创业的老员工获得了巨大的回报，还有没有热情继续奋斗？对后来的新员工，如何激励他们以平衡和老员工的差距？雷军在这里指出小米未来的成长性，事实上是在喊话新老员工，鼓励大家继续共同奋斗。

行动指南

向员工讲清楚企业的前途所在。

2月 21日 独善其身不是真成就

小米的成长离不开零组件产业链和移动互联网开发者生态的鼎力支持。当我们取得了一些成绩之后，也应当承担起为行业做出贡献的责任。

譬如小米平板，我们在创业4年后才发布，这是因为它在Android平板上的生态还远不成熟。实际上，我们从开始准备小米平板产品到正式发布，用了整整两年。

通常生态推动者都是芯片方案商或操作系统商，因为它们能从生态崛起中获得普遍的利益，但小米作为一个设备商却愿意承担起推动开发生态的责任。我们愿意做率先栽树，让整个行业乘凉受益的贡献，届时友商们只要出屏幕比例、分辨率兼容的设备就能直接分享Android平板开放的应用生态链成果了。

此外，过去半年我们还在推动供应链伙伴的自动化生产。因为工厂之前还在大量使用人工生产，但人工成本越来越高，并且品控不够稳定，所以我们愿意投入大量资源、精力，协助他们提升自动化生产比例，使得品控、产能更有保证，能够把更多的就业机会投入更多的产线。

独善其身不是真成就，行业成熟摘果子也不算真本事，小米愿意给行业做出更多贡献，让全行业都能分享小米生态成长的成果，共同推进行业成长。

——《进取之心，顺势而为》2014年7月写于微信公众号

背景分析

独木不成林。今天的商业竞争已经不再是单一企业之间的比拼，而是波及整个生态和产业链的竞争。今天的中国在世界经济版图中的地位也不同于过去，需要站在全球视角思考整个行业的发展。雷军投身小米创业很重要的一个理由，就是希望通过自己的努力促进中国制造业的进步。企业不是一座孤岛，而是庞大产业链的一分子，与行业共同成长、互利共赢才是长久之道。因此，小米在发展过程中，一直注重与产业链上的其他企业建立紧密的合作关系，赋能传统制造业，带动整个行业共同进步。

行动指南

为行业多做贡献。

2月22日 自豪的并非数字

目前，我们是全球第四大智能手机制造商，并且创造出众多智能硬件产品，其中多个品类销量第一。我们还建成了全球最大的消费类 IoT（物联网）平台，连接超过 1 亿台智能设备。与此同时，我们还拥有 1.9 亿 MIUI（米柚，小米旗下手机操作系统）月活跃用户，并为他们提供一系列创新的互联网服务。

其实，真正让我们感到自豪的并非这些数字，而是中国智能手机和智能设备等一系列行业的面貌因为我们的出现而彻底改变。

我们推动了智能手机在中国的快速普及和品质提升，这为中国移动互联网的爆发打下坚实的基础。移动支付、电商、社交网络、短视频等行业在中国的蓬勃发展都有赖于移动互联网涌入了数以亿计的庞大人口。在中国这一全球最大的市场中，移动互联网行业的跨越式发展、成熟的背后，我们也被公认做出了不少贡献。

——《小米是谁，小米为什么而奋斗》2018 年 5 月小米上市董事长公开信

背景分析

这里雷军看似向投资者列举了小米的成绩，但内在还是展示了小米的文化。相比业绩数字，小米更在意给行业和社会带来的变化。"做一家改变世界的公司"，这是雷军大学时的梦想，但此刻也成为小米人的使命愿景，并给企业带来了自豪感和凝聚力。

行动指南

用理想凝聚团队。

23日 2月 做行业表率

我意识到，仅仅靠小米一家公司，是无法满足全中国用户对于高性价比的好手机的全部需求的。为消费者提供物美价廉的手机，推动中国整个移动互联网现代化进程，不仅仅是小米的使命，也是所有同行共同的责任。我们欣喜地看到，像华为这样的同行已经开始积极响应，并行动起来，和我们一起为用户让利，增加供给，把高性能、好体验的手机提供给更多的中国消费者。

中国拥有庞大的人口基数，是一个巨大的市场。面对这样的市场，仅凭小米、华为等少数企业的觉醒，仅凭我们增加产能、增加供给，恐怕很难快速满足所有对高性能手机充满期待的用户群。因此，我向全行业呼吁：所有的手机厂商都像华为和小米一样，行动起来，把性能做上去，把体验做精细，把价格降下来，让中国的消费者无论收入高低，都能够轻松用上高性能的好手机。

小米正站在风口浪尖上，虽然我们很年轻，虽然规模跟华为、联想等行业巨头相比还很弱小，但是我们愿意做个表率。

——《光靠小米是不够的》2014 年 1 月写于微信公众号

背景分析

2013 年，小米销售了 1870 万台手机，对于一个成立只有两年多的公司来说，无疑是个天文数字。和巨大出货量相比，小米一直被诟病的是"抢不到"。雷军对此的看法是，用户对物美价廉的手机有巨大的需求，需要全行业共同努力。虽然这时的小米还很年轻，但路线被行业认可很重要。这也是雷军的梦想之一，通过创办小米来推动中国制造业的进步。此后，手机行业几乎全盘接受了小米的互联网思维，并且以整体进步的方式终结了山寨机的历史。"华米 OV"（指四大国产头部品牌，即华为、小米、OPPO 和 vivo）正式崛起，并占据了世界六大手机品牌中的四席。这个过程，雷军和小米功不可没。

行动指南

以行业推动者的角色去思考问题。

2月 26日 成为行业真正的领导者

我们看到，华为等行业巨头终于深刻感受到了小米模式带给行业形势的变化。他们喊出"向小米学习"的口号，以我们为标杆发起冲击。小米的互联网思维和方法论已经带动了整个行业的发展，推动业界一起为用户提供高性能、高性价比的产品。当然，这也意味着我们将面临更严峻的考验。我们是推动变革的先锋，但先锋能否成为行业真正的领导者，取决于我们今后的努力。

我们要如何突围并带动全行业一起前行？路只有一条，继续坚持互联网思维和小米创业的"三大法宝"：坚持和用户交朋友、坚持产品为王、坚持合作共赢。

——《继续坚持互联网思维和小米创业的"三大法宝"》2014年1月全员信

背景分析

小米在问世后的头三年，可以说是惊艳世人，"爆品模式""参与感""互联网七字诀"等关键词让人耳目一新。很快，手机和互联网行业都开始向小米学习，以学习能力著称的华为更是直言不讳，要"像素级模仿"小米。小米成了变革的先锋，但先锋和领导者中间还有很长的距离。雷军很清楚，单是手机行业，就多次出现"城头变幻大王旗"。国外有摩托罗拉、诺基亚、爱立信，国内有波导、联想、金立，次第兴起，又接连落寞。企业经营是一场长跑，短暂的领先并不能说明什么，唯有努力跑到终点才算修成正果。

行动指南

不要自满于一时的领先。

2 月 27日　做国民企业

我们小米的创业，可能还只能说赛程过半，甚至半程都不到。很多朋友问我上次跟小扎同学——扎克伯格聊什么了，我跟扎克伯格说：我们的梦想是什么呢？我们希望成为像三星之于韩国、索尼之于日本的国民品牌，小米这个牌子就代表中国。大家想想：小米不就牛在是改革开放 30 年的成果吗？没有世界第一的中国制造业，我们有这么牛吗？不可能！

我们的产品好是因为中国的供应链和制造能力强。我觉得这是时代给小米的机会。小米是在这个时间点上应运而生的，当年的制造大国是日本和韩国，产生了索尼和三星，今天的中国会产生小米。

——《小米 IoT 是在捕捉下一个千亿美元机会》2014 年 10 月

小米网调整内部会讲话

背景分析

改革开放以来，市场经济对国家发展有巨大的贡献，作为市场主体的企业当然也有一份功劳。但很少有人意识到，企业同样受惠于国家这个大平台。雷军是较早意识到并公开发表这一观点的企业家。他认为，小米之所以能快速发展，是享受了国家的红利。小米的成功，不能简单归因于创新的商业模式，更是因为享受到了国家制造业和人才的资源。也因此，小米的梦想应当是与国家发展同频共振。做一家国民企业，成为中国制造的名片，就是雷军对于小米的定位。

行动指南

把企业蓝图与国家发展联系在一起。

2月28日 倡导新商业文明

我们的经营哲学是什么？是把用户当朋友。把用户当朋友其实挺难的。很多人把企业叫奸商，说无商不奸。所以倡导和用户交朋友的哲学，跟今天中国的商业文明是背离的。5年前，我提出新商业文明，后来阿里巴巴也在提，但阿里巴巴倡导的商业文明跟我倡导的不一样。我理解的、倡导的商业文明就是诚实经营，不坑用户，和用户交朋友。

我觉得互联网信息透明这一点能帮助我们更快地建立商业秩序。

——《小米真正聪明的地方是群众路线》2015年6月小米网内部培训讲话

背景分析

2010年阿里集团10周年庆典上，马云以"新商业文明的力量"发表演讲，称阿里巴巴集团的使命就是去打造新商业文明，并通过新商业文明论坛发布了《新商业文明宣言》。马云倡导的新商业文明，指的是开放、透明、分享和责任，其主旨是关注人本身，并履行社会责任。阿里的梦想是"让天下没有难做的生意"，因而更加关注商业本身的价值。

雷军倡导的新商业文明则要质朴很多，就是诚信为本，重建商业秩序。商业是陌生人之间的交易，因此诚信是商业活动诞生的基石。唯有诚信经营，才能获得更多的商业机会和更大的商业价值。马云和雷军的新商业文明理念虽然有所不同，但都是重要的呼唤和倡导。

行动指南

诚实经营，遵守商业秩序。

2月29日　死在冲锋的路上

　　这段时间我们一直在做预算，这是今天我唯一要讲的数字。这个数字的重点在于"冲击"，而不是承诺。经过测算，我们在2020年是有机会冲击3000亿元的全年营收的。我的观点是，坚持稳健经营，勇攀业绩高峰。我们眼里还是要有更宏伟的目标。我们各个业务部门提出了梦想版，当我得知这一情况后，我的看法是人生果真不能没有梦想。我们2020年的小梦想，就是试一试3000亿，哪怕最后只做了2900亿，我们也是死在冲锋的路上。

——2020年1月小米集团2019年业务总结大会讲话

背景分析

　　1亿等于一个小目标，可能很多人都知道万达董事长王健林的这个梗。这源于他接受采访时说的一段话，但很多人没有看完整。王健林想要表达的是，如果有志于做事业，就需要有挑战性的目标，比如1亿元，即便没有达成，最后做到了8000万元，也是不错的事。这和雷军说"要有雄心壮志"其实是一个意思。

　　这里雷军要表达的意思也差不多，如果只敢完成"手拿把掐"的事，怎么能说自己有梦想？有目标就有了方向，死也要死在冲锋的路上。

行动指南

　　设定有挑战性的目标。

顺势而为

3月 1日　勤学苦练远远不够

金山软件公司一度面临的是全世界最强的竞争对手——微软。创业两年后，我们差点关门，当时剩下十来个人、七八条"枪"，账上七八十万元。从1996年开始，我们重新创业，一仗一仗打过来，中间没有依靠过任何风险投资的帮助，实现账上从十几万元到5亿元现金。

到了1999年，因为无知，被人一忽悠就准备去上市，一准备上市就准备了8年时间，准备过5个板块，花了1亿元的中介费，好不容易在2007年IPO（首次公开募股）成功。我估计上市过程这么久，也还没垮的公司，就金山一家。准备上市的过程像是脱了一层皮，金山就有这种顽强精神。但是我就在想，难道做企业真的需要这么艰难吗？我自己20多年来成功的喜悦并不多，失败的教训比比皆是。

——《创业运气很重要，成功须三大秘诀》2010年8月发表于《创业邦》

背景分析

艰苦奋斗固然是很宝贵的精神品质，正所谓"杀不死我的使我更强大"，但需要注意的是，苦难本身并不值得歌颂，也不要自我感动。雷军对勤学苦练采取了一种理性的态度，一方面认可顽强精神的价值，另一方面也在反思，是什么让自己陷入了困境。

行动指南

不畏艰难，是为了脱离艰难。

3月 4日 做得累，一定是没想清楚"势"

你们知道什么叫顺势而为吗？顺势而为的核心是先不要把自己神化，而是要正确地理解自己的能力。"势"，其实就是台风口跟猪的关系，如果你真的到了台风口，你是一头猪都能飞起来。

顺势而为的"势"是怎么解释的呢？指形势、趋势、情势，也就是事态发展的大方向。《孙子兵法》说，"势"是"卷千钧之石于万仞之巅"，就是把极重的石头放到极高的山上，轻轻端一脚，就是山呼海啸。其实并不是因为那一脚有多大力量。他们说雷军牛，其实不牛，就端了一脚而已。

所谓"千斤之石，置之立坂之上，一力可以落九仞"。如果你们做产品觉得做得很累，那一定是没有想清楚"势"。在那个时间点，做个自拍杆就能达到二十万支的销量。有些产品做得好累好累，为什么做（卖）不动？"势"没到。当然，我们没有那么好的运气，每一次都能赌对"势"。但是没关系，没有赌对的业务要有调整性。对了，就势如破竹；不对，就是逆水行舟。所以在"势"这个问题上，大家一定要理解透。

——2015 年 6 月小米网内部培训讲话

背景分析

雷军一再强调，顺势而为很重要。顺势而为事实上是一种思维方式，不仅在战略层面有重要作用，也可以指导具体工作。尤其是小米采用爆品模式，没有抓住"势"，就很难出爆品；抓住了"势"，一把就能打穿市场。所以，雷军强调做产品前一定要想清楚"势"。具体说就是只有分析清楚市场趋势和用户需求，才能有针对性地制订产品方案。

行动指南

随时检查工作，看有没有抓住"势"。

3月 5日 顺势而为

在卖掉卓越以后，我陷入了长达半年的思考。我想的问题是，我可以更努力、更勤奋，但是我能不能在成功路上容易一点？因为跟我打江山的兄弟们有好几千人，大将无能，累死三军，他们很不容易。我不能因为自己的问题让整个组织跟我一样陷入苦战的境地，我能不能聪明一点？后来，我找到了答案。这个答案是四个字：顺势而为。很多创业者都很有热情和信仰，但是太有信仰也有问题。

《孙子兵法》里提到，在山顶上有一块石头，我顺势而为，跑过去踢上一脚，剩下的事情不用做太多，它自己就滚下来了。巴菲特讲的滚雪球，也是顺势而为。关键问题是要看清楚这个"势"在哪里，怎么把握。我原来站在旁边看的时候，觉得很多成功创业者是靠运气，其实我想说的是，他们就是在山上找了一块石头，踹了一脚，石头就自己滚下去了，如果你天天在山脚下，怎么踹都没有用。这就是我理解的，在对的时候做对的事情。

——《创业运气很重要，成功须三大秘诀》2010 年 8 月发表于《创业邦》

背景分析

天下大势，浩浩荡荡；顺之者昌，逆之者亡。"势"的重要性，其实早就写在历史课本里，但能对此有感悟的人不多。因为"势"是很宏观的东西，没有格局和经历，大多数人很难见到庐山真面目。雷军也是总结了从金山到卓越的经历，才得出要取得大成功，关键在于"顺势而为"的结论。不是说个人努力不重要，而是相比于个人努力，"势"更加重要。巴菲特就说过，他的事业建立在美国经济称雄的基础上，是摸中了"子宫彩票"。如果出生在非洲的战乱国家，具备同样才智的巴菲特，也不可能取得成功。

行动指南

顺势而为。

3月 时代的机遇很重要
6日

我是 1969 年出生的，而如果出生在 1964 年或者 1972 年，可能成功要容易很多。在网上一查，跟雷军关系最近的关键词是什么？是 IT 劳模，我工作辛苦和努力是出了名的。我们从 1988 年开始创建金山，到今年已经 23 年了，在 IT 业算古董级的公司。可能很多人觉得金山软件算是成功案例，但在我内心深处，真的认为做得不怎么样。

我们经历了一些时代性的机遇。最近几年我一直在反思，得到的结论是：光有勤学苦练是远远不够的，关键是要多一点点运气。有时候我也想：怎么把握成功过程中最重要的东西？怎么把运气变成可控的？我想来想去，觉得所谓的运气，从理性的角度来看，其实就是在对的时候做对的事情，这比任何时候用对的人、把事情做对都更重要。

——《创业运气很重要，成功须三大秘诀》2010 年 8 月发表于《创业邦》

背景分析

运气到底存不存在？在雷军看来，运气其实是时代机遇的代名词。《异类》这本书给了雷军很大的启发，冰球冠军队中很少有 4 月份后出生的人，是因为冰球少年队的招生需要在 1 月 1 日前满 9 岁，这让 4 月之前出生的孩子的体格更加接近于 10 岁孩子的体格，从而取得竞争优势。而在互联网行业也有这样的趋势：比尔·盖茨和史蒂夫·乔布斯都是 1955 年出生的，他们年轻时就遇到了美国电脑工业革命；而杨元庆、马云在 1964 年出生，大学毕业一两年以后，中国的电脑工业革命就开始了。

行动指南

仔细分析一下，当下的时代机遇是什么。

3月 7日 最底舱的船票

我很欣喜的是做了一年多的工作后，我能在去年年底的金山年会上和大家说：金山基本上已经拿到了船票，金山肯定不会死，虽然这个船票是最底舱的，但绝对在移动互联网上死不了。无论是 WPS、金山网络还是金山云业务，在手机上的部署都已经完成。

我们要做的是战略先行。我今天规划的是两三年以后的事情，种子种下你要有耐心，未来一两年你就能看到收获。你问的问题股东也问过我（新浪科技：可是为什么没有看见特别好的能动产品？），我跟他们说，这就像种萝卜，你不能老是拔出来看一看长得怎样，对于我来说，种下之后，它的成长需要时间，一两年后就会看到收获。

只要大方向对，我觉得就不会有问题，比如我们的手机版 WPS Office 软件，现在月活用户有 1700 万，已经在二十几个国家里排名第一了，金山网络手机版的用户也很活跃，我们还部署了手机游戏，这些都是非常好的增长势头。

其实金山的网游、WPS、金山毒霸三个核心业务在行业里，都已经非常有规模，若论在移动互联网上的营收增长率，金山已经极具突破性，所以我回到金山后跟团队讲的一个观点是：能不能在业务里瞄准一个项目，使其能够每年翻番地成长？

他们是一线指挥官，所以这些方向由他们选好后再来跟我商量。比如游戏业务，去年在整个行业客户端游戏的复合增长率只有 10% 的情况下，我们增长了 115%，今年第一季度又同比增长超过 100%，这应该是个奇迹。

——《雷军口述：如何让边缘化金山重回主流》

2013 年 6 月 24 日发表于新浪科技

背景分析

谷歌前首席执行官埃里克·施密特说过一句话："如果有人给你在火箭上提供了一个位置，那么别管位置好坏，先上去再说。"对于高速发展的公司如此，对于高速发展的行业也同理。雷军的金山生涯，就是不断给金山寻找船票的过程。

在第一段经历中，雷军通过做杀毒软件、游戏，让金山拿到了 PC 互联网的船票，不至于被时代抛下。在第二段经历中，雷军要做的就是拿到移动互联网的船票。当时，移动互联网已经巨头林立，金山的确不可能占据好的位置，但不被抛下船更重要。有时候，即使不能立于潮头，不被抛在潮后也是胜利。事实上，正如雷军所言，此后 WPS 抓住了移动互联网的机遇。2019 年金山办公独立上市时，WPS 在中国移动互联网办公市场上占据领先地位，并且支持全球 46 种语言，成功覆盖全球 220 个国家和地区，月活跃用户 3 亿多人。WPS 在移动互联网时代超越了 Office，完成了雷军在 PC 互联网时代不曾完成的梦想。

行动指南

时代巨轮滚滚，上船就是胜利。

3 月 8 日　不要错过机会

言归正传，他们原来让我讲 45 分钟，现在只给我 8 分钟，我只讲一个问题。这个问题是林斌的家属在 1 年多前问我的问题。"雷总你看，你又有钱，又有名，那究竟（创办）小米干啥？"其实，我蛮想跟大家说一说我的观点，尤其是和家属说。我觉得非常简单——今天，中国市场给了我们大家这么好的一个机会，群雄并起。更为重要的是，这个时间点，是做移动互联网最好的时间点。如果我们错过了的话，也许我们会错过 10 年，大家可能都没有什么机会了。所以这个问题是不难解答的。大家会发现今天成功的中国互联网公司里的前七大，包括百度、阿里、腾讯、新浪、网易、搜狐、盛大，全部是在 1999 年或者更早之前创立的公司。这七家公司统治了中国互联网 10 年时间。一旦错过 1999 年，就没机会了。

所以对我们每一个小米人来说，现在就是天赐良机。虽然我们只有小米加步枪，但如果我们不去做，这样的机会放在我们面前就有点暴殄天物。那么这个机会是什么呢？很简单。我们发现，手机是每个人最亲密的伙伴，7×24 小时在一起。我们就在想，怎么可以让冷冰冰的手机真的变成每个人的亲密伙伴。因为过去的手机只有通信功能；今天，苹果发明了新手机之后，大的触摸屏开启了一个新的时代。在这个时代，传统的手机公司几乎被打得丢盔卸甲，输得一塌糊涂。

——《今天是最好的机会》2010 年小米首次年会发言

背景分析

2010 年小米正式成立，到年底的时候公司大约有 118 人。这时雷军还没有向外界透露小米的具体情况，甚至很多员工家属也不了解。因此，小米邀请了员工家属共同参加年会，雷军也做了发言解释小米的事业。雷军的主题思想没有变，仍然是在说时代提供了一个巨大的机会。但这里他提到了抓不住机会的后果：新的巨头将统治未来 10 年，而其他人再无机会。错过一次，再等 10 年——这句话让在场的小米人和家属既兴奋，也有了紧迫感。在这个特殊的场合，雷军的发言不仅激励了员工，也让家属们更加了解和支持他们。

行动指南

有机会一定要抓住。

3月 11日 看五年，想三年

　　我的秘籍是：看五年，想三年，认认真真做好一两年。具体怎么做？在十年前，我可以很轻松地回答你：看五年，去美国；想三年，去我国台湾；认认真真干好一两年，看看大家都是怎么干的就行了。接下来，我就开始想，五年后什么东西（事情）会发生，谁会是五年后的"百度"、五年后的"腾讯"、五年后的"阿里巴巴"？

　　在2005年我开始思考：五年后中国市场的决定性力量是什么？五年后的大山在哪里，山上的石头在哪里？我觉得做事不能只顾埋头苦干，风物长宜放远量，也要想想五年后的计划。而五年前我的结论是移动互联网，于是在移动互联网领域我投了六家公司，在移动互联网各个小的细分市场里，可能都有我的投资。

　　——《创业运气很重要，成功须三大秘诀》2010年8月发表于《创业邦》

背景分析

　　看趋势是有方法的，最基本的一招是寻找参照物。站在2000年的时间点，美国的互联网发展快于中国，台湾的经济发展程度也较大陆领先，它们都是我们要赶超的目标。因此，只要观察这两个地方就能大致判断出发展方向。这个方法也可以迁移来使用，比如今天中国领先了不少国家，那么现在中国发生的事情，很可能将来在这些国家也会再上演一次。对那些参照中国式现代化道路的国家来说，这可能就意味着机会。

行动指南

　　想想五年后市场的决定性力量是什么。

3月 12日 看十年后的世界

今天小米还有一个巨大的机会——英文名叫 IoT，就是物联网。我们希望通过五到十年的努力，做到只要小米手机一掏出来，周围所有的设备就自动连接在小米手机上，全部可玩。关于 IoT，我们的宏观战略，构思、执行的每个角度，都是全球领先的。我们的方案远远领先于谷歌和苹果。到后年年底，大家可能发现小米又抢到了第三个千亿美元的机会。这就是为什么我们内部有几个团队在做 IoT。有研发路由器的团队、负责智能家居平台的部门，还有和生态链相关的投资部门，都在探索怎么把设备互联。我也要求 MIUI 参战，看怎么做到操作系统级的设备互联。

现在是 2014 年 10 月 28 日下午 5 时 33 分，我告诉大家：小米的 IoT 是在捕捉下一次千亿美元的机会。小米为什么在资本市场那么值钱，大家觉得那是虚的，其实不是，因为我们在看未来十年后的世界是什么样的。

——《小米 IoT 是在捕捉下一个千亿美元的机会》2014 年 10 月
小米网调整内部会讲话

背景分析

2013 年，小米发布了手机周边以及路由器等产品；2014 年，小米手环、小米空气净化器等产品相继发布。雷军发表上述讲话的时候，小米生态链还在酝酿之中，一大批爆款产品还未问世，因此多数内部员工对于 IoT 的未来也不甚了了。但从讲话可以看出，雷军作为企业 CEO，始终在把握小米未来的战略方向。所谓"不谋万世者，不足谋一时"，眼下的竞争越是激烈，越要看到未来的发展趋势，才能决胜于终局。对此，雷军本人也有深刻的教训。在金山时期，与微软的缠斗，让他错过了互联网时代的许多风口。跳出局部，思考全盘，跳出战局，思考战略，是企业管理者必须做的事。

行动指南

眼睛不要只盯着当下，一定要看到未来。

3月 13日 掌握预见能力的方法

　　我以前做金山的时候，就觉得美国市场、日本市场、韩国市场，比我们领先5年以上，每年多去几趟就预见了未来。既然未来的方向都有了，再接着想怎么落地，这个事情是不是就简单了？方法论很重要。考虑问题的时候，要先想方法论，怎么通过更好的办法去面对和解决这件事情。然而更重要的，是研究解决问题的思维模式。

　　如果你知道5年内的大方向是什么，那你在那儿等着就行了。我自己在2006、2007年，也就是八九年前，成功预见了今天的移动互联网浪潮。我从2006年起就开始在风口那儿等着，投资了一堆移动互联网公司。可以说我是国内，甚至全球最早预见移动互联网这个趋势，并且大规模开始投资这个领域的人。如果缺少这种预见性，我会想到去做小米吗？我不会。核心问题就是要具备5到10年的预见能力，掌握培养预见能力的方法。比如，去问比你早毕业5年的学长，去找比中国市场领先5年的行业，甚至是去学习互联网行业的经验如何应用于某个传统行业，这些都行之有效。当你掌握了互联网行业的规律，再将其应用于非互联网行业的时候，会事半功倍、势如破竹，总之你要有这种方法。

　　——2014年11月"活力中国说——一刻大型公益演讲"答听众问

背景分析

　　雷军强调顺势而为，提出了著名的"风口论"。对于如何寻找风口，他也有一套方法。找风口不靠赌，赌是机会主义；找风口靠的是趋势判断，即看到社会、商业的发展方向和规律所在。雷军依靠这个方法，观察互联网的发展趋势，找到了移动互联网这个风口；同样运用这个方法，雷军观察了发达国家的消费趋势，找到了消费升级这个风口。对于是否造车，雷军同样思考了很久。在很多人看来，当小米决定造车时风口已过。但雷军认为，汽车是百年行业，小米入局仍处于风口之中。

看领先 5 年的市场，预见未来的机会。

3月 **14**日　看项目的标准

对于如何评估一个创业项目，我总结了十条标准供大家参考。

一、团队（投资就是投"人"，人是最关键的因素。在商业社会里，人最重要的基本素质是诚信，没有诚信的人，是不会有人投资的。）

1. 能洞察用户需求，对市场极其敏感。

2. 志存高远并脚踏实地。

3. 最好是两三个优势互补的人一起创业。

4. 一定要有技术过硬，并能带队伍的技术带头人（互联网项目）。

5. 具有在低成本情况下的快速扩张能力。

6. 履历漂亮的人优先，比如有成功创业经验的人会加分。

二、方向（在对的时候做对的事情。）

7. 做最肥的市场，选择自己能做的最大的市场。只有大市场才能造就大企业，小池子养不了大鱼。方向有偏差的话，会浪费宝贵的创业资源。

8. 选择正确的时间点。市场基本成熟了，企业也有了雏形，引入天使投资后，业务会得到爆发性增长。

9. 专注、专注再专注。最好只做一件事情，这样才能把事情做到极致！

10. 业务在小规模下被验证，有机会在某个垂直市场做到数一数二的位置。

——《评估创业项目的十大标准》2008 年 10 月写于新浪博客

从天使投资到顺为基金再到小米生态链，雷军作为投资人的眼光一直很准，小米生态链甚至可以说是孵化率最高的创投。雷军看项目的理论总结下来就两大部分：一看人，二看方向。具体说就是："大方向很好，小方向被验证，团队出色，投资回报率高。"关于大方向，主要是看未来的 5 到 10 年。雷军创办小米，是看到了移动互联网的前景；开辟小米生态链，是看到了智能家居的前景；小米进军智能汽车，则是看到了汽车行业的前景。看项目的本质是具有前瞻性，做到目光长远，同时时机判断准确。

行动指南

以当下为坐标，想想未来 5 到 10 年的发展方向。

3 月 15 日　时代最领先的地方

IoT，它不是一个新的概念，整个产业也已经做了 20 多年。这么多年做下来，直到最近的五六年来才产生了突破性的进展，为什么呢？其实很简单，20 多年前的 IoT 是以 PC 为核心的，小米开始做 IoT 的时候，思路是怎样的呢？我们开始做 IoT 的时候，我们想的是以手机为核心连接所有设备，所以我们一上来就站在这个时代最领先的地方。

所以，为什么 IoT 行业发展这么快，比以前快很多，我觉得要归功于这个伟大的移动互联网时代。我们做手机以后，就在想怎么才能连接所有的设备，我们甚至想过能不能跟电视很好地互联，让手机成为电视的遥控器，电视成为手机的显示器，我们怎么能够无缝地把所有的设备连在一起，这也是绝大部分小米手机都带红外遥控的原因。

——2018 年 11 月小米首届 AIoT 大会现场演讲

背景分析

IoT，也称万物互联，这一理念早在 PC 互联网时代就已出现。据说，比尔·盖茨的家里很早就安装上了全套智能家居，但此后 20 年，智能家居却未能像电脑一样普及开来。小米的出现，加速了智能家居的普及。在 2018 年，小米 IoT 平台已连接的智能设备高达 1.32 亿台，而且不含手机和笔记本电脑，这一数字远超苹果和谷歌。在雷军看来，之所以小米能在 IoT 方面做出成绩，正是因为有了时代红利。在移动互联网时代，智能手机成为个人运算中心，这使得家庭设备的互联互通更为便捷。而在此之前，不论是电视，还是路由器，都不满足成为 IoT 枢纽的条件。常有人说，领先一步是先驱，领先三步就是先烈。其实就是在说，产业的发展不能过于超前，需要有一定的前提条件。

行动指南

思考一下，当下时代最领先的行业能衍生出哪些机会。

3月18日 新行业的鲜明特色

互联网主要是为电脑准备的，使用的是"www"网络；移动互联网主要是为手机准备的，主要使用的是"wap"网络。这两套网络相对独立。我认为，移动互联网要快速发展就必须继承过去 10 多年互联网积累起来的内容和应用，从这个角度来看，移动互联网是互联网的延展。

手机和电脑相比，最关键的有两个差别：一是手机的屏幕最大不超过 4 英寸，再大就没有办法拿在手上、装在口袋里面；二是没有大键盘和鼠标，替代的是数字键盘或者小的全键盘、触摸屏等输入方案。这两个差别，就决定了手机是可以随身携带的设备。目前每人出门必带的三件东西就是（钥匙、钱包和手机）。将来的手机一定会加 RFID 等芯片，这样手机就很容易支持钥匙和钱包的功能，每个人出门只带手机就可以了。随身携带的手机，就注定了具备明显的个人特征，可以作为个人身份识别的标识。手机已经集成相机、GPS 等功能，运营商的支持也使手机具备了支付功能。这些特点，就注定了手机上网比电脑上网有了更大的潜力。

手机的这些特点，必然会带来更多新的商业机会。伴随着整个产业的发展，移动互联网会显示出极其鲜明的特色。

——《3G 不等于移动互联网》2009 年 5 月写于新浪博客

背景分析

回看雷军于 2009 年发表的感想，如今都已成为现实。我们在接触新生事物时，会下意识地运用已有的认知去理解，就好像很多人初学英语，习惯用中文去给单词注音。这种现象很正常，但随之而来的局限就是，不容易理解新生事物的本质，误解新生事物是"新瓶装旧酒"。雷军要表达的是，移动互联网是互联网的延展没有错，但更重要的是差异点，而这些差异点也是新的商业机会。因此，在面对新生事物时，我们不能仅仅用已有的认知去理解，而要积极探索新的思考方式，这样才能更好地理解和把握未来。

行动指南

理解新生事物要从差异点入手。

3月19日 浪潮的力量

当时代性的产业机会来临的时候，浪潮会把你推到最前沿，这个浪潮所具备的力量比你自身的力量大很多倍。1999 年互联网浪潮来的时候，我不能够说我的理解有多深，但是我真的看到机会来了。我就决定创业，干什么事情呢？我觉得做电子商务比较靠谱，就做了卓越网，干了 4 年以后卖给亚马逊。

我卖这个公司的时候，心疼了半年时间，跟卖儿卖女的感觉一样，心里真的很不好受。后来我强迫自己不在卓越网买书，当作不认识一个叫卓越网的公司。在卖公司的半年时间里，我在想：自己不比别人笨，至少也比别人勤奋，为什么我做个企业就这样磕磕绊绊？为什么马云挺容易，陈天桥也挺容易，虽然他们也有困难，但比他们艰难的公司比比皆是。

——《创业运气很重要，成功须三大秘诀》2010 年 8 月发表于《创业邦》

背景分析

相比于雷军与金山、天使投资和小米之间的故事，雷军创办卓越网的经历较少为人所知。事实上，雷军投身电子商务跟马云是在同一年，这说明他对电子商务有敏锐的洞察，看到了巨大的发展空间。然而，与阿里巴巴的成功相比，卓越网的发展并不顺利。卓越网后来卖给亚马逊，这对雷军打击颇大，此后他很少提及这段经历，知道的人少也就不足为奇。阿里巴巴借助孙正义的投资度过了危机，成为电商巨头。对比看来，卓越网的结局并不完美，但雷军对于电商浪潮的判断无疑是正确的，虽然未能取得成功，但他的判断和勇气值得敬佩。

行动指南

看清时代浪潮。

3月 20日 找准优势市场

印度的官方语言是英语，所以，它的产品非常容易进入欧美市场。这是它的独特优势，也是我们无法比拟的。但是，在产品要进入日本、韩国市场的时候，印度的这个优势就不明显了，相反，我国的很多地方都有很好的韩语、日语基础，而且地域上也比较近，或许我们应该考虑进军日本、韩国软件市场。

——《到印度取经》2011 年 6 月发表于《IT 经理世界》

背景分析

大约 10 年前，印度软件业相比中国要发达很多，在此背景下雷军等企业家前往印度进行了考察。印度软件业最显而易见的优势是语言，但雷军也看到英语有利于欧美市场，却未必有利于日韩市场。当我们谈论全球化时，切忌脑海里只有英语国家，事实上非英语国家也有很大的市场。小米手机在俄罗斯、西班牙、印度尼西亚等国的销量均位居前列，非常重要的一点就是注重在地化。

在手机行业，还有一个著名的例子就是"传音"。传音手机的前身是波导手机，曾以广告语"手机中的战斗机"而家喻户晓。到了智能手机时代，波导手机被挤出了中国市场。但让人没有想到的是，新生的传音手机选择了非洲市场。根据非洲基建差的情况，传音手机推出了专款机型，还开发了针对黑人的相机算法，深受用户欢迎，成为非洲第一大手机品牌。

行动指南

国际化不是英美化，广阔天地大有可为。

3 月 21 日　敏锐的市场策略

Tesla（特斯拉）为什么能在巨头林立的汽车行业里取得令人惊叹的成绩？此前美国政府大力扶持的电动车企业几乎都已经结束其悲惨的命运，但为何 Fisker（菲斯克）等先驱纷纷倒下，而唯独 Tesla 能够存活并且飞速发展，还被誉为汽车界的"苹果"？

作为一个成熟行业里的新来者，它既没有办法用最低廉的价格去做一款有品质的产品，也没有资本去做一台全世界最贵的汽车来征服顾客。所以埃隆·马斯克为 Tesla 选择了一个方向：跑车。

首先，Tesla 汽车的时速从零到百公里加速最快时只要 3.7 秒，这本身就是纯电机驱动汽车的技术优势，跟若干电动车领域的奋斗者相比，马斯克牛就牛在这项与众不同的市场策略。像美国普通的轿车卖两万美元到两万五千美元就很好了,相当于我们这边三四十万元的车。一般人都开这个车。可是那个电池就要再加两万到三万美元,那整车就要四五万美元了。四五万美元那都是宝马奔驰级别的,谁买你的 Tesla?新能源也好,全智能也好,真正普及开来之前那都是噱头,消费者能够为噱头付一些钱,但是有限。最便宜的 Tesla 都要六七万美元,好点的要十几万美元。所以他必须锚定那些十几万美元的跑车。以前别的公司的电动车为什么卖不出去?因为电动车贵。大家都拿电动车跟那些两三万美元的轿车比较,你怎么比都不行,光电池的成本就两万多美元。因此马斯克让 Tesla 直接锁定跑车级的市场,这是他的第一个革新。

——《Elon Musk 是个酷同学》2013 年 11 月写于微信公众号

背景分析

在成熟的行业里一定不能用传统的办法干,得有创新思维。雷军总结的特斯拉策略,就是在成熟市场中找到一个自身相对有优势的空间。雷军在宣布造车时,也有反对者认为时机已过。然而汽车是万亿市场、百年行业,可以容纳了众多品牌,空间也足够大,这给了特斯拉崛起的机会,也给了小米造车的信心。

行动指南

市场越大,空间越大。

3月22日 知道什么是不可能

做通用软件,中国现在还不是特别成熟,纯粹的通用软件公司到今天为止没有任何一家上市。金山现在是因为横跨通用软件和网络游戏获得了很好的财务表现才成功上市。我觉得 2003 年以前也能上,但是上去很累,因为业绩没有到一个数量级。通用软件公司为什么长不大?因为没有长大的环境,这是一个艰难的行业。有人希望我们做"中国的微软",这是对我们的期许,但中国不可能产生微软,至少此前是不可能的。如果真的存在这种机遇,我们没抓住是我们失误,但关键是"不可能"。

——《我和金山的"五次上市"》2007 年 10 月发表于《中国企业家》

背景分析

商场如战场,寻找可能性很重要,更重要的是明确什么是不可能的。一开始,金山软件是以文字处理软件为主要赛道的,被外界认为是微软的竞争者。但雷军谨慎地判断了形势,金山和微软有着巨大的差距,这种差距不是公司层面的,而是关乎成长环境。美国软件行业经过了多年发展,没有盗版和强竞争,仅靠通用软件是可以成长起来的。而 20 世纪 90 年代的中国,各方面条件都不成熟,只靠通用软件没有胜出的机会。

行动指南

打不过就跑,不要在自己的短板上和人硬拼。

3月25日 问题都会一点点被解决

几年前我一直在思考一个问题,就是未来 10 年发展的热点是什么。我认真地想了半年的时间,我认为移动互联网会成为未来 10 年最热门的方向之一。我相信手机上网会变成这个时代的潮流,在不久的将来,移动互联网业务的规模会远远超过目前互联网业务的规模。环顾全球市场,这个趋势在日本已经越来越明显了。我举一个小例子,日本最大的社交网站 Mixi,在一年多前通过手机上这个网站的人在日本手机用户中的占比仅仅为 10%,一年后的今天,通过手机上这个网站的人已经超过了 60%。这种趋势在我们中国也正在发生。刚才我们的 CEO 俞总跟我们分享了非常关键的几个数字。一年零十个月的时间,我们的用户量增长超过 25 倍,目前在手机上安装并且激活的客户量超过了 5000 万。还有一个更为振奋的消息是，在一个月前，我们的日 PV（页面浏览量）过了 3 亿次，用 UCWEB 上网的人越来越多。

谈到这里，有不少的朋友们就很困惑，说我周围没有看到谁用手机上网啊？或者说我用了半天很难用啊，简直无法忍受。其实我刚开始用手机上网的时候也有类似的感受，研究很久以后我觉得中国移动互联网发展面临几大瓶颈：上网速度的问题、资费的问题、易用性的问题，还有内容的丰富度问题。我跟大家举一个例子，大家就容易理解了，比如资费。目前如果不包月，1K 就需要几分钱，看新浪新闻，仅看首页就是几十元。但如果使用包月就会便宜很多，不过包月只能包 50M。我相信，随着时代的发展，这些问题都会一点点被解决，互联网过去 10 年就是这样发展过来的。

——《移动互联网势不可挡》2008 年 10 月 16 日 UCWEB 战略发布会发言

背景分析

做企业需要战略，战略是有关全局发展和长远发展的思维方式。大多数人不拥有这种思维，是因为不具备用发展的眼光看待问题的能力。iPhone 刚刚诞生之时，被认为是移动互联网的诞生时刻。任何新生事物开始都是不完善的，站在 2008 年的时间点，移动互联网有非常多待解决的问题。如果只看到这些问题，不想到问题终将被解决，那就会错失移动互联网的黄金 10 年。类似的案例还有很多，比如新能源车、光伏产业。在特斯拉、比亚迪的发展早期，电池续航不足、充电桩数量不足，这些都是困扰产业发展的瓶颈。但请相信，不论马斯克还是王传福，都和雷军一样，认为"这些问题都会一点点被解决"。

行动指南

用发展的眼光看问题。

3月
26日 熟人介绍更易成功

这两三年来，我就是运用这十大标准选择了一些项目，比如 VANCL，UCWEB，Lakala（拉卡拉），duowan（多玩）等。这些企业在我投资的时候，要么只有十来人，要么还只是一个 idea（想法），但是它们只用短短的一两年时间，就完成了两轮以上的机构融资，目前都有 200 人以上的规模。今天来说，这些项目的表现都非常不错，这一切都和创业者的能力、创业方向密不可分。

最后，我很愿意分享寻求投资最重要的一个技巧：熟人介绍更易成功。因为创业者的诚信是投资的前提，无论投资人花多长时间和创业者沟通，都很难一下子让人建立足够的信任。天使投资人由于是个人，投资前没有能力做足够的尽职调查，投资后基本不参与管理，这样对诚信的要求就更高了。有了熟人的介绍，相当于有了对创业者诚信的背书。如果盲目寄送项目书，得到投资的难度会大很多。

——《评估创业项目的十大标准》2008 年 10 月写于新浪博客

背景分析

雷军做天使投资人期间，一个重要的原则就是：不熟不投。乍一看，这好像是在说关系文化，其实背后的道理在于诚信。投资界对于创业者团队的诚信都非常重视，赛道再好，技术再牛，如果创业者不诚信，投资就会打水漂。而陌生人之间要进行诚信判断，成本太高。所谓日久见人心，一个人的品格如何需要时间来检验。熟人介绍，本质上就是在给创业者的诚信背书。那么从创业者的角度来说，需不需要经营人脉？需要。但这种经营，不是简单地拉关系，而是经营自己的诚信，经营自己的口碑。

行动指南

尽量与熟人合作，有助于降低信任成本。

3月 27日 运气的背面是实力

　　我觉得每一个创业公司成功的背后都是无数创业者付出了大量心血，绝非大家所理解的"我们就真的是一头猪，我们真的只是运气好"。话讲出来，是迷惑对手的，如果你真的做猪，是绝对不可能成功的。

　　我们都是付出了比别人多 10 倍的时间和代价。我对自己的第一个要求是，每周上六天班。从小米创办的第一天开始，到今天为止我都是这样做的。我的第二个要求是每天最早十一点下班，而昨天我是凌晨两点半下班的。

　　我不是希望大家都跟我一样，我只要求我自己，我不要求大家。我是想跟大家说，每一个成功者都是这样做成的，或许你并不真的了解他们，或许他们跟我一样善于"伪装"，说自己是"猪"，站在台风口，是运气好。人家运气咋这么好？台风来了他就真的在那儿站着？我坚信，运气的背面就是实力。小米网的战斗力、创业精神是我们打赢这场仗最关键的因素。

　　　　　　　　　　　　　　　　　——2015 年 6 月小米网内部培训讲话

背景分析

　　"命是弱者的借口，运是强者的谦辞。"这句话出自赫尔曼·黑塞，道破了"命运"的真相。机会只留给有准备的人，在台风口上猪也能飞，但猪未必能站到台风口上，更多的时候猪只是安逸地待在圈舍中。雷军的"风口论"被很多人批评，比如马云就说"风过后摔死的一定是猪"，有点类似"潮水退去，才知道谁在裸泳"的意思。"风口论"还被理解成机会主义，其实都是搞错了重点，雷军自谦为"猪"是想表达趋势很重要，强调顺势而为。小米自 2010 年开始创业，当时市场上还有很多手机品牌，但 10 年之后基本都烟消云散，这就足以证明小米的成功并不只是靠运气。

行动指南

实力是运气的一部分，要靠实力，不要靠运气。

3月 28日　从三大门户到 BAT

　　我觉得今年的市场真的让人有点看不懂。今年上半年热得发疯，下半年冷得发疯，所以整个创业环境大起大落、跌宕起伏。上周五我们顺为基金办了一次年会，有个别创业者觉得很沮丧，觉得有点茫然。我跟他们交流的时候，他们还讨论到今年的中国市场产生了巨变，像 58 收购赶集，滴滴快的合并，这两天的携程并购去哪儿，还有新美大——美团和大众点评合并。我跟他们讨论的时候，他们觉得这些公司似乎都是在非常短的时间内成了巨头。而他们也在担心，在中国市场上，这个巨头林立的局面会对创业者产生什么样的影响。

　　前两周的时候，我还听到了一句非常有趣的话，说未来是属于年轻人的，未来是属于创业者的，但是归根到底是属于 BAT 的，包括这四个合并背后都是 BAT 无形的手在操纵。大家觉得这种情况会对中国市场产生什么样的影响？

　　不过话说回来，我自己是非常乐观的，为什么呢？早在 2005 年，那时 BAT 的格局还没有形成，中国市场上最厉害的是三大门户网络。它们看起来好像什么都做，中国的互联网创业好像没有机会。其实没过多久，就涌现了很多企业，包括后来的 BAT，实际上就是一轮一轮的迭代。

　　　　　　　　　　　——《未来十年依然是创业的黄金十年》2015 年 11 月
　　　　　　　　　　　　　GGV 成立 15 周年峰会上的演讲

背景分析

　　2015 年中国互联网的主题词是"合并"，因为这一年发生了著名的四大合并案。这是一波创业潮成熟的象征，大量的初创企业被淘汰，剩下的幸存者开始重整资源，寻求从市场上获得回报。最著名的当数滴滴和快的合并。两家共享出行公司依靠阿里和腾讯的支持，先是进行了疯狂的补贴大战，然后又迅速地完成了合并。这在当年引发热议，因为这一波互联网创业的背后，都有 BAT 的影子。巨头之下，还会有创新吗？雷军认为这是一个伪命题。因为今天的巨头也是从小公司成长而来的，它们成长的过程中同样笼罩着昔日巨头的阴影。世界总是在不断前进，吐故纳新，不能因巨头的存在而放弃努力。

行动指南

时移势异，机会永远有。

3月 29日 未来刚刚开始

大家仔细想想，像滴滴和快的，如果这些服务不是在手机上而是在 PC 上，那还有什么意思？还有今天大家讲的 IoT，这不是个新名词，IoT 是 20 年前的词。家电厂商谈 IoT 谈了 20 年没有什么进展，而这两年方兴未艾、迅速崛起，其实这背后最重要的推动力是智能手机。原来的 IoT 是在 PC 上控制的，你们想象一下，说"我的窗帘要打开"，我得回去把笔记本电脑打开，我得上网，我得按一下，这是多"变态"的应用场景。现在掏出手机按一下，窗帘就打开了，电视就打开了，空调就打开了。所以，这次 IoT 火的原因是每个人都拥有了智能手机，有了移动互联网。今天我们还要在极度沮丧的时候看到未来 10 年的风景，我是觉得未来 10 年的机会还非常多。在每一个机会背后，一定要看到是什么因素在推动这些变化。我认为移动互联网从表面上看似乎已经没有机会了，BAT 以及小巨头们，好像就是我们的整个天空，没有给我们一丝透气的机会。其实我真不这么看，我认为移动互联网革命的第一个阶段刚刚结束，未来的阶段才刚刚开始。

——《未来十年依然是创业的黄金十年》2015 年 11 月

GGV 成立 15 周年峰会上的演讲

背景分析

"没有人永远年轻，但永远有人年轻"，这句话用来形容巨头也很合适。每个时代都有巨头诞生，但巨头的地位并不能永远保持。启迪雷军的《硅谷之火》讲述的正是微软和苹果反抗当时的巨头 IBM 的故事。今天，微软和苹果成了新时代的巨头，但它们同样浮浮沉沉，面对四面八方的竞争。以国内来说，BAT 的格局不过 10 年就已被打破。百度被阿里、腾讯拉开了明显的差距，腾讯未能阻止字节跳动的崛起，阿里也没能预料到电商还有拼多多这样的挑战者，这些变化都是在移动互联网时代发生的。巨头实力强劲，但也得顺应时代。广阔天地，总能孕育新的气象。

行动指南

任何时候都要相信机会永远存在，广阔天地，大有作为。

4月

微观管理

4月 1日 关心现金流

  小企业，头等大事是关心现金存量够发几个月的工资；大企业，账上的现金比较多，首要关心的是现金流，如果当月赚钱，但是现金流是负的，一定要认真核查，如果有问题，要及早解决。差距一般在应收数（应收账款）、库存、固定资产采购上。考虑到固定资产的采购一般都比较慎重，所以这里我们就不讨论采购管理的问题，主要考虑管理应收账款和库存的问题。

  有个企业老大非常形象地说："应付账款是一定要付的，应收账款是一定收不回来的。"一定要严格管理应收账款：修改销售政策，尽量现款销售；成立专门小组负责催收应收账款，控制应收账款的增长。

  同时要注意做好库存管理，所有业务主管要定期到库房现场办公，解决库存的相关问题，加大库存处理的力度和速度，保持库存的周转效率。

  ——《企业过冬的生存技能》2009 年 1 月写于新浪博客

背景分析

一家企业，亏损不一定会倒闭，亚马逊连续亏损了 19 年，中外很多互联网公司前期都在亏损；高负债也不一定会倒闭，很多房企都有极高的负债率。但现金流一旦中断，再大的企业都会在一夜之间崩塌。所以，现金流可以说是企业的"死穴"，一定不能受到严重的打击。雷军的这段话可能会让一些人意外：金山时期的各项业务都不涉及库存，但雷军这里却特别指出了库存问题，这是为什么？原因是雷军在 1999 年创办了卓越网，尝试过电子商务，此后还投资了凡客诚品，对于涉及实体商品的库存有充分的认识。而这一时期，雷军已经开始关注到手机创业，而硬件产品公司的头等大事就是库存。

行动指南

时刻关注现金流。

4月 2日 省钱的招数很多

智冠老总王俊博年过半百，是台湾地区游戏业泰斗级的人物。我向他请教成本控制的问题，他说很简单，比如请客，要让客人满意还要控制成本，怎么办？"在贵的地方点最便宜的菜，在便宜的地方点最贵的菜。"一句话就把控制成本同时要做好事情的精髓说出来了。

互联网创业企业都要买服务器。很多人的第一反应就是要买名牌服务器，因为它们稳定、服务品质好，可是这样的服务器一台就是两万多元。但创业企业没钱怎么办呢？一个创业者告诉我，他们买的全部是破产网游企业的服务器，几乎全新的服务器，只要两三千块钱。另一个创业者告诉我，他的服务器全部是电脑城里组装的 PC 机，用软件办法解决稳定性问题。所以，省钱的招数很多，只要大家愿意琢磨交流，就有很多办法。谷歌用的服务器就是组装的 PC。

我再举一个例子就是做广告。1999 年我们启动了金山词霸"红色正版风暴"的大型市场活动，但我们总共只有 40 万元的预算，怎么办呢？为了给市场足够的震动，我们想了很多办法。比如投《电脑报》广告，在正常情况下应该一期报纸投几个整版，但我们在一期中只投了连续 4 个 1/4 页广告，再在其他每一页上都投了一个"栏花"广告，这样，给读者的感觉就是几乎每页都有我们的广告，铺天盖地的，但实际上我们只花了一个整版再加几个"栏花"的钱。

——《企业过冬的生存技能》2009 年 1 月写于新浪博客

背景分析

同样的事不同的人做，效果也会不同。好比两个人做同一道数学题，第一个人可能很快就得出答案，第二个人却花费了更多时间。因为第二个人虽然同样能理解题目，能给出解法，但没有正确的方法或者解题思路，结果就会不同。

雷军认为省钱也是有方法的，而这些方法往往是独门秘籍，各家都有一两手绝招。这再次说明省钱是个技术活，而不单是数字游戏。看着财务报表是做不好成本管理的，还是要从业务出发，了解关键环节，采取针对性措施，提高效率才是最终目的。

行动指南

集思广益，寻找省钱招数。

4月 3日 建立成本意识

控制成本是任何企业家都需要具备的基本技能。大家都应该知道"勤俭治家"的重要性。企业在任何时候都需要控制成本，尤其是在"冬天"的时候，股权融资、银行贷款都非常困难，企业的资金压力陡然增加，成本的压力立刻凸显。

成本意识要从公司创建就开始建立。互联网泡沫时期，资金成本比较低，创业公司比较容易融到了钱，于是就开始"豪华型"创业。这些创业者没有过苦日子的经验，以为未来一帆风顺，就开始大把烧钱，如租用奢侈的办公室、举办铺张的会议、乱砸市场费用等等。而一旦遇到困难，或者市场环境发生剧烈变化，企业就很容易倒闭。如果平时没有建立成本意识，等到真正遇到问题的时候再建立，就非常困难，由奢入俭难！

成本意识只有从老板开始，才有可能贯彻到全员。如果老板不以身作则，不反复强调，不建立成本控制的体系，整个企业成本管理就一定会非常混乱，也不容易成功。比如，华人世界的首富李嘉诚，一块普通的电子表一戴就是二十多年，我相信李嘉诚旗下的企业成本控制一定做得非常出色。再比如联想，柳传志认为联想的成功在于把毛巾拧干，也就是说联想的成本控制做得非常出色。

成本控制体系成功的关键在于建立全员成本意识。没有全员的共识，各项成本是无法管理的，会到处漏水。只有建立了这样的意识，各种方案才能实施。

——《企业过冬的生存技能》2009年1月写于新浪博客

背景分析

成功的企业和企业家都特别重视控制成本，因为他们有穿越经济周期的经历，对于控制成本有亲身体会，也经受住了市场的考验。所以控制成本既是商业世界的铁律，也是幸存者法则。雷军控制成本的心法，最重要的是建立成本意识。这一点往往在公司创始人层面就被忽视了，尤其是在2008年金融危机之前，创业公司的融资成本较低，创投界甚至发明了"烧钱"这个词。"潮水退去才发现谁在裸泳"，2000年初的互联网泡沫，2008年的金融危机，2018年的逆全球化，每当危机到来，给倒下的公司做"尸检"时，"缺乏成本意识"总会出现在"死因"这一栏。

行动指南

建立成本意识，先从自己做起。

4月 4日 省就是赚

省钱就是赚钱，省一块钱就是赚三块钱！

遇到现金短缺时，所有管理者的方案都是增收节支。我也非常赞同增收和节支两手都要抓，但增收谈何容易，市场竞争如此激烈，短期见效的可能性不是太大。而只要自己努力，强化管理控制，成本很容易就降下来了。节支这一块要说比较困难的可能是建立会员的成本意识，要告诉所有人："省钱就是赚钱，每省一块钱至少相当于赚三块钱。"这句话的道理很简单，一般企业赚来的钱需要支付销售成本、生产成本等，还需要交销售税等，能剩下三分之一就非常不错了。

——《企业过冬的生存技能》2009 年 1 月写于新浪博客

背景分析

企业是个整体，没有哪个部门能够单独贡献利润。但我们还是可以认为，参破了成本控制奥秘的人，能够对企业负最大的责任。举个大家都熟悉的例子，乔布斯去世前钦定了库克为接班人。库克擅长的并不是产品，也不是销售，而是供应链。供应链管得好不好，直接决定了产品的成本差异。库克接班时饱受质疑，但事实证明乔布斯眼光正确，库克带领下的苹果不断成长，一度是全球市值最高的公司。雷军开始创立小米之后，也深知供应链的重要性，小米手机主打性价比，但始终保持盈利，没有严格的成本控制是做不到的。

行动指南

看看公司内部有什么地方可以"赚钱"。

4月 管好最难管的费用
5日

　　企业的费用大致分两类：一类是固定费用，即每月都必须支付的，比如人员费用、房租、水电费用，以及带宽、办公设备及服务器折旧等；另外一类是变动费用，比如差旅费、电话费、招待费、市场费用等。

　　固定费用非常可怕！这些费用一旦开始花，就每个月都必须支出，很难终止。还有，一旦习惯后，一般不会想到取消。所以，一定要高度重视固定成本，比如租用新的办公室、租用 IDC（互联网数据中心）机房、随意增加员工等。如何控制呢？在每年、每季度预算会上的重点就是分析固定费用。

　　变动费用每项看上去并不多，一个月总数好像也不大，但累积起来的总数并不小。比如对于一两百人的公司来说，每个月多 3 万元电话费，看起来并不多，但一年下来就是 36 万元！还有很难管理的打车费、招待费等。这项成本是每个月财务分析会的重点。如何管理交通费、电话费、招待费这三项最难管理的费用呢？各家有各家的高招，以后我详细介绍我用过的一些办法。

　　这样分类的好处在于：企业必须花的钱相对可控。一旦遇到危机，就先停掉所有的变动费用，然后分析固定成本，逐项定计划消减，整个成本就一步一步控制下来了。在 2003 年非典前，金山的费用大约在 450 万元 / 月，在我们发布控制费用的紧急要求后，成本迅速控制在 250 万元 / 月以内。

——《企业过冬的生存技能》2009 年 1 月写于新浪博客

背景分析

　　在建立了成本意识之后，还要有成本控制的方法。这部分文字偏实操经验分享，相当于成本控制的预案。预先确定好哪些成本是容易管的、哪些成本是难管的，在发生危机时，就能分门别类地进行管理，做到有条不紊。站在历史的维度上看，危机不可能被避免，但可以被管理。雷军这段话提醒我们，经营企业要有具体的成本控制方法。通过明确成本构成、制订预算和计划、建立监督和考核机制等方式，可以有效地控制企业成本，提高企业生存能力。

给日常费用分个类，建立危机预案。

4月 8日 不该花的钱一分钱都不能花

控制成本实施的要领是：该花的钱一定要花，不该花的钱一分钱都不能花。

省钱不是不花钱，不花钱可能造成更大的浪费，所以，该花的钱一定要花，这是不能打折的事情。比如，我们可以租用便宜的办公室，但并不意味着我们的办公室是非常拥挤混乱的，如果办公室非常不舒服，员工工作可能没有效率，这是更大的浪费。

不该花的钱一分钱都不能花，要从每件小事做起，很多创业者觉得一起创业的员工很辛苦，在报销电话费、出租车费和请客吃饭等方面非常大方，甚至基本不管。这些钱，创业的时候的确不多，但这种风气一旦养成，就很难改变，人一多，再遇到个别不自觉的人，这几项成本就是天文数字了。其实，回报员工的方式有很多，比如给予更好的报酬或者更多的股票等，而不应该在管理上放松。

——《企业过冬的生存技能》2009 年 1 月写于新浪博客

背景分析

在当前的经济环境下，企业对成本控制很敏感。因为大多数企业对成本控制的理解就是省钱，而省钱最快的办法就是省人力、省福利，给员工的观感很不好。雷军说"省钱不是不花钱"，一语道破本质。有助于提升工作效率的钱，一分都不能省；而对效率没有帮助，只是显得大方的钱，最好都别花。由奢入俭难，员工的福利要有，但不能太随便。经济始终有波动周期，如果等到想省钱的时候砍福利，就很难避免公司和员工相看两厌。

盘一盘不该花的钱有哪些。

4 月 9 日 持续赢利之前，一直"过冬"

"低成本情况下的快速扩张能力"这句话有两个关键词，"低成本"和"快速扩张"，这里我先谈成本控制。

现在是经济"冬天"，大家都在谈"过冬"的问题。我觉得，创业企业在没有持续赢利之前，一直在"过冬"。创业者必须具备少花钱甚至不花钱办事，还把事情办漂亮的能力。如果靠花钱办事，资金不足的小公司恐怕就没有什么出头的机会了。

几个月前，一个北京的创业团队找我，我问了他们一个问题：假如你们找不到投资怎么办？他们说自己凑了点钱，花一年足够了。在北京，8 个能力非常强的人组成的团队，计划用一年时间，搞定设备、办公室、服务器、市场推广等，大家猜猜完成这些，他们计划花多少钱？仅仅 20 万元！

我特别关心他们如何做。他们说："我们不拿工资，在通州租套 200 平方米的房子，每个月只要一两千元，再花两三千元请个阿姨买菜做饭，办公、吃住全都解决了，服务器带宽借朋友的，剩下的钱买电脑足够了。这样做一年，全力以赴把产品做到极致，仅靠用户口碑就可以做到相当大的规模……"我相信创业者有这样的决心和自信，创业一定会成功。

——《如何挑选创业项目》2008 年 12 月 8 日创业邦公司年会上的发言

企业经营说复杂也不复杂，赢利则生，亏损则死。而决定盈亏的很重要的一个因素，就在成本控制。说穿了就是用最低的成本去创造最多的利润，所以雷军说"创业者必须具备少花钱甚至不花钱办事"的能力。大道至简，反而不受人重视。这从对"冬天"的定义就可以看出来。一般人理解的"冬天"，是指大环境不好，导致赢利能力变差，这才想起来节省成本；而雷军理解的"冬天"，是只要不持续赢利——注意"持续"两个字——就都是"冬天"。

行动指南

同样的事，看看少花钱，甚至不花钱能不能办成。

4月 10日　天天走着干

作为技术管理者，我谈过很多次自己的三条管理经验：**管自己以身作则，管团队将心比心，管业务身先士卒。**

我们要求大家"996"，我们自己首先要做到"996"。做很多事情要先搞懂，不然心里发虚。不瞒大家说，在小米之前我没做过任何硬件，直到今天也还在学习中。我们发展的速度比较快，具体管法应该是：

1. 如果管七八个人，自己带头干，因为你的技术比所有人都好。

2. 如果管二三十个人，走着干，早晚问一圈，婆婆嘴。

软件工程有句名言叫：可能错的地方一定会错。这是由无数的失败总结出来的。举个例子，投影仪多半会在你要用的时候坏掉，笔记本也是如此。我每次开发布会的时候要准备两台一模一样的笔记本，正是因为有过无数次的教训。天天走着干，其实不难。

3. 如果管上百人的团队，要靠3到5人帮助管理。

极少有人能1个人管理100人。如果不是在迫不得已的情况下，千万别这么做。还是要有管理班子。怎么建班子很重要，最难的是管理五六百人，会异常痛苦。

——《优秀的人内心是有使命的》2019年3月手机部内部讲话

背景分析

这是雷军自金山创业以来，一直向干部们提倡的管理方法，包括针对不同管理半径的方法。其中，基础的是管小团队，领导者要身先士卒。最核心的是管理中型团队，领导者需要走着干，特别要关注细节，及时发现和解决问题。管理大型团队的本质其实就是管理班子，而一个班子也就相当于一个中型团队，需要确保团队的稳定性。而带好班子，选择什么样的人可能比管理更重要。管理好一个领导班子，需要多种能力和素质，同时成员之间要相互信任、相互补充，形成合力。只有这样，才能带领整个企业不断前进。

行动指南

不同的管理半径，要采用不同的管理方法。

4月 11日 供应链大将

供应链，我直接管了三四个月，原理和方法论我觉得已经搞清楚了，但是实在扛不住供应链的头绪。供应链有多少头绪呢？举个例子，我们昨天专门研究螺丝钉，从早到晚19家供应商来招标。螺丝钉要做好，学问很多，我不展开讲了，只是想说把产品做好是非常不容易的。

基于供应链空前的工作量，我就在想怎么补一员大将来帮我分担压力。我们想到一个人特别合适，但是又觉得他不可能来。这个人的公司做到了二十几亿元营业额，利润一个多亿。在上上个礼拜天，我们很冒昧地跟他开口了，说我们有困难你能不能来。这个兄弟就像白求恩同志一样，谈完以后说，给我三天时间收拾一下，礼拜四早晨九点上班。这个功臣叫张峰，紫米创办人，我感动得热泪盈眶。张峰有25年的手机研发、生产、制造和供应链的经验，他的加入让我们实力大涨，我坚信有了他我们一定能够做好供应链，未来会进入有序可控的状态。当然，实现这一点还需要信息部的大力支持。我们原来的供应链全是通过 Excel 呈现的，我有时候看得一头雾水，必须有更好的可视化呈现才行。乔布斯的接班人蒂姆·库克就是供应链出来的，你就知道供应链有多重要。这个部门，华为和联想都有一千人，我们原来只有三五十号人，现在刚过一百，我们还会补充非常多的猛将。

——《我们成长中的问题》2016 年 9 月小米网内部总结

背景分析

2020 年 8 月 16 日，雷军宣布 4 位集团高管成为小米合伙人，其中之一就有高级副总裁张峰。张峰曾任职南京英华达，支持了第一代小米手机的诞生。此后张峰离职创业，雷军投桃报李，支持他创立了紫米科技。它生产小米移动电源，打穿了整个充电宝市场。2016 年，张峰开始了与小米的第三段缘分，入职小米掌管供应链。供应链对制造业企业至关重要，但是供应链的工作非常烦琐。尤其是手机，关联了无数个环节，小到一颗螺丝没跟上，手机就生产不出来。因此，这项工作关系企业的生死存亡，必须有精兵强将。

行动指南

重视供应链管理。

4月12日 做销售真心难

金山来的同学非常清楚，我是从促销员干起的，当年在金山，是由我来培养促销员的。

我学营销的第一课就在店面站了 7 天。我曾经严重怀疑斌总没有站足七天，是他的反馈告诉我的。正常的反馈应该是：站的第一天的感受只有一个字：累。

我当年站了四整天，一个东西也没卖出去。以前，我逼着金山很多高管去卖东西，很多人回来写的工作报告是："老板，我能申请减工资吗？"我问为什么，他说他卖一整天连工资都没挣回来。

太难了，做销售真心难。

——《我们成长中的问题》2016 年 9 月小米网内部总结

背景分析

商业的本质是一门"买卖"，它所有工作的价值，都要在成交那一刻才得以体现。因此不懂销售，就不可能端好商业这碗饭。雷军曾亲自站过门店推销金山的软件产品，这既是为了了解一线销售工作，也是为了贴近用户，了解用户痛点。只有理解销售工作的困难，才知道如何改进产品，并对市场产生敬畏。于是，雷军要求金山高管站店，同样也是对小米高管做了要求。

行动指南

全员体验销售工作，学习做"买卖"。

4 月 15 日　换岗对成长有巨大帮助

我在职业生涯初期是程序员，后来我是 80% 的时间在编程序，20% 的时间在带团队。再后来，我实在迫不得已负责了市场、销售和服务的业务。接着我成了 CEO。我从一个无名小卒到管理 100 人，用了 10 年。1998 年我做了金山 CEO，潜心琢磨了精细化管理，后来觉得管理是个伪命题。由于小米第一阶段的管理实验取得空前的成功，现在在有序可控的情况下，重新开始管理——不过度管理。我做过很多行业，创办了卓越网，做过电商，做过信息安全、办公软件、天使投资、风险投资、股权投资，一直到今天做了硬件。前段跟新希望集团共同做了银行。这中间也做过很多其他行业。

其实换岗对于一个人的成长有巨大的帮助。举个例子，做研发的老骂供应链。一旦转岗转了供应链之后，你就明白了其中的道理，以后的合作度会好很多。有时候做研发，会觉得做产品经理的很傻，每天都改来改去。但是你要看到这背后产品经理他们有多痛苦，我们每个人都要背负责任，因为市场是瞬息万变的。如果你懂得这一点，就会有同理心，就会做得更好。

——《优秀的人内心是有使命的》2019年3月手机部内部讲话

背景分析

换岗是企业培养高级人才的惯常手法，雷军也是这一制度的受益者。企业管理需要专才，但层级越高越需要复合型人才。尤其是规模化企业，换岗是培养人才的必由之路，很多企业甚至规定了没有换岗经历的干部不予提拔。

行动指南

定期轮岗、换岗，培养干部队伍。

4月16日 容纳更多能干的人

在小米创立早期，我们就是要找不需要管理的人，这些人有三个重要特点：第一，他得能干，有能力。第二，他要有高度的责任心。第三，他要有强大的自驱力。他们基本上都是在30岁左右，有相当丰富的经验，而且特别想做一些伟大的事业，我们就聚集了这样一批人。到今天为止，这100人里面应该还有90到95个人在小米，也都活跃在我们非常重要的岗位上。

我们初期提的"去title（层级）"是什么意思呢？我们基本上都给他们一个title，叫工程师。因为如果给"总监"的话，可能另外一个跟他差不多能干的人，会说"你给我一个'经理'肯定不行"。如果再给一个"总监"的话，那整个办公室里面就全都是"总监"了。而如果是工程师，大家都是工程师，反而能容纳更多能干的人。

所以在初期，小米刻意混淆了职级分类。在很长一段时间里，小米是没有企业内部职位等级的。而且到今天为止，作为一个两万多人的企业，小米集团副总裁以上的管理者只有十三四个人。在这样的相对平等的氛围里，每一个业务单元都具备非常强的主动性。初期我们在试验"去 title"时也取得了很了不起的成绩。有时候我们想提拔个别做得非常出色的同事负责管理岗位，他们都说其实不需要，现在这样更好。所以基于这样一种管理氛围，我们度过了 9 年时间。

——《小米这九年的管理经验》2019 年 10 月
获"复旦管理学杰出贡献奖"时的感言

背景分析

企业的组织结构形形色色，但大致可以分为两类：一类是科层制组织，另一类是扁平化组织。在企业这种生产组织形式诞生后，科层制一直就是主要的管理形式，但它的一大问题是随着规模扩大，层级也会增加，导致管理成本上升，并且难以对市场需求迅速做出反应。因此，从 20 世纪 90 年代开始，扁平化组织理论开始出现，强调减少管理层次，使组织结构更加扁平，从而提高效率。相对于传统行业，互联网行业走在了组织扁平化的前沿。当然，科层制和扁平化不是对立的，而是在不同条件上有各自的优势，更多的做法是根据企业实际情况做出调整。在小米创业早期，扁平化组织运作得很好，而随着小米人员和业务规模扩大，在手机业务之外，还有互联网、智能家居、金融、智能汽车、电商等等业务，设置事业部和管理层级就必不可少。只是在设置管理结构时，仍会秉承扁平化的思想，尽量减少层级，提高管理效率。

行动指南

在不同规模下运用不同的组织结构，中心思想是要提高效率。

4月 17日 用放大镜看同事的贡献

多干活、少拿钱，谁都愿意跟你合作。如果你愿意吃亏，所有人都会喜欢你。如果你要当好队长，你就要愿意吃亏，多干点活，拿荣誉的时候往后站，这是相对容易的。为什么要这样做呢？每个人，包括我在内，都会自觉或者不自觉地夸大自己的能力，都会自觉或者不自觉地夸大自己的贡献，所以我们需要用放大镜看我们周围同事的工作和贡献。

因为你的工作和贡献已经被自己放大了，你怎么看待跟你一起的小伙伴呢？你拿放大镜去看他们的优点，你就平衡了，你就会觉得可能不是你少拿了，而是他们奋斗得更多，所以彼此的合作关系就好了。这是我自己上大学的时候，在跟一些小伙伴一起创业的过程中琢磨出来的。如果你能这么想，你的领导力就不是问题。

——2014 年 11 月"活力中国说——一刻大型公益演讲"答听众问

背景分析

心理学上有种现象叫"达克效应"，指的是人往往有一种认知偏差，错误地认为自己比真实情况更优秀。越是能力欠佳，达克效应越突出。在工作中，应该时刻警惕达克效应，注重同事们的贡献。"严于律己、宽以待人"说的也是这个道理。保持谦逊，欣赏他人，路会越走越宽。只有不断学习、提升自我，才能更好地适应变化、与他人合作，从而取得更好的成绩和发展。

行动指南

多看别人的长处。

4月
18日 说心里话，我们遇到了麻烦

小米自从诞生的这五六年来，实话讲，给我们创造了世界级的奇迹，保持了连续4年的超高速增长。当然，从小米诞生之日开始，各种诋毁、抹黑如影随形，以至于很多消费者对小米印象不佳，或者不了解。小米有很多狂热的"米粉"，不了解的人可能就觉得小米产品很平常。

说实话，过去的一年多里，尤其是在今年5月到7月，抹黑我们的文章更多了。我相信在座的每一位都看到了，我也相信在座的每一位内心都有很多疑问，只是不好意思来问我，或者不好意思说出来。在这里我跟大家说几句心里话，我们真的遇到了一些麻烦。

我觉得，没有哪一家企业能够连续四五年甚至很多年保持超高速增长，而不需要把步调放慢下来，不遇到困难的，这是不可能的。没有任何一家公司的成功能够不经过千回百转，不经过千锤百炼的。所以，更重要的是我们要清楚到底遇到了什么困难，我们的这些困难到底要怎么解决。

——《我们成长中的问题》2016年9月小米网内部总结

背景分析

如果说2015年是增速放缓，那么2016年就是小米的滑铁卢。在9月总结大会之时，雷军和小米管理层已经看到，手机的出货量出现了明显的下滑。那么，当企业面临困难的时候，是否应该让员工知道真实的情况？上下同欲者胜，同舟共济者赢。雷军选择了坦诚地和员工沟通，并且分析其中的问题，提出自己的解决方案。在困难面前，雷军总是保持冷静和乐观的态度。他的这种领导风格，让员工们感受到了公司的凝聚力和向心力，也激发了他们的工作热情和创造力。

行动指南

遇到困难时，坦诚沟通。

4月 19日 谁来当 CEO

1998 年，当时金山有 100 人吧，遇到了不少管理上的挑战，求总也不想管了，我也不想管，后来我们就想找个 CEO 来帮我们管，结果找了几个人谈，要不就是我们看不上人家，要不就是人家看不上我们，反正就是没找到。怎么办呢？求总就说雷军你来管嘛。我跟求总说，这样，我先干着，我先当总经理，如果找到比我好的，我们再换人就可以。所以今天想一想，当年的我 28 岁，就这样成了金山的总经理，这应该是一件非常光荣的事情吧？

当这个消息出来之后，我父亲给我打了个电话，说看到我当了总经理，他很担心。说总经理啊，看起来很光鲜，其实啥也不会，啥也不懂，就跟万金油一样，还是搞点技术靠谱。我父亲跟我讲完以后，我的心情很沉重，但是我又答应了求总当总经理，那怎么办呢？于是我白天当总经理，晚上加班干程序员，当了好几个月。当时心里还在想：我有没有可能在当总经理的同时还能把程序员干好？

在我做着这样一个美梦的时候，一件意外的事情发生了，有一个人推了我一把，从此金山少了一个好程序员，多了一个不怎么样的 CEO。出了什么事呢？我们公司来了一个同事，叫刘光明，他把我的电脑不小心给格式化了，连备份硬盘都格式化了，断了我的后路，从此我就走上了当 CEO 的"不归路"。

——2018 年 12 月金山集团成立 30 周年庆典现场演讲

背景分析

坊间一直流传着一个故事，雷军因为硬盘被格式化，多年来心血毁于一旦，不得不专心做 CEO。这是雷军第一次在公开场合证实了这个传言。但这段开玩笑式的讲话里，还是有一点严肃经验的。故事中有两个细节：首先，尽管创始团队没有意愿或经验，但也没有盲目地从外部招揽一名职业经理人；其次，雷军早期即使再忙，也还是在编程，而这是当时金山最一线的业务。这两点合在一起告诉我们，CEO 最好要熟悉公司文化和一线业务，随意空降或提拔并不可取。曾经万科王石非常推崇职业经理人制度，自己也身体力行，至今万科也是职业经理人制度的执行典范。职业经理人固然可以提升效率，但也面临文化融入难、创新不足、战略短视等问题。王石离开万科时，自诩"职业经理人"，但他实际是万科的创立者，所以不存在上述问题。而更多的企业，在盲目招聘职业经理人后，留下一地鸡毛。因此对于企业 CEO 的选择，应慎之又慎。

行动指南

慎选 CEO。

4 月 22 日 聪明不稀缺

这些年来，我们不拘一格用人才，一直推崇"肯学、肯干"的工作态度。如果不肯干，无论多么聪明、多么好的背景，都没有价值。IT 产业精英荟萃，聪明不是稀缺资源，大家比拼的是勤奋和努力。在高速变化的产业，一个人没有学习的态度和学习的能力，就一定会被淘汰。只有用放大镜看别人的优点，才能有虚心学习的动力。学习能力最重要的表现是反思总结，一个人只有不断反思总结，能力才会不断提高。

金山是一个历史悠久的公司，如果论资排辈的话，企业没有任何活力。金山一直强调"战功文化"，强调结果导向。只有这样的文化，才会"江山代有才人出"。金山内部提拔的高管，哪个不是身经百战、一仗一仗打出来的？！

——《金山为什么》2007 年 11 月为《梦想金山》作序

背景分析

学习能力是什么？如果去查百度百科，可能得到的答案是：学习能力是顺利完成学习活动的各种能力的组合，包括感知观察能力、记忆能力、阅读能力、解决问题能力等。这些都有一定道理。但是在雷军的字典里，最重要的学习能力始终是"反思"，记忆力好，理解力强，感知力敏感，这些代表聪慧的能力，都有助于人们学习知识和技能。但唯有勤奋和努力，才能让人在实践中不断进步。这也是为什么他强调逆商比智商更重要。

行动指南

勤总结，勤思考。

4月 23日　敞开心扉去学习

我要讲的是学习的态度。对于已经20多岁、30多岁、40多岁、50多岁、60岁的人来说，关键在于你具备一个怎样的学习态度，你愿不愿意敞开心扉去学习。如果你愿意的话，有一种极为简单的学习方法，就是你遇到了困难、问题，只要去问一下就行了，因为99%的问题和困难别人都知道，你不需要自己琢磨。

只有极少数可以被称为天才的人，才有机会去琢磨一个还未探索出答案的问题。我相信在座的同学们，你们遇到的99.99%的问题，都已经有答案，只要你问一下就行了。所以你不需要花很多时间琢磨，也不需要因为自己想不出答案而得抑郁症。你只要去问一问，敞开你的心扉去问问别人，去看看书、去找一找，很多问题就有答案了。没有答案的问题，其实不多。

——2014年11月"活力中国说——一刻大型公益演讲"答听众问

背景分析

雷军曾多次与大学生交流，聊得最多的，除了梦想就是如何学习。学习是一种能力，而学习态度也很重要，尤其是对创业者而言。太阳底下无新事，多数问题都可以通过虚心求教获得答案。在小米创业过程中，雷军就经常与业内人士交流，不仅获取经验，也验证自己的想法。很多上了点年纪的人，无法做到"终身学习"，事实上不是没有学习能力，而是缺乏学习意愿。体力下降，精力不济，很容易就自我封闭起来，不愿意敞开心扉去学习。雷军在创业过程中始终做到了空杯心态，这是他不断创业成功的原因之一。

行动指南

遇到问题，走出去虚心请教。

4月 24日 琢磨如何提高工作效率

我的动力源于什么？大学一年级我读了一本《硅谷之火》，之后在武汉大学的操场上走了一圈又一圈，下决心要做一个伟大的人。这是我在 18 岁时的梦想。有梦想很容易，但最难的是实施和坚持。我在大学时给自己定了个目标：在两年内修完所有的课程。我是武汉大学过去 40 年里少见的能做到这一点的毕业生。而且我的成绩几乎全是全年级第一。成绩真心不是混出来的，而是我花了额外 50% ～ 100% 的时间才做到的。

我在二十二三岁参加工作后，做了一张表记录自己每半小时做了什么，一周检查一次。我自认为我一年用在工作上的时间等于平常人两年的工作时间。我用了很多时间来琢磨如何提高工作效率。我在职业生涯初期做过很多项目，在每个项目上我都全力以赴，对每个项目都力争做透。

——《优秀的人内心是有使命的》2019 年 3 月手机部内部讲话

背景分析

"有梦想很容易，最难的是实施和坚持。"其中实施又要比坚持难一点，因为后者是一种精神或者说是一种性格，而前者需要一定的方法。今天的竞争如此激烈，每个人都很拼，甚至很"卷"，却总给人一种努力没有用的感觉。归根到底，当大家都很努力时，比拼的就是谁的工作更有效率。雷军被人称为劳模，千万不要误会他只会拉长工作时间，事实上他在年轻时就很注重提高工作效率。这里值得再强调一次：我们需要努力地工作，更需要聪明地工作。

行动指南

提倡提高工作效率，而非拉长工作时间。

4月 25日 领导力和沟通能力很重要

我觉得在大学里需要培养一些很重要的能力，就是领导力和沟通的能力。这些能力非常重要，可能比大学里考多少分更重要。

为什么呢？因为我自己也面试了超过1万人，我真的几乎不看你考了多少分，因为我也实在分不清楚这门课得90分，和那个系的同学60分有多大的差距。因为不同的学校、不同的专业、不同的老师给分的标准不一样，我相信今天的大学一样如此。所以我面试的时候真的分不出来，你是不是第一对我不重要。

我要看到的是，比如你是北京大学的毕业生，第一点是要毕业，毕不了业肯定不行。然后我要看到的是，你拿了多少次奖学金，你办了什么社团，你发过什么文章，你干过什么项目，甚至你有没有当过班干部、学生会干部、团委干部，这些都异常重要，因为这背后意味着你的组织能力、你的情商和智商。

——2014年11月"活力中国说——一刻大型公益演讲"答听众问

背景分析

在创业早期，对于招聘工作，管理者最好亲力亲为。小米刚成立时，雷军会亲自参与面试，对于应聘的应届毕业生，他不在乎每门课程的得分，最看重的是领导力和沟通能力。一位实习生入职曾被雷军面试过，这给这位实习生留下了极其深刻的印象。

招聘应届生，着重看领导力和沟通能力。

4月 26日 不断提高对人的识别能力

评估人是世界上最复杂的事情！我不认为自己有看人的天赋。听说"看相术"很有效果，但我没学过。我只不过是在长期的管理过程中通过不断总结来提高对人的识别能力而已。

对人的评估最重要的是诚信，这是所有评估的前提。天使投资人投入的资金量比较少，一般不会雇用专业机构做尽职调查，在这种情况下，就很容易上当受骗，所以为了避免这种风险，天使投资人对人的诚信要求非常高。中国还处在市场经济的初级阶段，还没有建立真正诚信的商业氛围。在这样的环境中评估人，我最关心的是这个人的价值观、商业道德底线等，只有把握了这些东西，才能真正把握诚信度。天使投资人和创业者有了深度的互信，这就是一个成功的开始。

——《如何挑选创业项目》2008 年 12 月 8 日创业邦公司年会上的发言

背景分析

雷军投资首重看人，但随之就有一个问题：看人能有那么准吗？雷军很坦诚，表明这是非常难的一件事。判断人这件事，一不能期待天赋，二不能期待"相面术""鉴人术"，唯一靠谱的就是在实践中总结经验。所以，雷军会说不熟不投。需要指出的是，雷军公开的案例，不太会去讲看人失败的案例，也不会曝光诚信有亏的人。但这种事情就不存在吗？显然不是如此。我们甚至可以笃定地说，雷军对人的识别能力一定是建立在正反两方面经验之上的。因此，遇人不淑时不要气馁，这是大概率事件，重要的是从中汲取教训。

不要怕看走眼，这也是宝贵经验。

4月 29日 警惕 KPI 过度管理

在管理过程中我们为什么要"去KPI"呢？因为业务的本质是为用户提供价值，但我们试图把它简化成KPI的时候会发现，无论怎么描述，都很难找到准确量化的方向。执行简单机械的KPI制度，很容易掉入过度管理的深渊。

我看了不少介绍索尼的文章。索尼是我曾经非常崇拜的一家公司，也是我年轻时反复学习研究的企业，但后来索尼在管理上出现了很多问题。就索尼而言，绝对是被事业部和KPI这两个概念坑了。我自己管了企业30多年，发现这里面的核心问题是：公司的业务线一长、事业部一多，CEO怎么管呢？直接用报表来管公司的话，眼前报表上的数字并不意味着长期的竞争力。

而去掉KPI以后，我们怎么能够有新的导引来凝聚这几万人呢？在初创业时，我们就建立了一个很重要的概念，就是和用户交朋友，把用户变成朋友。这个说法提出来很简单，做起来却很难。

——《小米这九年的管理经验》2019年10月
获"复旦管理学杰出贡献奖"时的感言

背景分析

在消费电子行业，索尼曾经是神一样的公司，就连乔布斯都是索尼的忠实粉丝。但在互联网和移动互联网时代，索尼明显乏力了。作为管理工具，互联网公司早就抛弃KPI转投OKR的怀抱。OKR 即 objectives and key results 的缩写，意为目标与关键成果法，由英特尔公司创始人安迪·格鲁夫发明。谷歌在1999年引入OKR，并发扬光大，后被美国互联网企业广泛应用。至2014年，OKR传入中国，很快被百度、字节跳动等公司应用。小米集团在 2019 年也开始引入 OKR 管理工具，但小米早期的管理其实与 OKR 不谋而合。雷军抛弃了 KPI，给公司设定了"和用户交朋友"这个最高目标（objectives），高性价比、超预期、做感动人心的好产品等则是关键成果（key results）。

行动指南

避免过度管理陷阱，谨慎采用 KPI 工具，尝试 OKR 工具。

４月30日 结合传统管理经验

我们小米刚开始就是这样的，我们找了一群非常有热忱的人来做。按照这个模式干了 8 年，取得了巨大成功之后，我们还是需要很冷静地看待这个模式。问题是：你怎么保证 2.3 万人都这样？他们散布在全球 80 多个国家和地区，所以我们如何能够继承发扬小米创业时的优点，并且结合今天通用的流程管理，在结合的过程中还要小心过度管理，就是一个值得关注的问题。

所以，我们又在摸索小米在第二个阶段创业时的管理模式，干了很多事情：

1. 聚焦技术创新；

2. 强化总部管理职能，设立组织部和参谋部；

3. 梳理业务，提拔年轻干部。

我在内部讲过，其实流程和规范管理有一点像练剑——手中有剑，我们要怎么练到手中无剑、心中有剑，怎么升华到无剑无我的阶段，这是武功的最高境界。在初期的时候，我们公司也很少有会议。实验以后发现，管一两千人没有问题，但几万人的话，还是需要结合传统管理经验，我们现在正在探索的过程当中。

——《小米 9 年：创新、变革与未来》2019 年 4 月清华大学演讲

背景分析

2018 年上市前，小米就开始了组织架构调整。原因有两方面：一是上市的需要，毕竟上市公司需要有规范的制度；二就是从 2016 年开始有"补课"的需要，小米要强化各方面的基本功，以适应新的公司规模，其中组织架构的调整必不可少。2018 年 9 月，小米宣布成立组织部和参谋部，这是继阿里巴巴和华为之后，第三家设立组织部（华为称"总干部部"）进行高级人才管理的知名公司。这首先体现了雷军积极学习传统管理经验，其次体现了小米设立组织部的用意在于管理"关键少数"。雷军始终认为，管理的最高境界是不管理，而要做到不管理，就需要找到不需要管理的人，也就是对事业有热情和自驱力的人。小米早期招揽的全部是不需要管理的人。但是，这类人才注定是少数，在公司规模扩张后就难以满足条件。小米设立组织部，同时引入管理工具，将不需要管理的"关键少数"和需要管理的"大多数"结合了起来。

行动指南

管理规模化企业需要传统管理经验。

宏观战略

5_月 1_日 不讨论战略

我们这样的会以后要经常开，但我过去五年为什么没开呢？主要是我有一个心结。我在金山做 CEO 的时候，在论坛上看到一个帖子，气得要吐血。帖子说："金山的 CEO 在干副总裁的活，副总裁在干经理的活，经理在干员工的活，员工在讨论公司战略。"

所以在我负责小米以后，我基本不给大家讨论战略的机会。关于战略的事情，我一个人考虑就行了，大家老老实实干好自己的活就可以了。我基本不做战略培训，我也很感谢小米的合伙人团队给了我足够的信任，大家对整个战略布局的认同度也很高，基本没有发生过争议。

我习惯了不讨论战略的工作模式。公司的战略，就是要由最核心的几个人想清楚，如果大家都去想，就乱了套。我在金山的时候，最恨的就是有员工来找我谈公司战略。我基本不在小米的任何会议上谈战略，因为谈战略要有足够的视野，要有足够的阅历，要站在不同的维度上看问题。如果没想清楚，谈战略很容易流于形式。

——2015 年 6 月小米网内部培训讲话

优秀的企业家多少都有"独裁"的倾向，这不是性格问题，而是规律使然。我们必须承认，任何组织中富有远见、智慧和决断力的人都是少数，这也是为什么"真理往往掌握在少数人手中"。关系企业生死存亡的战略问题就更是如此，只有少数人能够做出正确的决断。因此，公司战略是核心层的任务，中层和基层需要的是做好战略执行。华为 CEO 任正非就曾说过：砍掉高层的手脚、中层的屁股、基层的脑袋。用意就是各司其职，高层有决断力，中层有理解力，基层则要有执行力。

行动指南

领导想战略，员工做执行，各司其职。

5月 2日 99% 是管理问题

我再重复一下我们当前的业务重点和战略。我们战略的第一条，是不要焦虑，继续夯实基础，强化管理。我们今天遇到的问题其实很简单，就是小米快速成长以后带来的管理瓶颈问题。我们的很多系统和制度不配套，所以让大家有很多牢骚、抱怨、焦虑。其实这些问题管理层都已经看到了，所以在很多场合我都强调过，改善管理、夯实基础是我们小米的第一要务。你们抱怨的 99% 的问题不是战略问题，而是管理问题，所以我们一定要下决心解决管理问题。

——2020 年 1 月小米集团 2019 年业务总结大会上的讲话

背景分析

小米"补课"是从 2016 年开始的，其中管理是最重要，也是最难的一环。一方面，雷军从"不管理"重新开始重视管理；另一方面，管理瓶颈的本质是发展速度和基础能力不匹配。而小米自 2017 年开始又重回了高速增长，问题一边在解决一边又在产生，雷军将之形容为"边开飞机边换引擎"。需要注意的是，企业的问题千头万绪，一定要注意区分什么是战略问题、什么是管理问题。基层由于缺乏对全局的认知，看到的大部分问题都是管理问题。厘清这一点，也有助于跳出"基层讨论战略"现象。

行动指南

注意解决基层的管理问题。

5 月 3 日 以战养战

我们做一个大胆的假设：在 1996 年我们被盗版和微软挤垮以后，如果我们坚持只做 WPS，今天的金山会是什么样的？也许能活下来，但应该是一家非常小的公司。做不做金山词霸？当时 WPS 被击败，公司只有几十万元，要不要赚钱？不赚钱发不了工资。就这么一种情况，做不做？公司遇到困难了，我愿意只拿 3000 块钱，大家能跟我一起把工资减掉 2/3 吗？没人愿意。早期求总（求伯君）对我们不薄，大家报酬、福利都很好，但突然有一天遇到困难了，要减薪，你说能承受吗？承受不了。所以 1996 年我们必须得多元化，一边我们坚持做 WPS，一边开始打游击战、以战养战。

1997 年我们开始准备做杀毒软件，2000 年开始准备做财务软件。金山是一家非常有野心的公司，正面点讲是有梦想的公司。中国市场的现状和现实就是如果不做这两个方向就死路一条。所以我们 2000 年底进入了杀毒软件市场。刚进入的时候我们同行的规模都很小，我们跟他们比是武装到牙齿的队伍，极具战斗力，所以我们在市场上很快处于数一数二的位置，而且只用了一两年的时间。

——《我和金山的"五次上市"》2007 年 10 月发表于《中国企业家》

背景分析

1996 年，《盘古组件》失败的原因有很多，比如投资过大，鸡蛋放在了一个篮子里，营销环节也出现了重大失误。但究其根本，《盘古组件》出现在一个错误的时间和错误的战场。彼时盗版横行，用户不接受高溢价的软件，不为其买单，此外微软虎视眈眈，这是一个在此后近 30 年依旧雄踞软件行业金字塔尖的巨头。在这种情况下，金山正确的选择就是避开锋芒，去做对手不愿意做的市场。工具软件、杀毒软件、财务软件、游戏……金山开始了业务的多元化。这让金山活了下来，并且再次崛起。

行动指南

战略要坚定，战术要灵活。

5月 6日 腾笼换鸟

上面说的是三大核心子公司的未来，我自己还有个小小的遗憾，就是三个子公司的业务都是十几年前做的，比如毒霸是 1997 年，游戏是 1995 年，WPS 是 1988 年，我问自己，2010 年后还能不能有新的核心业务？所以集团决定再做一项新业务，我们选择了金山云。这招叫"腾笼换鸟"。

金山的财力可能比不了三巨头，但是我们把家底全部拿出来还是比别人多，足够支撑金山云几年。至于为什么要投这个项目，因为云是未来的核心。

当然很多公司都在做云，大家全"云山雾罩"，但是对我们脚踏实地的人来说，云很清晰。所以在 5 月底的两周里，我们关于云的战略讨论会就开过 6 次，每次都是从晚上 8 点开到凌晨 1 点多，六七小时。我们在核心业务的讨论上是很花力气的，集团层面赌未来 10 年的，就是金山云。

——《雷军口述：如何让边缘化金山重回主流》2013 年 6 月 24 日

发表于新浪科技

背景分析

当了多年救火队长，雷军也意识到：为什么金山老是在追赶，能不能超越一次？金山的业务大多起于 20 世纪，这次雷军决定做一个 21 世纪的业务，选定了云服务。

当时云服务还是新生事物，最有资格做的是 BAT 三巨头，因为云服务的前期投入巨大，不是一般企业能涉足的。在雷军看来，虽然三巨头整体比金山强，但具体到云服务，也只是 BAT 的分支业务，因此如果集中金山全力在局部一个点上，还是有一战之力。后来云服务的发展态势大家都看到了，阿里云、腾讯云走了出来，百度中途转向了人工智能，中国云服务的第三把交椅变成了华为云。金山云虽然在规模上不算第一梯队，但雷军的战略方向并无失误。

行动指南

果断投注新生业务。

5月 7日 懂得放弃

2003 年的时候，我们的资源还是极为有限的，不可能在多个战场全部拉开，所以我们放弃了财务的方向，全力以赴突破网络游戏。同时，我们决定放弃上市，放弃的原因很简单，如果我们再不放弃的话，可能会错过网络游戏这个机会。网络游戏很赚钱，需要投资，市面上其他的游戏项目大多拿到了很多投资，拥有充足的资金作为支持。我们积累了很多的现金，但是我们的现金没法用，因为一用就会亏损，一亏损可能就上不了市。所以有钱也没法花，这个很痛苦。但我们不全力一搏的话，就错过了这个机会。

所以我们在 2003 年 6 月份决定正式放弃在国内主板上市，放弃国内主板上市还可以考虑私募，但是当时融资金山的价钱上不去，所以我们放弃上市，全力以赴突破网游。我们准备了 8000 万元，如果《剑侠情缘 1》不成的话，第二仗一定要赢。我自已担任项目经理，抽调了 8 个技术总监中的 5 个来研发网络游戏，所有人对我负责。结果我们的《剑侠情缘1》就成了。

—— 《我和金山的"五次上市"》2007 年 10 月发表于《中国企业家》

背景分析

2003 年，金山发现了游戏这个金矿，但同时又受到上市目标的束缚。根据国内主板上市规则，公司需要连续 3 年赢利，而对于一个刚刚涉足游戏领域的公司来说，前期投入是巨大的，很可能无法实现盈利，这无疑给金山的财务表现带来了巨大的挑战。这涉及如何看待上市：上市是里程碑而不是终点，是手段而不是目的。上市可以帮助公司获得更多资源和资金，但如果为上市而上市，忽略公司长远发展，这一决策可能是短视的。

雷军选择了暂停上市进程，全力以赴游戏开发，这样的决策需要很大的决心。因为金山可能会错过一些短期利益，但从长远来看，专注游戏开发将给金山的未来发展打下坚实基础，这无疑是正确的。

行动指南

蹲下是为了跳得更高。

5月 8日 越战越勇

"宝剑锋从磨砺出，梅花香自苦寒来。"经过了长达 8 年的上市准备，我们终于迎来了这一刻的幸福时光。这一刻属于每个金山人，没有大家的拼搏和奋斗就没有今天的灿烂笑容；这一刻属于敬爱的用户以及社会各界的朋友们，没有大家的支持和关心就没有今天的举杯相庆！

从 1988 年创办至今，金山经历了 19 年的风风雨雨。创业初始，我们憧憬"让我们的软件运行在每台电脑上"；事业低谷，我们依然渴望把金山办成世界一流的软件技术公司。在残酷的产业生存环境和浮躁的商业氛围里，我们始终坚持技术立业，我们始终坚持用户至上，在每个十字路口，我们选择了胜利的方向。面临跨国公司和盗版的双重挤压，金山人不畏艰难险阻，从 WPS 到金山词霸，从金山毒霸再到网络游戏，越战越勇，在一个又一个战场上大获胜利，甚至在日本、越南也获得了足以令国人骄傲的成绩！

——《致金山员工公开信》2007 年 10 月

背景分析

2007 年，金山成功在香港上市。此时金山已创立 19 年，最终历时 8 年走到了港交所。雷军带领金山从办公软件做到工具软件，再到网络游戏，在这个过程中有无数中国本土软件折戟沉沙，而金山软件始终屹立，最终成为民族软件的一面旗帜。这和雷军率领的金山，拥有百折不挠、越战越勇的精神是分不开的。

行动指南

百折不挠，越战越勇。

5 月 9 日　打烂坛坛罐罐

如何让我们这样一支曾经打过硬仗，打过肉搏战的队伍重新武装起来，重新出发？

我想，我们只有来一次自我革命，才能实现凤凰涅槃；我们只有打烂所有的坛坛罐罐，才会重新强大起来。现在，我们不仅需要各位有勇气、有信心，我们还需要有策略。

第一，我们坚决把毒霸团队变成独立运作的公司。因为只有成为独立的公司，才能解决效率和投入的问题，我们才能初步具备跟对手作战的实力。

第二，进行基因改造，让我们从传统的软件公司，变成一家优秀的互联网公司。这两者有多大差别呢？看看微软，看看谷歌，就知道有多大的差别。如果我们不变革，等待我们的真的是死路一条。

——《一家祖父级公司怎么拥抱互联网？》2010年员工大会上的演讲

背景分析

抛开"3Q大战"的是非恩怨，一个事实是：360的横空出世，彻底颠覆了国内杀毒软件的生态。在此之前，杀毒软件遵循的是收费逻辑，这是由软件行业继承而来的思维。而周鸿祎用360开创了免费模式，这无疑是更为互联网思维的打法。金山团队向雷军控诉360的"流氓"行为，要求公司"战斗到底"，但雷军更敏锐地发现了本质，金山毒霸与360是两家底层思维不同的公司。仗，是要打的，但不改造一支新军，打不了胜仗。军事技术往往能决定战役的胜败，但战争的结果往往取决于军事思想。拥有先进理念的新军队，对旧军队可以说是降维打击。因此，把互联网思维注入团队，是雷军的头等大事。

行动指南

关键时刻，要敢于自我革命。

5月 10日 戴着镣铐跑步

金山是一家蛮不一样的企业，一家高科技、快成长的企业居然已经做了19年，仅上市就准备了8年。上市是耗时6～12个月的短跑，很多公司为了上市拼命地冲刺业绩。由于在上市过程中有很多束缚，这不能做，那不能做，便如同戴着手铐、脚镣在跑步。金山这一跑便跑了8年，换作其他公司早就被拖垮了。为什么？戴着手铐、脚镣的公司如何跑得过同行？在我这个位置，感受尤其深刻。金山很早就开始做游戏，却一直被人说是进展缓慢，因为那个时候我们戴着脚镣，跑不动。

1999 年开始启动（上市），这件事情的原因也很简单，那时中国上市的公司还很少，随着整个互联网泡沫行情破灭，大家纷纷谈论起了 IPO。我们当时的业绩肯定比新浪、搜狐要好，这些公司都亏损得一塌糊涂。金山在那个阶段已经是相当有实力的公司了。我们先是计划在香港创业板上市，因为凭我们的表现只够上香港创业板，而香港主板的条件高很多，像金蝶、凤凰卫视等都是先上创业板，后来再转板。但香港创业板鱼龙混杂，当整个市场只有三四家在 IPO 价格以上时，我们的顾问说这个市场可能有问题。

2000 年，深圳创业板市场要开，于是我们又被内地很多券商劝回去到内地二板上市，内地二板比香港创业板优势更强，结果内地二板到今天都没开。于是我们又只能转到内地主板。在内地主板上市就累人了，要 3 年保荐期、连续 3 年赢利，一搞两三年就过去了。

——《我和金山的"五次上市"》2007 年 10 月发表于《中国企业家》

背景分析

上市是很多企业发展的里程碑，也是衡量企业是否成功的标志，但上市也可能成为企业的镣铐。1999 年，金山就计划要上市，但当时香港创业板鱼龙混杂，整个市场只有三四家在 IPO 价格之上，金山选择放弃。2000 年，金山被劝说回到深圳创业板，但是创业板还没开放，于是转到内地主板，又受到了 3 年赢利的规则限制。这期间金山遇到了网络游戏等机会，如果投资就会亏损，进而影响上市。雷军说，前后经历了 5 次上市，整个金山都被拖疲了。所以，也就不难理解，金山上市之后雷军有如释重负之感，很快辞职去疗愈身心。需要注意的是，雷军的这些话语和情感，都是在金山上市之后表露的。在整个过程中，雷军都表现出了顽强的毅力，不断带领团队克服困难和挑战。做任何事都一样，伤感要留在成功之后，登顶之前唯有咬咬牙撑过去。

上市时机很重要，不要拖成持久战。

5月13日　单独运作

有一天，我突然明白了：不存在所谓的互联网公司。互联网只是一个工具，未来的每个公司都会变成互联网公司。

做电子商务最有前途。因为互联网是一个先进的生产工具，传统公司应用互联网最快的方式就是电子商务，也就是所谓的"水泥＋鼠标"。当然，电子商务也是过渡性名词，因为未来的所有公司都会是电子商务公司。

由于软件下载投入太高，而且想象空间有限，所以，我们认为在这方面不值得倾注过多。

就这样，我痛下决心，放弃软件下载业务，转型做电子商务，做图书音像的网上零售。为了把这件事情做大，1999年底，我说服了金山董事会把卓越分拆出来，单独运作。

——《关于互联网的两次长考》2008年12月写于新浪博客

背景分析

卓越网是雷军的第一次互联网实战，他的出发点只有一个：把事情做大。而对于新生事物，是在原有的体系中运转，还是脱离出来单干，雷军的答案很明确。互联网行业与软件行业逻辑不同，原有体系只会造成阻碍。事后看，雷军对于互联网趋势的把握是正确的，比如电子商务最有前途；对于互联网公司的认知也是正确的，如今每个公司都与互联网密不可分。雷军只忽略了一件事情，就是VC（Venture Capital，风险投资）的作用。创办卓越网时，雷军对VC还不甚了解，仅向金山股东寻求了1600万元投资。此后互联网泡沫破灭，寒冬来临，卓越网缺乏粮草，最终被忍痛卖给了亚马逊。

行动指南

给新业务独立成长空间。

5 月 14 日 事有可为

我接手金山的时候，就对金山的问题理解得非常透彻，这是我做 CEO 时的责任。其实想想一个成立 25 年的公司，又在一个极度竞争的 IT 市场中，没有问题也是不可能的。其中最重要的几个问题包括：

第一是业务膨胀。人的精力总是有限的，即使他再聪明也不可能什么都懂，所以业务繁多是第一个问题。第二是金山没有在市场上处于绝对领先的业务。第三是金山的士气比较低迷。第四是金山逐渐被边缘化，很难吸引到人才，我甚至跟前台开玩笑每天都没几个人来。

但是在我淡出金山的那三年，能够从外面的角度看金山，还是能看到很多优势：

第一，金山依然有很强的工程师团队，这点因为求伯君是工程师出身，所以我们知道如何寻找和培养优秀的工程师。其实在人才极度匮乏的那几年里，营销市场人才流失最多时能达到三分之一，但是工程师团队几乎很少动摇，这对金山来说就是一个金矿。

第二，金山在 20 世纪 90 年代曾经取得了很大成功，所以金山人骨子里还是有一点好胜心的。虽然士气低迷，但是斗志还是在的，就是想如何把公司做好。

第三，往坏了说，金山没有任何一项业务处于绝对优势，但是如果往好的方面想，有几项核心业务还处于市场前三的位置，算是有资源优势的。

第四，由于我们 1996 年差点关门，所以我做 CEO 那些年里以稳健经营为主。虽然有时候手笔很大，但是从来不乱投资，所以我们现在有很多现金。虽然和几大巨头相比，这些资金不算多，但足以作为东山再起的资本。

所以我就跟金山管理层讲，我们有人才、有斗志、有业务，还有钱，这个事情可为，最重要的就是要大胆改革，步子要大、要狠。

——《雷军口述：如何让边缘化金山重回主流》

2013 年 6 月 24 日发表于新浪科技

背景分析

2007 年金山上市后不久，雷军就辞职离开，并开始做天使投资人。2010 年时，雷军看好了智能手机的机会，也已经准备好了团队开干。这时求伯君和张旋龙找到他，希望他再次回到金山，原因是金山在雷军离开的三年里，再次陷入低谷。雷军只好再次临危受命，担负起拯救金山的责任。和第一次拯救金山时一样，雷军首先分析了问题，更重要的是找到有利因素。收拾局面，首先要收拾的是人心。雷军总结出金山的各种优势，其作用就是告诉整个团队：别慌，我们能赢。顺风局谁都会打，打逆风局，信心是很重要的一点。

行动指南

身处逆境，首先要稳住人心。

5月 15日 直面落后

金山公司从 1988 年创立到今天，已经有 22 个年头了。22 年，对于瞬息万变、日新月异的 IT 行业、互联网行业来说，简直就是几个世纪了。大家知道在中国，计算机病毒是哪一年出现的吗？ 1988 年！大家知道互联网（公司）是什么时候出现（在中国）的吗？ 1989 年！大家知道腾讯是哪一年成立的吗？ 1998 年！这所有的、后来被证明是划时代的事件都在金山发展的漫漫长河里出现过。金山是一家横跨两个世纪的公司。

1994 年，当我们面临微软的强劲竞争的时候，公司差点关门，当时只有十来位员工，可是金山没有死掉。金山毒霸从 1997 年开发，到 2000 年正式对外发布，整个过程困难重重，团队承受的压力巨大。当年的我们，每天打仗似的，人都接近疯狂了。但是，发布后仅仅用了两年时间，金山就拿下杀毒市场的半壁江山。

我想非常坦诚地告诉大家，一个有着 20 多年历史的公司确实遇到了发展上的瓶颈，这是时代变革所带来的必然结果。

　　我们已经是祖父级、爷爷级的公司了，时代已经从 PC 时代转型到了互联网时代，在这个时代，我们都落后了。大家可以反思一下：我们整个公司的机制、决策流程，包括我们各级的管理者思路是不是真的互联网化了？ 2004 年，我曾经在公司掀起了互联网转型的革命，但是，我不知道大家是否真的理解什么叫互联网。

　　　　——《一家祖父级公司怎么拥抱互联网？》2010 年员工大会上的演讲

背景分析

　　2010 年，载入中国互联网发展史的"3Q 大战"爆发了。大家记住的是腾讯和 360 两家公司开战，但很少有人知道，那一年的 360 几乎是向所有的客户端软件宣战，在强制用户二选一卸载的名单中也包括金山毒霸。因此 2010 年的金山再次迎来了一个坎：如何应对 360 的凌厉进攻。对外，金山和腾讯结成了同盟；而在内部，雷军需要建立起团队的信心。这段讲话里，雷军的高明之处在于，以金山的资历切入，起到了鼓舞和警醒的双重作用。一方面，金山拥有漫长的历史，眼前的挫折不过是小风浪；另一方面，老革命难免遇上新问题，不发展就一定会落后于时代。

行动指南

　　及时认清形势，不要落后于时代。

5月 16日　不要在沙滩上建大厦

　　我们遇到的第二个问题是什么？就是我们过去成长得太快了，快到我们没有真正意识到手机行业是一个腥风血雨的行业。我们就十来个人、七八条枪，一不小心莫名其妙干了两年半，就成了世界第三、中国第一，跟神话似的。今天想想，都像在梦里，这怎么可能呢？

　　去看看人家华为，问问他们公司多少人。人家说，"我们有 1.5 万人吧"。我们也有 8000 人，差不多的样子。再问他们做产品、研发、供应链的有多少人：人家 7500 人，我们 420 人，等于我们一个人要对付 20 个人。他们的效率再低下，我们也不可能一个人打过 20 个人吧？何况华为还是极其拼命的。说实话，咱们就那几个人，能打几斤钉啊？我们的城堡建在沙滩上。

所以，在今年 5 月 18 日，像我这样的老同志真的是豁出去了。手机部由我直接管了，把原来的 5 个部门分成了 21 个部门，提拔了很多干部。今天手机部开始了第二轮大规模创业。过去 3 个多月，没有任何一个人离职，我们还新补了 120 人。来了一大批经验丰富的人，提拔了一大批干部，整个手机部热火朝天。现在手机部 500 人，预计到年底会有 800 到 900 人，到明年年底会有 1500 人。

——《我们成长中的问题》2016 年 9 月小米网内部总结

背景分析

有人曾形容 2016 年之前的小米，是一个发育太快的少年，个子冒得很高，但骨骼还没有跟上。雷军的互联网七字诀强调"快"，但这种"快"要匹配自身的能力。小米前期的高速增长，凭借的是模式创新，到了真正比拼内功的时候，就远不如在行业中有深厚积淀的公司。雷军形容，2016 年之前的小米是"城堡建在沙滩上"，意为基础不牢。而越是高楼大厦，基础越要打深，苦练基本功是唯一破解之道。

行动指南

尊重规律，打好基础。

5月17日 降价未必能打开市场

目前，在软件市场上涌起了降价浪潮，我认为，这更加大了软件公司生存的难度。

大家都说中国软件贵得买不起。而我认为中国的软件市场分两部分：一个是家用市场，另一个是商用市场。从目前情况看，市场上的家用软件确实很贵。我认为这类软件的价格应该与图书的价格在同一个水平上为好，但这需要一个过程。而商用市场本身就不大，即使降价也不会带来更多的用户，只会给自己带来更大的困难。

——《目前软件开发要务实》1995 年 9 月发表于《今日电子》

背景分析

开发《盘古组件》，金山投入了 200 多万元的开发和宣传费用，而面世后仅仅卖出 2000 多套。20 世纪 90 年代，面对激烈的市场竞争，价格战似乎是中国企业的制胜绝招。同一时期的彩电行业，就靠价格战赢得了与日企的竞争。但是在软件行业，是否也遵循同样的法则？雷军没有一概而论，他认识到软件存在两个市场。一是与彩电一样的家用市场，这个市场上价格亲民是有用的，因为市场大，但是需要一个培育用户的过程。二是商用市场。商用市场就不一样了，软件需求不会在一夜之间暴涨，降价只会带来更大的困难。不同市场的属性决定了价格战不是灵丹妙药。例如，奢侈品牌就绝没有价格战一说。金山能够在软件行业坚守 30 年，离不开雷军对市场的深刻洞察。

行动指南

思考自己处在什么市场，价格下降能不能扩大市场消费。

5 月 20 日　行业的决定性力量

运营商是移动互联网行业的决定性力量，目前三大运营商都在极力布局移动互联网。怎么在运营商主导的市场中找到自己生存的空间，这是所有进入这个行业的人必须思考的问题。我一直在琢磨运营商的策略，我明白了运营商打算做什么，但我没有明白运营商打算不做什么。

手机这个行业目前还处于"战国时代"，还没有统一的操作系统平台，而且在未来很长一段时间，都会几强并立。操作系统的厂商计划做什么，这也是我们需要思考的问题。

手机不同的输入输出方式，就决定了手机型号极其复杂，目前具备上网功能的手机就有 3000 多种。开发移动互联网的应用，以适配不同的手机，就是一个非常复杂的事情。手机厂商也希望进军移动互联网，这也是非常重要的博弈的力量。

互联网巨头凭借极强的内容、技术和品牌优势也在大举进军移动互联网，比如百度、新浪等。

运营商、手机操作系统厂商、手机终端厂商、互联网巨头和新兴的移动互联网公司，这五种力量的博弈，就决定了移动互联网这个江湖的特殊性。

——《3G 不等于移动互联网》2009 年 5 月写于新浪博客

背景分析

关于趋势，既要观大局，也要看细节。雷军这段文字就是分析行业大趋势的实操经验，即分析未来移动互联网行业的决定性力量是什么，还有哪些力量在其中博弈。此后，移动互联网江湖在手机操作系统上分出了胜负，iOS、安卓（Android）将塞班挤下了牌桌。而雷军在创办小米时选择安卓系统，无疑是觉察到了这一胜负结果。那么，有没有人选择塞班，下错注呢？事实上，摩托罗拉、LG、三星、索尼、爱立信等都曾支持过塞班系统，它们中的大多数也出于种种原因在手机行业没落。这足以看出雷军的过人之处，通过观大局和看细节的结合，他更好地把握了趋势。

行动指南

找到行业的决定性力量，以指导行动方向。

5月 21日 谁在用移动互联网

10年前我的策略是什么？我们自己不用手机上网，因此让我们去做移动互联网是很难的事情。我当时在想，我要去市场上看看到底有没有人在做移动互联网。于是我拎着一大袋现金满大街找移动互联网公司，看看谁在做。今天说起来很可笑，我找的第一家公司就是3G门户，后来3G门户选的IDG（美国国际数据集团），没选我。我说没关系，我就找了第二家、第三家，最后找到一家深圳小公司乐讯，投了200万元的现金。我跟他们谈："我就是来学习的，我愿意掏200万元的学费，想搞清楚谁在用手机上网。"10年前有没有人用手机上网呢？我看数字表现很好，我就纳闷：是什么人用这么难用的手机、这么慢的带宽上网，结果投完了之后我才搞清楚。

我不是做DD（due diligence，尽职调查）搞清楚的，因为我压根没做DD。我就直接交200万元学费。结果是哪些人在用呢？他们告诉我，是学生、军人，是农民工。我说：这些人为什么用手机上网呢？他们说，军队不让用电脑，他们只有手机；有些调皮的学生上课的时候会用手机上网；还有很多在工厂里的工人，他们也只有手机。所以我投完以后发现这次移动互联网跟以前的互联网不一样：互联网是精英阶层驱动的，但中国移动互联网是所谓的"三低人群"，即草根阶层推动的。

——《未来十年依然是创业的黄金十年》2015年11月
GGV成立15周年峰会上的演讲

背景分析

未来学家尼葛洛庞帝曾经说过："预测未来的最好方法，就是去创造未来。"想要了解一个行业的未来趋势，最好的办法就是参与其中。雷军是一个成功的投资人，但他最早投资移动互联网时，根本就没做投资行业通行的尽职调查，他的方法是直接参与到创业中。"想要知道梨子的滋味，就要亲口尝一尝。"这句浅显易懂的话出自毛主席1937年写的《实践论》。调查固然重要，但实践才是更高级的学习方式。通过这种方式，雷军更深入地了解了移动互联网行业，不依赖纸面上的数据分析做出决策。这种方法给他带来了丰厚的回报。

看好一个行业，就要参与其中。

5月 22日 让普通老百姓买得起

我们现在看到 iPhone 4 一个季度卖 1600 多万部，还供不应求。上次在年会上抽奖，他们逼着我赠送 iPhone 4，我发现它定价 5999 元，你还买不到，你得买水货，要 6800 元。就是在这样的情况下，还卖了这么多部，那么原因在哪里呢？其他的手机厂，为什么跟不上？我们需要的，是做出像苹果一样好的产品，而后用互联网的方式来销售。我们一定要做到什么程度呢？我们的手机，要让一个普通的中国老百姓能买得起，因为 6800 块钱对绝大多数人来说还是贵得离谱。所以，怎么能把我们手机做成不要 6800 块钱，而是只要 1800 块钱，甚至是 800 块钱这样的价钱，这就是我们要共同努力的。如果我们有机会这么做的话，我相信我们的成算会非常之高。

——《今天是最好的机会》2010 年小米首次年会上的发言

背景分析

2020 年，时任总理李克强在记者会上说，中国有 6 亿人的月收入也就 1000 元。时间倒退 10 年，不难想象 6000 多元一部的苹果手机对于普通老百姓意味着什么。智能手机不应该成为遥不可及的奢侈品，做普通老百姓买得起的好产品，这既是商业机会，也是企业家的情怀。雷军和小米也兑现了承诺，第一代小米手机售价 1999 元，第一代红米手机 799 元。

行动指南

做大众市场，为人民服务。

5 月
23 日 移植生态链

做小米平板的核心在于建立生态链。只有充分重视生态链的建立，才有机会把它做好。做生态链也需要一定的方法：一定要基于成熟的生态链。

首先我们选择了 Android 系统，这样，Android 领域的一部分应用就能直接用；然后，我们选择了英伟达的 Tegra K1 处理器平台，这款处理器非常强大，采用的最新架构跟桌面 PC 级终端一致，这就使得 PC 游戏很容易移植。

最重要的是，我们选用了和 iPad Mini Retina 版一样的屏幕、一样的分辨率，这样做的目的就是方便 iPad 应用的移植工作。做过游戏的都知道，最难的部分就是切图，每次切图、每次做一遍交互都巨难无比，但基于 iPad mini 的版本重新适配的话就会变得很容易。至少在小米平板发布初期，移植生态链是整个工作的核心。

——《总要有人先种树》2014 年 7 月写于微信公众号

背景分析

软硬件一体的生态系统最早是由苹果定义的，其对产品的强大把控和随之带来的用户黏性让很多企业都想要效仿，但能够成功做到的寥寥无几，雷军算是少数的成功者之一。在雷军看来，生态链就好比是平台，小公司不要轻易尝试，如有必要，最好的方式是借助已有的成熟系统。对于新产品更是如此，借势成熟平台可以少走弯路，节省成本。非常有意思的是，雷军拥有伟大的梦想，同时又非常重视从小事起步，从不好高骛远，这一点尤其值得学习。

行动指南

向成熟平台借势。

5月 24日 开放的决心

　　我要跟大家讲的是什么呢？是小米合作的决心。万物智慧互联，要想把万物全部连起来，我觉得最重要的是合作的诚意。小米在过去的五六年时间里，就是因为合作开放才走到今天的。到了今天的阶段，行业巨头都极其看好 AIoT 行业，竞争也越来越激烈，我觉得小米要比以前更加开放。

　　为了推进开放，我们成立了小米生态链部。虽然我们推动 IoT 设备的进步，但是也给行业造成了一些误解——是不是不加入小米生态链，就不能够连入小米的 IoT 系统？我觉得这是一个天大的误解，我们成立生态链部是为了推动这件事情，是为了让更多人共同把设备有效地互联在一起。所以，只要你接入小米的这些协议和规范的话，就可以和小米的设备连接在一起。小米投资只是为了更有效地推动和强化这种合作，这是我今天特别要跟大家说明的，小米开放的决心没有变，希望大家能够理解这一点。

——2018 年 11 月小米首届 AIoT 大会现场演讲

背景分析

　　关于 IoT 的发展，一直有两条路线之争：一个是整体解决方案，由一家企业给消费者提供全套互联设备；另一个是分散式解决方案，即制定一个平台标准，由多家企业共同提供互联设备。很明显，这两种方案的本质差别是生态是否开放，也可以说是另一种形式的苹果与安卓之争。雷军的想法无疑是后者，小米不仅亲自孵化了众多的生态链企业，以壮大小米 IoT 生态，并且承诺坚持对外开放。回顾历史，微软凭借开放生态一度在 PC 时代击败了苹果，但苹果在智能手机时代又为封闭生态扳回了一局。万物互联的时代会如何？雷军还是倾向于开放终将战胜封闭。

行动指南

开放合作，互利共赢。

27日 **5**月 避免战争

我们做了智能家居以后，京东和阿里也瞄准了这一市场，各种竞争开始出现了。我说他们要什么就给什么，无论什么形式我们都愿意合作。他们想做模块就让他们做模块，他们想做云服务就让他们做云服务，他们想做 App 就做 App，我们只要能够统一协议就行。

其实，在市场的早期，是跑马圈地的时代。大家都有足够的地盘去圈，根本就不需要竞争。真正的战争叫不战而屈人之兵，此为上策。干吗要打呢？打仗是一个杀敌一千、自损八百的事情，损失很大。如果你能做到不损失就赢，这才是最高明的打法。所以，我们整个的策略就是：尽量避免战争。

——2015 年 6 月小米网内部培训讲话

背景分析

商业竞争无处不在，但在不同情况下，竞争的烈度是不一样的。比如当市场一片红海时，行业内卷就很厉害；但在新兴的蓝海市场中，把眼光放在对手身上就很没有必要。2015 年时，智能家居还是个新兴概念，市场还在待开发状态，因此是做大蛋糕而非分蛋糕的时候。同样的情景，2022 年 4 月，雷军宣布小米造车后，比亚迪王传福、理想汽车李想、小鹏汽车何小鹏、蔚来汽车李斌，齐聚小米科技园见证小米汽车的发展。造车新势力齐聚一堂，因为新能源汽车革的是传统汽车的命，当下正是各显身手的时候，任何人的进步都是在推动行业发展。

尽量关注做大蛋糕的机会，从而避免零和博弈。

5月 28日 不争就是最大的争

无论大公司还是小公司，"不争"就是最大的"争"。从为人处世的角度，20年前一个朋友跟我讲过一句话："你有没有发现公司里人缘最好的那个人，一定是愿意吃亏的人。"只要这个人愿意吃亏，就会让每个人都喜欢，因为每个人内心都想占点小便宜。

所以小米从战略上思考，算大账不算小账。你愿意吃亏的时候，其实你才吃不了亏，因为每个人都愿意跟你合作。我希望大家能理解我们的合作态度，把战略上的核心点做到就够了，给人留余地。有这样的精神，我们才有足够的机会去结盟足够多的朋友。

——2015年6月小米网内部培训讲话

背景分析

小米生态链业务起势后，逐渐成了一家平台型企业。这时，企业需要处理好与合作伙伴的关系，对于平台型企业更是如此。小米采取的策略是从资金、供应链、设计等各方面，给予生态链公司和合作伙伴全面的支持，在能让利的地方尽量让利，最大限度地团结所有伙伴。在小米生态链成熟后，生态链企业与小米的关系一直是外界津津乐道的话题。比如，手环出货量全球第一的华米科技，平衡车世界第一的纳恩博，创下科创板股价纪录的石头科技，它们都推出了自有品牌，并且独立业务的发展势头很好。或许天下无不散之宴席，但是至今，小米与生态链企业之间仍然保持了良好的关系，小米生态链仍然对大量初创企业拥有吸引力。这足以说明，雷军对待伙伴是真诚的。

行动指南

算大账，不算小账。

5 月
29 日 **企业要上规模**

参观印度软件公司，非常明显的一个感觉是"软件工厂化"。在印度，软件开发流程的控制可以精确到 15 分钟，软件生产简直就是工业流水线。程序员加入一个公司很长时间，可能根本不知道整天编写的代码是干什么的，他只管完成自己的程序和文档。尽管印度软件业因此招致了很多批评，比如缺乏对人的重视等，但是，印度软件公司具备最经济的人才梯队配置，哪怕是用很差的工程师，也一样能写出很高质量的程序。要知道软件产业的发展绝对不是靠少数聪明人就行的，一定是要靠千百万软件工程师的共同努力。什么时候中国出现了万人规模的大型专业软件企业，中国软件行业才真正有了规模。政府必须扶持一批软件企业先过管理关，长成大企业，再来带动小企业。

印度软件业的重点是行业应用软件，他们视产品质量为生命线，而且非常重视客户管理。不像国内，不仅软件公司不成熟，客户的成熟度也成问题，致使很多系统集成软件品质低劣，从而造成大面积浪费。

——《到印度取经》2011 年 6 月发表于《IT 经理世界》

背景分析

工业化是现代文明的特征，其中固然有不够人性化的部分，还有待社会做出改进，但作为生产方式的革新，工业化是必然的历史趋势。而工业化的特征之一就是规模化：不依赖于个别人的优秀，而是让大多数人参与其中，从而成百上千倍地提升效率。对于一个行业来说，规模化是成熟的标志，并且是非常强大的护城河。一个著名的例子，就是我们常见的打火机。打火机处于低端制造业，最早日韩由于人力资本上涨，将相关产业迁移至中国。在中国人力资本上涨后，所有人都以为打火机产业将会迁移至成本更便宜的越南等国家。然而这一现象并未发生，因为中国的超大市场规模，让打火机的成本进一步降低，如今已经不可能迁出中国。规模化带来的成本下降，是生产力进步的标志，作为企业也要追求规模化，以符合生产力进步的需要。

行动指南

努力实现规模化经营。

5月30日 懂国际市场的人才

2001 年的 2 月，我们一行人从北京出发前往印度的德里和班加罗尔。

为什么要考察印度？硅谷有 50% 的工程师是印度人，而且印度人非常团结，英语又好，对硅谷也更熟悉。很多印度人在美国大公司中身居高位，比如，Hotmail[1]就是几个印度人创立的，后来卖给了微软。在此情况下，对于印度软件公司承接美国订单有相当大的好处。我们要想发展出口加工型软件，除了改善管理外，还要解决一个致命伤，就是要像印度一样有懂国际市场的抢订单的人才，这一点不容忽视。高端涉外人才掌握国际化思维、熟悉国际规则，能够在国际市场领域开展业务，他们可以处理全球范围内的各种挑战。我们也想知道，印度公司怎么看待中国同行，又如何看待中印两国之间的竞争。令我们非常难受的是每个接待我们的公司都问：你们来印度的目的是什么？我们实在无法回答，因为我们是来学习的，或者叫作来"偷师"的。印度软件业也意识到中国及其他亚太国家是印度软件业潜在的最大威胁。但印度公司认为，合作大于竞争。因为中印都是东方国家，文化比较相像，可以共同合作振兴亚洲经济；印度的软件业是完全外向型的，主要面向欧美市场，他们也希望进入中国市场；而且，中国还有可能和印度一起开拓日本、韩国的

---

① Hotmail 是互联网免费电子邮件提供商之一，创立于 1995 年。

市场。

——《到印度取经》2011 年 6 月发表于《IT 经理世界》

背景分析

　　细究印度国际化的优势，英语未必是直接原因。"咖喱英语"比起"中式英语"未见得有多么明显的优势，称雄托福、GRE 考场的，也一直是中国考生。真正让印度国际化占得先机的，还是印度人走出去得多。今天，硅谷科技公司的印度裔 CEO 已成为一种现象，这背后固然有中印两国经济发展情况的不同，但从根本上说，是印度人才更早地奔向了国际市场。中国企业要参与国际市场的竞争，就需要有懂国际市场的人才，这一点在今天同样有效。

行动指南

　　要有国际化视野，注重国际化人才储备。

5月31日 农村互联网

　　不知道大家了不了解中国的社会，中国有 13.6 亿人口，其中 8 亿是农民，农业人口在总人口中占据非常大的比例。过去这些年，中国的经济发展全靠城市带动，农村相对来说较为落后。这里想分享两条信息：第一，智能手机以非常便宜的价格快速普及，有的功能非常强大的智能手机，价格也在 100 美元以内。第二，在过去一年多的时间里面，每个村子都通了 4G 网络，生活在村子里的人都可以享受到高速的互联网服务。中国还是有很多区域没通光纤、没通 Wi-Fi，但是 4G 无线覆盖使这些地方的居民上网变得异常容易。这是在过去两年中发生的事情。

　　过去两年，智能手机便宜了，普及了，4G 网络也已经覆盖到绝大部分村庄了。这两方面的发展帮助大部分受教育程度不高的农民学会使用智能手机以及 IT 技术，也都助他们去把握驱动未来 10 年互联网的创业机会，就是我会谈到的"农村互联网"，互联网在农村市场大有可为。也许广袤的农村经济所带来的互联网机遇，会比今天看到的其他互联网机会还要更具潜力。

——《未来十年依然是创业的黄金十年》2015 年 11 月
GGV 成立 15 周年峰会上的演讲

背景分析

2015 年的时候，中国互联网还不太提及"下沉市场"这个词，或者说当时"下沉市场"的定义与现在不同。此后，随着快手、拼多多的崛起，"下沉市场"开始受到重视。它被定义为三线以下城市、县镇与农村地区的市场。雷军所说的农村互联网所看中的市场指的就是这一市场。下沉市场之所以成为中国消费的热土，最重要的条件是互联网基础设施日渐完善，而其中智能手机扮演了重要的角色。相比于个人电脑，手机的使用门槛更低。大量的乡镇和农村人口从此被连接到了移动互联网，衍生出巨大的商业机会。

行动指南

关注下沉市场。

互联网七字诀：专注

用所有钱砸一两个型号

中国有句古话叫作"便宜没好货"。便不便宜并不应该算一家企业在市场推广、广告渠道方面花了多少钱，而应该算一家企业在原材料和制造成本中花了多少钱，在研发上面花了多少钱。很多产品由于层层加价卖得非常贵，可几乎每个企业都不怎么赚钱。我投资过一家生产衬衣的企业，每件衬衣的生产成本在 15 元到 120 元，而在商店里面要卖到 1000 元以上。但这并不意味企业就能够赚钱，因为定价高会抑制需求，产品的销量也就起不来。

很多公司的研发成本很高，因为要开发将近 100 个型号的产品。我就是把几乎所有钱砸在一两个型号上，卖到一个天大的数量，这样分摊到每一个产品里面的研发成本就相对较低。我举一个例子，有的同行花 1000 万元做一款手机，一年投 10 亿元做 100 款。我直接砸 1 亿元只做一款。其实对于单款手机来说，我的研发投入是他们的 10 倍，但是总研发成本我只有它的 1/10。而当我的产品销量是它 10 倍的时候，我们分摊的研发成本就非常低。这就是我们为什么能够卖得这么便宜。

——《小米新零售的本质是效率革命》2017 年 8 月上海国际商业年会上的演讲

背景分析

仔细分析一件商品的价格构成，基本包含 5 个部分：原材料和制造成本、研发设计分摊成本、市场推广及广告费用、销售及渠道成本、利润。降低成本是所有企业出于赢利考虑的必然选择，由此又产生了不同的选择及结果。比如：选择降低原材料和制造成本，通常意味着偷工减料；降低研发成本，通常意味着创新不足，竞争力下降。对于研发成本来说，重要的不是总量，而是分摊成本。雷军选择的是爆品模式，加大单款产品的研发力度，通过海量出货将成本摊薄，从而做到高性价比。

行动指南

研发要集中资源做爆品，不要用机海战术。

6月 4日 技术是第一生产力

早期 WPS 风靡全国，后来词霸和毒霸异军突起，最近网游杀出重围。金山在各个战场上的成功首先是因为有一支一流的技术团队。这支团队可以做任何我们想做的产品，从 WPS 到杀毒软件，再到网游产品。无论面对什么样的竞争对手，还是什么样的技术难关，他们从来没有畏惧过，一次又一次地向所有金山人、向用户、向市场证明了我们的实力。

金山技术的根源在哪？首先，求伯君和我都是程序员出身，经过近 20 年的积累，金山形成了独特的程序员文化。这样的文化尊重技术，尊重人才；这样的文化培养了一代又一代杰出的工程师，也造就了一款又一款好的作品。其次，我们把技术立业作为金山的核心战略，我们会一直舍得在技术上投资。上市前，我们拥有 1000 人的技术团队，占全员的 60% 以上；上市后，我们计划把研发团队现有的 1000 人规模在两年内再翻一番。

很多人质疑，光有技术行吗？我这里谈的不是仅仅指单纯的技术，我谈的是开发适合市场、满足用户需求的产品，金山的技术取胜的关键在于创新，在于良好的用户体验和产品口碑。早期 WPS 更多的是靠出色的产品品质，靠用户口口相传一夜之间传遍大江南北。后来金山词霸和金山毒霸也是靠出色的产品品质，靠用户口碑再次红遍全国。我们成功的关键在于要做"活"的技术，不是"死"的技术，要不惜血本做受用户欢迎的产品。

——《金山为什么》2007 年 11 月为《梦想金山》作序

背景分析

　　这段话是雷军对金山核心竞争力的总结。如果说梦想是金山的软实力，那技术就是金山的硬通货。一家企业的核心竞争力其实就是这家企业的基因，与创始人密不可分。金山是由香港商人张旋龙创立的，但真正为企业注入基因的当数求伯君和雷军。在多轮市场的搏杀中，雷军总结出程序员文化就是金山的底色，而技术立业是金山的核心战略。技术立业又绝不死板，是面向用户不断创新的技术，这一理念也被雷军移植到后来的小米。

行动指南

　　想想自己企业的核心竞争力是什么。

6 月
5 日　封死退路

　　赛格威（Segway）公司想出两款型号的产品，分别针对个人和商用市场。

　　乔布斯问他们：为什么要出两款？为什么不先出一个普通版本，卖个几千美元，真的热销了，再出价格翻倍的增强版，针对工业和军事领域呢？他开始讲自己做 iMac 的经历，为什么他在发布了第一款 iMac 之后等了 7 个月才推出其他配色。因为他希望他的设计师、销售人员、公关，都百分百地聚焦。就是说，他一上来，就把自己的退路封死了。毫无疑问，同时做两款产品，无论哪款都会有一些侥幸心理，即使这款不好，那款成功也够了。人们就很容易说服自己放弃对单一产品的热忱。但乔布斯的思考方法，是让全公司上下永远孤注一掷，这也就是外界经常说的，他的员工会被他压迫得爆发出潜能来。

——《苹果 CEO 乔布斯脑子里怎么想的》2008 年 10 月写于新浪博客

背景分析

iPhone 发布以后，研究苹果和乔布斯俨然成为一门互联网显学。乔布斯 2008 年向全世界发布当时全球最薄的笔记本电脑 Macbook Air，它在当时非常令人惊艳，这从雷军这篇文章的标题就可以看出来。这里雷军分享的是国外媒体的一篇报道，讲述乔布斯和平衡车鼻祖赛格威关于产品的交流。雷军非常赞同乔布斯专注一款产品、不给自己留退路的做法，背水一战往往能爆发出更强大的战斗力。在小米出现之前，中国手机市场流行的是"机海战术"，雷军只开发一款手机的做法算是破天荒头一遭。这再次说明，知道互联网思维并不难，动手实践才是最难的。

行动指南

不要给自己有侥幸的余地。

6月6日 孤注一掷

一家做音乐播放器和手机的公司，10 年下来，只做了 5 个型号的音乐播放器和两款手机，这家公司还有戏吗？在山寨机流行的时代，这个问题想想都觉得匪夷所思。看看深圳数码产品的小作坊，一天就可以完成这个公司 10 年所有产品的数量。再看看诺基亚和摩托罗拉，一年少说也会推出几十种型号。

尽管如此，提起这家精益求精的公司，人们还是会为之疯狂，因为它早已成了时尚的代名词，这家公司就是苹果。提起 iPod，我相信大家都不陌生，因为它早已引领了消费电子的潮流，虽然这些年 iPod 只出过 iPod、iPod Mini、iPod nano、iPod Shuffle、iPod Video5 款产品，而手机也只推出过 iPhone 和 iPhone 3G 两款型号，但苹果的市值却一度超过了 Google（谷歌）。这些不能不令人佩服。

　　乔布斯做产品的思路就是孤注一掷，所有的研发、市场和推广在一段时间里面百分百地专注在一个产品上，甚至只有一个型号一种颜色，不留任何后路。但他成功了！iPod 刚出的时候只有一个型号，过了一年才出 iPod Mini；iPhone 刚出的时候也只有一个型号，今年才有 iPhone 3G。乔布斯坚信只有专注，才能把每件事情做到极致。这样，每个产品出来都是石破天惊、横扫市场，正因如此，才缔造了苹果的王者之气。

　　　　　　　　　　——《解析苹果谷歌伟大的基因》2008 年 10 月写于新浪博客

背景分析

　　谷歌和苹果是全球知名的科技公司，有无数的人希望总结它们的成功经验继而效仿，雷军自然也不例外。苹果自从乔布斯回归后，产品线极致精简，被雷军称为"孤注一掷"。现在人们对于"专注"并不陌生，但在当年，此举却是对于传统硬件行业的颠覆。当时大多数传统硬件公司会推出各种各样的产品线，以满足不同消费者的需求，只有苹果公司走了不同的道路。它专注于少数几个核心产品，从而创造出更加极致的产品。雷军看到了这一点，并在此后的小米创业中亲身实践，取得了巨大成功。

行动指南

　　以百分百的精力投入一件事情。

6月 7日 大爆炸主义

如何卖赛格威公司的两款车？

乔布斯先给了一个保守方案：把这机器放在斯坦福这样的一流大学、迪士尼这样的主题公园里，做小规模推广。但他立刻补充说，这风险也不小，如果有一个倒霉孩子在斯坦福不小心摔一跤，然后在网上乱骂一顿 Scooter（产品名，一种代步车），公司就完蛋了。如果是一个大规模的发售呢，一点点麻烦不会从根本上伤害公司。老乔说："我是个大爆炸主义者。"说完这句话，他乐了："高举高打的风险，就是你把自己暴露给你的敌人，你需要很多钱跟仿制者作战。"

——《苹果 CEO 乔布斯脑子里是怎么想的》2008 年 10 月写于新浪博客

背景分析

创新产品是先在小圈子里试用，还是大规模推广？乔布斯给出了两种方式的利弊，然后倾向于大规模推广。雷军是怎么做的？他坚定地选择了走大爆炸路线，也就是爆品模式。这时的雷军应该不会想到，数年之后他会创办小米生态链，旗下的纳恩博公司收购了平衡车鼻祖赛格威，并且推出的九号平衡车以 1999 元的价格打爆了市场，仅一年的销售量就超过了纳恩博 10 年的累计销售量。雷军真正做到了乔布斯的"大爆炸主义"。

行动指南

坚定地做大众市场。

6月 10日 一次解决一个最迫切的需求

（1）一个明确而且用户迫切需要的产品，很容易找到明确的用户群。这样，产品研发出来后，不容易走偏。

（2）选择的用户需求要有一定的普遍性，这一点决定这个产品未来的市场前景。

（3）解决的问题少，开发速度快，也容易控制初期的研发成本和风险。

（4）能解决明确问题的产品，容易给用户说清楚，推广也会相对简单。

——《互联网创业的葵花宝典》2009 年 2 月写于新浪博客

背景分析

互联网七字诀的"专注、极致、口碑、快"是在小米成功后才受到广泛关注的，但在这之前，雷军已经开始不厌其烦地输出他关于互联网思维的理念。2009 年，雷军已经积攒了一系列对移动互联网的成功投资，也有了相应的"心法"。这段话呈现的是他早期的思考，专注于用户的迫切需求，以达到高效的研发和推广效率。创业不能单靠创业者的想法，还必须切实地解决用户需求，否则很容易陷入自我预设的"伪需求"。而真实的需求绝不复杂，因为用户不会拐弯抹角，只会用"需要"和"不需要"来回答。解决用户需求，需要有化繁为简的能力。

行动指南

用一句话说清楚要解决的问题。

6 月 11 日　大道至简

我们所有人都在谈论苹果，谈论乔布斯，其实苹果和乔布斯给我们的第一个启发就是专注。

苹果已经是这个星球上最贵的公司，市值超过 6000 亿美元，仅仅 iPhone 和 iPad 就贡献了 75% 的收入。苹果最近这个季度的总营收是 391.86 亿美元，来自 iPhone 的营收为 226.90 亿美元（58%），来自 iPad 的营收为 65.90 亿美元（17%），iPhone 和 iPad 合计占据了苹果整整 75% 的营收！iPhone 获得全球智能手机市场 73% 的利润，这意味着其他所有智能手机厂商，如三星、摩托罗拉、HTC 等全部加起来，利润也才 iPhone 的三分之一。2012 年第一季度 iPad 在全球平板电脑市场的份额扩大到了 68%。

苹果到今天为止也只出过 5 款手机，5 年来只出了 5 款手机。其实，出一款手机，对手机公司来说是再容易不过的事情了。我们深圳的"山寨厂"一天就能出 100 款，而出一款你们知道有多难吗？只出一款时，你需要有莫名其妙的自信，你要坚信自己做的这款手机就是天下最好的。如果你不自信就做 100 款，如果你自信就干一款，说起来容易做起来难。

乔布斯专注到了什么程度呢？他甚至刚开始时只做了一个颜色，搞几个颜色他都觉得不够专注。

所以，当我自己做手机的时候，高度认同"大道至简"，越简单的东西越难做。我们只做了一款手机，也只有一个名字，就叫"小米手机"。

——《用互联网思想武装自己》2012 年 5 月写于新浪博客

背景分析

雷军创办小米手机时，可以说已经把苹果研究透了。他不止一次以苹果来说明专注的重要性。但正如雷军所说，专注说起来并不难，难的是做。在小米手机之前，中国手机市场上有数不清的企业，他们未必不知道苹果的案例，但确确实实只有作为外行人的雷军，第一次尝试只做一款手机。这告诉我们，不论业内还是业外，都需要破除条条框框。雷军跨行创业，需要很大的勇气，而业内人士如果不能跳出固有经验和惯性思维，就很容易被外来者颠覆。

行动指南

专注地做好一款产品。

6月 12日 天下最难的事情

我是苹果的粉丝。5年前我开始用iPhone的时候就认为，世界前5名的手机公司都会关门。尽管当时它们都很火，诺基亚、摩托罗拉、索爱这些公司大家都知道。为什么它们无法超越苹果？核心原因在于苹果是一家软件很强、硬件很强、互联网服务也很强的公司。其实大家想一想就知道，硬件公司做软件和软件公司做硬件，两件事情都不靠谱，几乎很难把这两件事都做好。诺基亚就是典型，硬件做得很好，软件做得不好。

一个硬件公司把软件做好和一个软件公司把硬件做好，都是天下最难的事情。我曾经干过一件看起来很简单，实际上也很难的事情：我创建了金山软件，又想把金山从一个传统的软件公司改造成一个互联网公司，努力了几年以后还是失败了。看起来这么简单的事情，实际上做起来就会发现差距很大，更不要说做硬件跟做软件的差距了。

那么，怎么样才有可能产生一家像苹果这样的公司呢？我觉得只有从零创建一家公司，寻找几个具备不同背景和技能的合伙人，一起努力才有机会。我曾经在聊天的时候说：如果能把谷歌、摩托罗拉和微软合并了，那就一定有戏。所以在去年年初的时候，我就找了各家公司的高手，说我们能不能聚在一起，办一家新的公司叫小米。

小米这家公司其实不是做手机的，是做移动互联网的。我觉得，我们小米和苹果，都是在比拼一个新的商业模式，就像一个铁人三项赛。以前的手机，打电话好，待机时间长，还抗摔，这个算长跑项目。但是到了乔布斯开创的智能手机时代，我们除了比长跑，还要比游泳和自行车。我们就看到，诺基亚不行了，摩托罗拉也困难重重。现在的世界，以"铁人三项"（软件、硬件、互联网）的标准放眼看去，除了苹果，小米的竞争对手很少。这一点，我觉得是小米的核心竞争力之一。

——2011年11月谷歌总部演讲

背景分析

俗话说"隔行如隔山"，企业的跨界经营的确是很难的事，失败的案例不胜枚举。仅以硬件、软件和互联网来说：阿里曾经尝试过布局智能手机，开发云 OS，以失败告终；谷歌开发了安卓系统，但谷歌手机的市场份额一直不高；诺基亚拥有很强的制造经验，但在操作系统的开发上，完全输给了 iOS 和安卓。以此来看，苹果确实是一个新物种，硬件和软件都非常强。受此启发，雷军设计了小米的"铁人三项赛"模式，寓意非常难完成。但正因为事情很难，才有资格称为核心竞争力。

行动指南

做难的事情，打造核心竞争力。

6月13日 把精力放在核心事情上

回头看过去的金山，是一群很勤奋的人在严厉的 KPI 考核下做出来的公司，但因为市场一直在动态变化，很多时候大家会因为销售任务完不成，就再做一个产品。因为金山一直以来执行力和战斗力都很好，所以每个产品都能做到第二、第三名，于是金山的业务越来越多。

所以到了第二个阶段，我开始对金山业务进行梳理，把那几年扩张带来的问题进行重新聚焦，也就是关停并转，通过各种各样的机制退出了无关业务、小业务，而且是在几乎没有负面报道的情况下完成了这个波澜壮阔的改革，这是件很不容易的事情，同时这几年也感谢媒体不关注，我们被边缘化，所以我们才有机会去完成关停并转。

我非常感谢同事们的理解，因为人的精力有限，所以需要把核心放在三个业务上面。这对作为董事长的我来说也是一样的道理，我已经不可能事必躬亲，所以最好把精力放在核心的事情上。

——《雷军口述：如何让边缘化金山重回主流》2013 年 6 月 24 日发表于新浪科技

背景分析

这段话里雷军谈到了 KPI 的弊端。今天的互联网行业都非常推崇 OKR，但其实管理工具本身没有优劣之分。很浅显的一个道理是，先有管理，后有管理工具。在 OKR、KPI 出现前，照样有成功经营的企业，有优秀的企业管理者。要相信管理科学，但对于管理工具的迷信一定要破除。对于金山来说，KPI 带来的数字压力，让团队习惯于开辟新业务，并且一定舍不得关停，这就需要雷军出面来做目标限定。关停并转的核心逻辑是公司一定要聚焦业务，而非 KPI 数据。

行动指南

关注核心业务，而不是核心数据。

6月14日 鼓励少干点

有人说我是机会主义者，我说这是瞎扯，如果我是机会主义者，那世界上就没有坚定的革命浪漫主义情怀的实践者了。我只不过是在强调，互联网的战略布局要讲究单点切入，逐步放大。

原来在金山我们讲的是艰苦创业，经过这几年，现在我鼓励少干点，但要把每件事情都做到极致，做到把自己逼疯、把别人逼死这种程度才能成功。

回顾过去二十几年的职业生涯，我虽然每天都做很多决定，但回顾起来其实做下去的就是几个点。把这几个点搞透，就够了。管好业务有方法，管好战略有方法。金山的绝大部分业务都是我当年每周干 7 天、没日没夜干出来的，你觉得我需要再去想这个业务是怎么回事吗？每个业务你跟我说一下我就知道怎么回事了。

我觉得大家一天到晚问董事长每天处理有关金山的事宜所花费的时间，其实这是一个伪命题，最重要的是要看清大方向。我原来觉得在金山花 10% 到 15% 的精力就差不多了，但我觉得这段时间工作有点多，当然对我来说它是个阶段性的情况，等我把金山云全部理清楚了，我当啦啦队鼓掌就行了。

　　——《雷军口述：如何让边缘化金山重回主流》2013 年 6 月 24 日发表于新浪科技

背景分析

　　听到"劳模"两个字，你会怎么猜测雷军的工作风格？大多数人会联想到"事必躬亲""事无巨细"。但其实这是对雷军的误解。雷军是程序员出身，他的底层逻辑就是面对任何工作都要找到一套方法。有方法，就有条理，就绝不会是事无巨细、眉毛胡子一把抓。雷军提倡少做事，但是事要做透。俗话说，"宰相不问粟米事"，高层领导管好大方向就行。

行动指南

　　领导做事一要少，二要透。

6月 17日　专注才能把事情干好

　　怀着对马斯克种种神奇成功经历的好奇，我去见了他，并且问了他三个问题。

　　第一个问题是，大家都特担心你的车死机了怎么办。第二个问题是，你一再琢磨移民火星的计划，那么，移民火星最大的难点是什么。你发射过火箭，研发过汽车，规划太阳能城市，还有个乍一听很不靠谱的"超级高铁"——从旧金山到洛杉矶的超高速火车，这个火车就好像一个胶囊一样在管道里运行，时速高达 1287 公里，是现在高铁速度的 4 倍之多。

　　当然，马斯克这个人不是个空想家，他提的方案一定有某种可行性。人家都已经做过火箭，还做成了，是吧？

　　所以我问了第三个问题，你这些惊天动地的事情都干完了，下一件惊天动地的事情要干啥？

他说："我要专注地把这三件事情都干好。"

这还专注……好吧，真厉害。

——《Elon Musk 是个酷同学》2013 年 11 月写于微信公众号

背景分析

2021 年小米春季新品发布会上，雷军宣布造车。而在 8 年前，雷军就与智能汽车的全球领军者马斯克有过交流。雷军对于同为工程师出身的马斯克有很多好奇，也在他身上看到了很多与小米创业相通的东西，比如专注。小米不仅做手机，也做生态链，被人批评是杂货铺，其实背后依然是专注。这与马斯克既做星箭，又做新能源汽车，但仍然保持专注是一致的。当然专注也有边界，视能力而定。雷军并没有在 2013 年就进军电动汽车领域，当时更需要得到专注的是小米手机业务。而到了 2021 年，智能汽车逐渐消费电子化，与手机行业有了很多可复用的资源，这才让雷军下定了造车的决心。

行动指南

专注是一种资源，要按需分配。

6月 18日 从小事情做起

我们想从一点一滴做起，从小事情做起。这里我想举的第二个例子是关于移动电源的。2013 年的时候，充电宝在网上的平均售价是二三百元，要命的是都长得好丑。所以我去找我的好朋友张峰，他那时是南京英华达的总经理，他说："我做了十几年的手机，你让我现在去做充电宝？"那年 8 月份的一天，我一直和他聊到凌晨，聊了 8 个多小时，当时我怎么说服他的？我说：现在中国做手机的多了去了，但是几个能做到世界第一？你要能把充电宝做到世界第一才是真的牛，你想不想做世界第一的充电宝？看起来越简单的东西做起来越难。我还用矿泉水举例子。水是这么简单，你怎么做到世界第一？可是可口可乐和百事可乐公司就很了不起，因为它们把水卖到了世界第一。这个水是最难做的生意，你把简单的东西做到世界第一，才了不起。这些话打动了他，于是我们花了几个月时间来研究，怎么做一个惊艳的东西，一个近乎完美的充电宝。

——《小米生态链春季媒体沟通会演讲》2016 年 3 月演讲实录

背景分析

▌移动电源是小米生态链的开山之作。张峰在英华达时期帮助了小米，因此当张峰要创业时，雷军也给予了大力支持。但对于做移动电源，张峰还是有所犹豫。雷军说服他的理由很简单，就是把一件简单的事做到世界第一，同样是一件很了不起的事情。果然，张峰带领的紫米将移动电源做到了世界第一，一度成为除特斯拉之外最大的电芯采购商。雷军一向认为，梦想没有大小之分，只要把自己的工作做到最好，都是成功者。"行行出状元"说的就是这个道理。

行动指南

勿以善小而不为，小事也可以有大成就。

6月 19日　满招损，谦受益

谈到运气呢，我真的觉得我们的命很好。刚刚创业，就发现了一个百亿美元的机会，当然后来才知道搞错了，是千亿美元，叫互联网手机。这个时候又有一个百亿美元的机会，叫小米司机，做下去就是滴滴打车。这还不算，我们又发现了一个百亿美元的机会，其实也错了，还是千亿美元，就是米聊。虽然后面两个我们放弃了、输了，但是我觉得如果全赢了的话，我们这个公司就真的该灭了。中国有句古话叫作

"满招损，谦受益"，人生有点缺憾才是美嘛。

——《小米 IoT 是在捕捉下一个千亿美元机会》

2014 年 10 月 小米网调整内部会讲话

背景分析

作为移动互联网创业大潮的排头兵，小米曾经拿到了一手好牌。除了手机这张牌，最广为人知的就是米聊。米聊早于微信发布，并且与腾讯展开了正面竞争。微信成就了一个庞大的帝国，米聊则渐渐被人淡忘。小米内部曾对此复过盘，结论是社交软件是腾讯的主战场，小米没有社交基因，而且同时做手机和米聊也不符合"专注"的原则。雷军对米聊早已放下，"既要，也要，还要"不是他的风格，集中精力做自己擅长的事，才符合互联网七字诀。

行动指南

世事无完美，不必求全责备。

6月 20日 电商的核心是效率

小米用了大量的模式创新来提高效率，只有这样，才能使成本大幅度降低。在消费电子行业，从制造成本到零售成本，定倍率基本上是两到三倍，再加上渠道、零售店利润，客户买到东西的价格往往是制造成本的三倍以上。为什么传统手机那么贵？或者说，为什么传统的所有服务都那么贵？效率不够。中国的电商之所以有这么快的增长速度，主要是因为我们的传统商业落后。Costco（开市客）也全是实体连锁店，但是效率很高。京东的财报显示，在提高效率这件事上，京东就花了 10% 的营业额，如果 Costco 只要 7%，你觉得 Costco 会受京东影响吗？我觉得即使有影响，问题也不大。所以关键是怎么提高效率，电商的核心是效率。这个模式有先进性、优越性，但如果不管理好成本，就很难挣到钱。

——《我创办小米的思考》2014年12月君联资本
（原联想投资）内部分享会受邀发言

背景分析

相较传统经济，互联网经济究竟有什么特殊之处？答案就是效率。互联网加速了信息的流动，打破了信息不对称，使得商品的流通速度和推广效率都成倍提升。只要能提高效率，是否运用了互联网工具，并不那么重要。在美国，开市客并未受到亚马逊的冲击；在中国，电商占社会商品零售总额的比例仅为27%。因为还有很多地方，线下效率优于线上。相反，很多电商公司因为效率不够，管控不好成本，反而在竞争中失败了。

行动指南

不论是线上还是线上，要专注于效率，线下效率仍有挖掘空间。

6月21日 增加护城河

5年前我们创办小米的时候，李学凌给我出主意，他觉得家里最需要革命的东西是路由器。我问为什么，他说路由器是家里唯一7×24小时工作的设备。我觉得非常有道理，于是就开始琢磨路由器。当然，最后我们还是觉得应该以手机作为突破口。

但是，一个7×24小时工作的设备，就意味着一台7×24小时工作的服务器，就意味着它是家庭的控制中心。想通这一点以后，我们就开始想路由器该怎么革命。我们甚至想过，路由器能不能变成双向可连接，能不能做到汽车上可移动。比如说一个小区，如果每家每户都用了小米路由器，它们能自动组网，你想看电影就看隔壁小米路由器里的电影。这就是为什么两年多前我们筹重金去做路由器，因为它的想象空间无限。

我们考虑这个思路的时候，第一个想法是怎么给小米手机增加竞争门槛，拓宽"护城河"。我们设想，小米手机往桌子上一放，所有办公室设备、家庭设备都自动连接就好了，但这是很不容易做到稳定的，这里面有很多技术难点。但如果我们把这项技术做到稳定，大家就都只愿意买小米手机了。以前我买过一个智能手环，结果它只支持 iPhone，我只好把不用的 iPhone 再翻出来擦干净灰使用。如果小米手机能够稳定适配周边设备，那么我觉得它会形成一个巨大的影响力。

——2015 年 6 月小米网内部培训讲话

背景分析

1993 年，"股神"巴菲特在给投资人的信中首次提出了"护城河"概念，用来描述企业的竞争优势。此后，"护城河"概念被广泛接受，品牌、专利、技术、资源、规模等可以带来竞争优势的要素，都可以被称为企业的"护城河"。没有"护城河"的企业，不仅不被投资者所认可，自身也要面临极强的竞争压力。而对于互联网企业来说，竞争尤其激烈，一条"护城河"有时候都不够用。以小米手机为例，早期的互联网打法很快被华为等竞争对手学习，"像素级学习小米"就是在此时提出的口号。而手机行业的技术普及效率极高，技术"护城河"也不够牢靠。最好的办法就是筑起多道防线，而不是寄希望于一条"马其诺防线"。

行动指南

思考哪些事是本企业的"护城河"。

6月 24日　超乎寻常地努力

当业内同行都在以 6 个月为周期推出新品时，小米的每款产品生命周期都在 18 个月，这在当下，极为少见。无他，只因为小米做手机付出了超乎寻常的努力。

比如红米这样一款千元机，我们都先后做了两个不同的方案。第一个方案的体验不能让我们满意，就直接放弃，这代表着 4000 多万元的先期研发费用就浪费了。这不是个小数目，但只有这样才能做出让人尖叫的产品。在发布前，我们又把 999 元的定价直接改到 799 元，这才造就了红米在千元机市场上的王者地位。

其实，如今小米的产品，都会同时准备好几个方案，在最终推出时选择最优的一个。反复锤炼胜出的产品才能在创立后的 4 年里大踏步前进，工艺、设计才能稳步提升，小米单品长周期的爆款路线才能得以实现。

不仅仅是硬件，小米的 Android 深度定制系统 MIUI 也是经过了不断的锤炼，已将近 200 周每周都更新。从每天更新的内部测试版到每周更新的开发版再到面向 6300 万用户的稳定版，MIUI 每一项更新都会经过多轮灰度测试，经历反复琢磨才会与用户见面，并且在此之后也不断演进。

只有超乎寻常地努力，才能做出真正的好产品，才能成就小米。

——《进取之心，顺势而为》2014 年 7 月写于微信公众号

背景分析

手机行业是红海中的血海，要从竞争中胜出就要付出超乎寻常的努力。早期的小米把爆品模式发挥到了极致，不计成本，付出的努力远超同行。小米成功的原因，顺势而为只是一方面，更重要的是进取之心。这是很简单的道理，没有企业可以永远在风口上。早期小米成功已属不易，在面对手机行业决赛圈的对手时，也再没有懈怠的机会。就好像高中生以优异的成绩考入名牌大学，发现宿舍里全是各地的学霸精英。人生也好，事业也罢，顺遂之时有之，但大部分时间都是逆水行舟，不进则退。顺势而为是思想，不可作为现实去期待，这就是进取之心的重要之处。

行动指南

付出远超别人的努力。

6月 真诚与热爱
25日

我们每个人知道，小米是一家很"变态"的公司。为了代码质量好一点点，为了用户体验好一点点，为了产品品质好一点点，我们每个人都不惜加班加点，一天工作十几个小时，甚至通宵达旦。

为什么要那么拼？还能拼得如此快乐呢？因为热爱！

因为我们每个人内心都喜欢这件事情，我们希望做出能让自己满意的产品！只有自己满意，才能让"米粉"满意，才有机会让同行真心认可！因为热爱，我们每天都在跟自己较劲，一遍一遍打磨每个细节。小米的竞争力来自热爱！

在研发环节，我们强调"极致的产品态度"；在制造环节，我们强调"真材实料"；在服务环节，我们强调"和用户交朋友"；在定价方面，我们追求"硬件成本价"：这些都是小米过去成功的关键。其实，就是保持真诚的态度！

所以，小米真正的壁垒和永续的动力是真诚和热爱。真诚，不欺人也不自欺。热爱，全心投入并享受这些。真诚与热爱，我们简称"真爱"。

从平庸到优秀大体可以靠天赋与勤奋，而从优秀走向卓越，"真爱"才是关键一步。如果没有"真爱"，我们撑不过未来漫漫征途，忍不了创业路上的寂寞。"真爱"是面镜子，能照见自己真实的内心。4年前，一锅小米粥，喝完就开始"小米加步枪闹革命"，充满革命浪漫主义情怀。当初创立小米，就是因为我狂热地喜欢手机数码产品，我想做出能给大家带来快乐体验的手机，我想做一家员工和用户都真心热爱的企业！

——《为梦想和使命而战》2014年7月全员信

背景分析

真诚与热爱是小米的价值观，这是雷军创业之初就定下来的。真诚，既是对人，也是对己。对用户要真心诚意，同时也要坦然面对自己的内心。热爱也是雷军多次强调的，他深知创业的艰难，追求卓越的坎坷，尤其是那份悲喜都无人分享的寂寞。如此多的困难，要从创业中得到正反馈，唯一的方法就是真正热爱自己所从事的工作，并享受这个过程。

行动指南

倡导真诚和热爱。

6月 **26**日 认真拼命地工作

我见过不少成功的企业家，其实他们比大家想象得要忙很多。九月份，我和张峰去了韩国三星总部，有幸见到了三星的三个副社长。我就随便问了一个问题：首尔这么堵车，你们早晨几点上班？三个副社长有两个跟我说，早晨六点半上班。因为内存缺货，我又去拜访负责内存的副社长，他是早晨五点上班。他说，因为要在办公室跑步一小时，收拾好以后六点半到办公室。我问：那你们几点下班？他说一般六点，但是晚上都有应酬，大概十点。那天晚上果然有应酬，就是请我喝酒，结束时已经十二点多了。我讲这个例子，大家就理解了为什么三星能成为全球最赚钱或者最成功的公司之一，因为每个人的付出可能都远超大家的想象，所以我有了一点点平衡。

这次来的飞机上，我看了一本稻盛和夫的书。稻盛和夫是什么人？他白手起家创办了两家世界500强企业——京瓷（日本的一个陶瓷品牌）和KDDI（日本电信运营商），被日本人誉为"经营之神"。几年前，京瓷来拜访，送了我一摞稻盛和夫的书。说实话，我太忙，一直没看，那些书都落满了灰尘。来成都开会时，我顺手从桌子上找了一本——《六项精进》。这本书里三分之二的内容都是在讲这三句话：

付出不亚于任何人的努力；

认真拼命地工作；

除了拼命工作之外，世界上不存在更高明的经营诀窍。

看完这本书，我挺感动。我可能无意之中使用了世界上最高明的经营诀窍，就是拼命地、认真地工作。稻盛和夫讲了很多理念，我看完之后发现，跟小米讲的理念惊人一致。小米讲的价值观是两个词：真诚与热爱。他们讲的是三个词：爱、真诚与和谐。包括透明经营——就是公司里所有的经营都是透明的——等理念，跟小米的实践非常吻合。这里我不展开讲，只和大家分享第一点。我觉得，创业不是一件简单的事情，成功的企业家也不像公众理解的，轻轻松松就成功了。在成功的路上，其实只有这一个秘诀：认真拼命地工作。

——《努力工作，克制贪婪是世界上最笨也最高明的办法》
2017年11月小米投资年会的讲话

背景分析

2017年，全球内存价格大涨，带动了三星电子和SK海力士两家业绩暴涨。其中SK海力士当年销售30万亿韩元，利润13.7万亿韩元，大涨了3倍。而三星电子全年营收239.58万亿韩元，利润53.65万亿韩元，增长了约83%。两家公司都得益于韩企在内存市场上近乎垄断的地位，而成为当年全球最赚钱的公司。即便如此，三星的高管也没有丝毫懈怠，可见成功都不是偶然的。稻盛和夫被称为"经营之神"。在日本，"神"不一定代表神奇、神迹，把一件事做到极致就足以封神，比如"寿司之神"小野二郎。大道至简，稻盛和夫的诀窍就是没有诀窍，努力工作而已。

行动指南

大道至简，努力工作就是最好的经营。

6月
27日 克制贪婪

未来十年是属于中国的，希望大家把握机会，相信小米模式，相信小米价值观。当然，这里最大的难点是做起来不容易。要说简单，特别简单；要说复杂，特别复杂。比如控制毛利率，本可以一把发财的事情，却要少挣一点，能不能只挣每个人一块钱？"克制贪婪"，这四个字写出来容易，要做到却难似登天。克制贪婪的本质是什么？是任何时候都把用户放在第一位，把合作伙伴放到第二位，把股东放到第三位，把自己放到第四位。我们需要永远这么思考问题，虽然这听起来是个笨办法，但是跟拼命工作一样，这是世界上最高明的办法。持之以恒，最后才能获得巨大的成功，而且可以真正影响到整个世界。

——《努力工作，克制贪婪是世界上最笨也最高明的办法》

2017 年 11 月小米投资年上的会讲话

背景分析

　　商业是逐利的，企业都有追求利润最大化的冲动。而更高明的企业家，会做出逆人性之举。李嘉诚是华商传奇，他的生意信条之一就是：不赚最后一个铜板。这种思想的益处是不追求利润最大化，及时止盈，从而避免可能发生的风险，因此被很多投资者引为名言。而新一代的企业家，把克制贪婪又提升了一个层次，其本质是构建新的用户关系，让商业的各方参与者利益一致。雷军讲把用户放在第一，合作伙伴放在第二。无独有偶，2019 年 9 月 10 日，阿里巴巴 20 周年之际，公布了"新六脉神剑"，也就是升级后的使命、愿景和价值观。其中第一条就是"客户第一、员工第二、股东第三"。两家企业文化不同，但统一的是都把用户 / 客户摆在了第一位。

行动指南

　　把用户的利益放在首位。

6月28日 坚定打持久战

　　这两到三年，对我们而言，挑战越大，机遇越大。因为越是"冬天"，越是"感动人心，价格厚道"的好产品就越有竞争力；越是"冬天"，效率高的企业存活、应变发展的能力就越强；越是"冬天"，我们夯实基础、修炼内功的效果也就越显著。

所以，2019年，我们具体要怎么干？

坚定地打持久战！尤其是对于手机业务，我们要丢掉速胜论的幻想，对形势容不得有一丝一毫的误判，对竞争不能有一分一秒的松懈。我们既要目光长远，对5G时代积极地提前布局；也要脚踏实地，在战场的每一处始终保持勇猛机敏，积小胜成大胜，一丝不苟地打好每一场仗。在5G春天到来之前，这将是一场持久战，手机业务始终站稳全球第一阵营就是胜利！

——《启动"手机 +AIoT"双引擎战略》2019年1月全员信

背景分析

2019年，手机行业面临的环境非常复杂。一方面，中美贸易战打响了，整个行业的需求不振，供应链安全也受到影响。另一方面，5G时代已近在眼前，被认为将带来手机行业的下一轮换机潮。"冬天"来了，但没有人知道"冬天"还要持续多久，"春天"什么时候来。当处于这种外部环境时，企业唯一能做的就是"结硬寨，打呆仗"，坚持下去就是胜利。

行动指南

外部环境复杂多变时，要有打持久战的准备。

互联网七字诀：极致

愿意干上一辈子

　　确实，刚开始从事编程时，总是意气风发，觉得自己没有什么不能做的（现在还能听到很多年轻人发出如此豪言壮语）。那时我也想先吃点苦，到了30岁就别干了。年长一点后，尤其是当我们真正接触到境外那些杰出的程序员后，发现他们都有十多年的开发经验，这才感到自己的无知。一个人大学毕业就22岁，真正懂了开发就已经25岁了，接着就是人生琐事。如果30岁就放弃的话，我们就不用选择写程序的人生道路了。美国和中国台湾开发人员以三四十岁的人为主，虽然也有不少年轻人做了不少好东西，但绝大多数的产品都出自那些有丰富开发经验的程序员之手。

　　毕业后从事编程，写程序已不仅仅是爱好，而是成了一辈子的工作。开始会有一个阶段整天不知道写些什么东西，觉得特别没劲，找不到感觉，特别灰心。后来才明白，只有全身心地投入，写程序才会有意思。

　　虽然我没有打算一生只干编程这一件事，但我爱这个工作，我愿意干上一辈子。用一生来编程序，是一件既容易又困难的事。如果碌碌无为，为交差写点程序，这样度过一生的人大有人在。但如果想全身心地写程序，写10年就不是一件容易的事。

现在我不少朋友都洗手不干了，有时我也想："用什么电脑，Windows外的世界不是也很大吗？"但面对电脑的时候，会立刻醒悟：电脑编程还是自己最擅长干的事，也是最顺手的事。

——《程序人生》1998年3月发表于《电脑与生活》

背景分析

如今互联网大厂流传的"35岁焦虑"，其实在雷军的年代就已经存在了。在那个年代，不少人认为程序员如同红粉佳人般特别容易衰老，最多干到35岁就可以收山换环境了，脑子差不多该歇歇了，体力也不支了。总之，写程序是年轻人的事情。雷军看到的是，只要认真对待工作，年龄反而是财富，优秀的作品往往出自有开发经验的程序员之手。还有很多企业习惯保持团队的年轻化，以为这样才能了解年轻人的喜好。其实两者之间没有必然联系，开创iPhone的乔布斯不算年轻，为年轻人创造流行文化的也大多是上了岁数的人，不论是企业还是个人，都不应该有年龄焦虑。

行动指南

全身心投入，才能干好事情。

7月 **2**日 "挥刀自宫"

一个朋友，在一家软件的大企业做了10年的软件研发，想出来创业，问我要注意什么。我开玩笑说，要想成功，必须学习互联网创业的"葵花宝典"，第一条就是"挥刀自宫"。

大的软件公司有很多资源，研发能力不错，各种推广资源也非常优越，但很少开发出优秀的互联网产品来。初步看上去，原因很多，比如很难调动个人的积极性、内部管理协调非常困难等。我认为还有一个重要的原因，就是方法不得当。大公司资源多，一个互联网创新项目，投入大量资源后，公司期望值高，考虑的问题自然就多了，反而不容易做好。

从大公司离职出来创业，首先要"挥刀自宫"，扔掉大公司这套做法，控制成本，集中精力和资源解决核心的一两个问题就足够了。

不做太过长期的计划，尤其是计划不能太复杂！创业成功需要的是发现机会和快速突破的能力，再加一点运气。大公司的工作经验太多，有时候反而会限制自己的做法。互联网创业，越简单越单纯，越容易成功！

——《互联网创业的葵花宝典》2009 年 2 月写于新浪博客

背景分析

"清零"是一种很重要的能力，特别是对终身学习者来说。牛顿定律奠定了宏观物理世界的运行法则，第一条说的就是惯性。其实不只物理世界，惯性无处不在。表现在个人，就是容易沉湎于过去的经验；表现在公司，就是容易被固有的思维所限制。雷军经历了金山软件向互联网的转型，清楚地了解其中的困难。成绩越多，资源越多，转型时反而可能负担越重，因此需要随时"清零"，轻装上阵。

行动指南

清零，化繁为简。

7月 3日 极致追求产品

为了推动金山的互联网转型，为了让金山同事更好地理解互联网的精髓，我曾在金山推动了一场向谷歌学习的运动，其中一条就是要求人人能背"谷歌十戒"。

时至今日，我还能很轻松地背出来。这十条中给我留下最深刻的印象是"把一件事情做到极致"和"仅有优秀是远远不够的"。仔细揣摩一下，就可以理解为什么谷歌的每个产品都让用户癫狂，因为极致。谷歌做的每个产品，的确做到了能做的极致！学习谷歌，就是要学习谷歌对于产品品质极致的追求！

——《解析苹果谷歌伟大的基因》2008 年 10 月写于新浪博客

背景分析

让员工背诵自家规章的常有，让员工背诵另一家企业戒条的就很少见了，雷军对谷歌的认可可见一斑。"谷歌十戒"非常有名，中美互联网行业都非常认可，适用性也非常好。"十戒"中，雷军最欣赏的是谷歌事事追求卓越的态度，这和他本人的性格非常契合。卓越不是简单的优秀，优秀是把事情做好，卓越是追求把事情做到极致，更多的不是为了他人的赞誉，而是突破自己。

行动指南

不要满足于优秀，要追求极致。

7 月 4 日 让人尖叫的产品

我个人，和我们的高管团队，对数值不是很在意。我们真正在意的是什么？比如，刚才让大家尖叫的活塞耳机，其实只有几百万元销售额，连手机的零头都撵不上，但是我们大家很激动。

在这里我要跟大家表达的是，小米最在乎的目标有两个：第一个，就是做出让用户尖叫的产品，做出让用户排队来购买的产品。在过去的三年，我们每次发布产品，都能获得如此强烈的效果。所以我希望，未来我们的每一代新产品都能让人如此激动。

第二个目标是，用户买完之后、用过之后，愿意跟朋友推荐，愿意再买。如果小米能坚持这两条的话，这些数值都不重要，小米一定会成为一家伟大的公司。我在这里再一次强调，每一个让人尖叫的产品，才是小米所追求的目标。每一个用户用完之后的评价，才是我们真正在意的。

——《我最在意的不是数值》2013年上半年企业全员大会上的讲话

背景分析

2013年小米正在发展的快车道上，仅上半年就销售了703万台手机，超过2012年全年的销售收入。同时，小米开始试水手机的周边产品，如小米耳机、智能硬件，再如小米盒子，都取得了不错的成绩。雷军在讲话中一方面对取得的成绩表示欣慰，但另一方面又提出了"对数值不是很在意"。数值是结果，而非目标。雷军所说的"让人尖叫的产品"，也就是外界解读的爆品。以爆品为目标，数值就不过是一个自然的结果；反过来以数值为目标，有太多手段可以做到，爆品的目标反而不容易达成了。

行动指南

关注产品本身，而非销售数字。

7月 5日 找最好的设计

2001年赛格威（Segway）首次发布会前的一次秘密路演，投资人请来了乔布斯。乔布斯问Segway公司，你们觉得你们的产品怎么样，然后评论原型产品是狗屎。乔布斯一瞬间说出了三个评判标准：它的外形不创新，它不优雅，也让人感觉不到人性化。"你拥有让人难以置信的创新的机器，但外形看上去却非常传统。"最后，他给了建议：去找一家最好的设计公司，一定要做出让你看到之后会被"雷得拉一裤子"的厉害产品！

这段文字的信息量同样很足，因为它很简明地总结出乔布斯的三个设计标准：设计是否出奇，是否优雅，是否足够人性化。

——《苹果CEO乔布斯脑子里是怎么想的》2008年10月写于新浪博客

背景分析

我们常说中国制造缺少设计，其实倒也不必妄自菲薄。在美国也不是每家公司都重视设计，还得是乔布斯来指出问题所在，这充分说明不是人人都重视设计，重技术轻设计是大家普遍在犯的毛病。俗话说"好马配好鞍"，产品性能好，也得有好的设计。雷军此后创办小米和小米生态链，都非常重视设计，手机产品和智能硬件拿到了全球设计最高奖项的大满贯。

行动指南

给好马配好鞍。

7_月 8_日 简单设计

岩田聪批评日本游戏产业一味沉沦在追求无止境的商业视觉包装上，游戏的真正本质"创意"和"乐趣"却被忽略了。他认为，现在的游戏的制作越来越写实，也越来越复杂，但是，这样的做法却无法再让游戏业界成长。在他看来，"真正有趣的创意"与"简单的构思"，才是吸引用户的关键。

他在GDC 2005（2005年游戏开发者大会）上的演讲中也提到："当我们花费更多的时间和金钱来满足玩家的时候，我们是否遗漏了其他一些玩家？我们开发的游戏是否适合每一个人？是否你有朋友和家人不玩游戏？那他们喜欢做什么？""简单设计，让不玩游戏的人也能玩，积极扩大市场占有率。"

中国的游戏产业虽然已经发展了十多年，但和日本、美国相比，才刚刚开始。谨以此文献给所有游戏产业的创业者，希望中国能产生任天堂和暴雪一样伟大的游戏公司。

——《任天堂如何反败为胜》2008年12月写于新浪博客

背景分析

对于游戏来说，设计越简单，上手难度越低，潜在用户群也就越大。而这个道理同样适用于硬件产品的开发。雷军开创的小米系产品，保持了统一的极简设计风格，做到按键最少、功能最多。比如，传统电视的遥控器动辄几十个按键，而第一代小米电视遥控器只有 11 个按键，使用体验大幅提升。

行动指南

越简单，越流行。

7月 9日 集大成

下一点，是非常重要的，我们看到了互联网的力量。怎么用互联网来颠覆整个传统的手机工业？我们做了很多创新，我们把手机的操作系统当成 App 来做。我们最大限度地利用了社区的力量。MIUI 靠口口相传，现在有 70 万用户。

看看苹果的手机，是典型的极简主义，没有人能够比它更简洁。但是这就真的是用户的需求吗？难道乔布斯说，你们只需要两种颜色——黑色和白色，从此大家就只使用两种颜色？我认为不是的，只是他太成功了。游戏业有个著名游戏公司叫暴雪娱乐，它制作的第一款网络游戏就是《魔兽世界》。大家玩过吗？它就是易上手难精通，集大成的代表。小米就是要集大成。我们 MIUI 要和苹果走完全不同的道路。我们要把大家都动员起来，把产品做到足够好用，总有一款适合你。

手机是每个人的亲密伙伴，我们和它在一起的时间超过其他任何东西。难道乔布斯说这个东西要这样用，要那样用，我们的习惯就和他一样吗？不是的，我觉得手机将来会是一种个性化的东西，就像"魔兽"一样，有的人做战士，有的人做魔法师。就像"养成"一样，将来我们都会去"养成"自己的手机，养成操作系统。所以，我们在用互联网的思想重新制造手机。

——2011 年 11 月谷歌总部演讲

背景分析

作为《硅谷之火》的读者、苹果的粉丝，雷军赞同很多乔布斯的观点。但也有一些地方，雷军和乔布斯的想法截然相反。最典型的就是如何对待用户。乔布斯喜欢只给用户提供少数选择，而雷军希望给每个用户提供个性化的服务。这种区别后来演变成了安卓生态和 iOS 生态最大的不同：用户自由度。发展至今，两大生态相互借鉴不少，但仍有鲜明的路线之争。雷军在手机行业取得成功后，常被人称为"雷布斯"。雷军在很多方面的确是苹果的粉丝，但并非亦人想的亦步亦趋。对于生态自由度的思考，就是他与乔布斯最大的不同。或许，在《硅谷之火》中代表互联网开放精神的乔布斯，才是真正激励了雷军的人。日后提倡封闭生态的乔布斯对他来讲，更多的是被学习的对象。

行动指南

谨慎选择极简主义还是集大成。

7月 10日 研发不惜代价

我们为了研发是不惜代价的。对不锈钢的加工，我们逼着合作伙伴投了 19 亿元的设备。每个不锈钢边框 398 元，小米 4 成本的 25% 就在这个上面。有同事跟我说，友商的一款手机在跟我们竞争，我很郁闷。友商的产品是塑料边，二三十块钱的东西跟 400 块钱的东西在竞争。所以我很欣喜看到友商在进步，他们开始注重材料，反过来说明以前他们都是在偷工减料。我认为这是友商永远击不败我们的地方，因为他们的 DNA 是错的。

我们并不后悔用了 398 元去试验了不锈钢，虽然结果是我真的再也不想做不锈钢了。但是不试过，你又怎么知道呢？大家说，小米 Note 好像也不怎么样。我说你开什么玩笑，一块曲面玻璃的加工成本 200 块钱，今天全世界敢用曲面玻璃的只有小米和三星。很多同事说，拿着它手很滑，经常容易掉到地上。我去找研发单位反映，他们说很滑是因为零平整度，如果不做到零的话，玻璃一折光就会有光晕。后来大家说能不能加点弧度，我去跟颜克胜商量，真的把老颜快弄疯了。他说你知道我们花了多大代价做到零！为了做到这种精致度，初期的成品率只有20%，80%全被浪费掉。

——《我们不需要把稻草卖成黄金的人》2015年6月小米网内部培训讲话

背景分析

2014年的小米手机采用了不锈钢边框，一度引发了很多负面言论。事实上，此后iPhone也采用了不锈钢边框。公众不理解的点在于，不锈钢在生活中随处可见，似乎很廉价，但用在手机上却并不容易。因为手机边框需要的制作工艺和日用品完全不同，每个环节都可能出现次品，导致成品率极低。任何微小的创新背后，研发的成本都远超人们想象，往往1%的增益，需要付出100%的努力，但这是必须付出的代价。

行动指南

要有决心花大价钱搞研发。

7月11日　巨额代价换一炮而红

红米一代给我的印象最深。当时我们定了两个机型在做，就是H1和H2。我们的生产流程需要提前3个月订货，H1我总觉得有问题，使用体验很差。但是研发团队跟我保证，一定能改好，说你再等几个版本，我们第一批先下了40万只手机。到快发布的时候，我真的觉得这个产品不行，但已经订了40万只，怎么办？我说不惜代价减少损失吧，最后那些芯片是怎么退的呢？东西我不要了，订单给你一半的钱。我们用赔了一半的钱来了结所有扯皮的事，因为产品质量达不到要求。

供应商说："你看这个友商也出了，那个友商也出了，都是同样的芯片，为什么你们不行？"我说："我们不是他们，反正我说不行就是不行，东西我不要了，芯片反正你也没送到我们的仓库，我取消订单，给你一半的钱。"前年年初的时候我们赔了好多钱，然后继续延期三四个月。前年 7 月底发布的红米，为什么能一炮而红？因为它真的是巨额代价换来的。

——《我们不需要把稻草卖成黄金的人》2015 年 6 月小米网内部培训讲话

背景分析

2013 年小米发布红米手机，这款售价 799 元的智能手机终结了山寨机时代。当初红米手机立项，瞄准的就是廉价手机市场。要在这个市场取胜，比拼的恰恰不是价格，因为永远有人价格更低。小米反其道而行之，用研发旗舰的力气来做红米手机，花费了天量的成本。"廉价手机"并不廉价，对待任何产品都应该付出百分百的热忱，保持价值观的一致。

行动指南

任何价位的产品都值得花大力气来打磨。

7月 12日 高效率是王道

我后来研究 Costco 发现，这个公司确实厉害。他们的信条是：所有的东西，定价只有 1% ~ 14% 的毛利率。任何东西的定价如果要超过 14% 的毛利率，就要经过 CEO 批准，还要再经过董事会批准，非常麻烦。我看了他们的财报，7% 的平均毛利率，在美国做大型连锁零售，这是不挣钱的。所以他们通过会员费来赢利，要买东西的必须成为会员。2000 多万名会员，每人一年支付 100 美元的会员费。Costco 的店面大概只有沃尔玛的 1/4，每种东西只有两三个品牌，但品质都超级好，也超级便宜。所以我想探究的一个问题是：一个公司的毛利率越高，真的越好吗？毛利率高的公司，效率一定是很低的。在低毛利率的情况下，高效率地工作才是厉害的。

小米刚开始是零毛利率的，依靠大规模的生产，大概能有百分之十几的毛利率。我们的关键在于把小米的整体运作成本控制在 5% 以内，前年是 4.1%，去年是 4.3%，不谦虚地讲，我们是全球运作效率最高的公司。所以我们一定不能雇很多人，一定不能做很多事。我们的哲学是：少就是多，一定要专注。简单就是我们的核心竞争力。我们擅长把复杂的事情做简单。

沃尔玛跟 Costco 这些零售业给我的经验就是，低毛利率是王道。只有低毛利率，才能逼着你提高运作效率。而小米要接近成本来定价，高效率就是王道，没有高效率，这个公司会赔得一塌糊涂。

——《我创办小米的思考》2014 年 12 月君联资本
（原联想投资）内部分享会受邀发言

背景分析

在金山时期，雷军赴美接触到了开市客，并成为开市客模式的粉丝。开市客是典型的低毛利模式，走薄利多销的路线，同时依赖会员费和附加服务赚钱。这些都给雷军留下了深刻的印象。低毛利模式对企业的要求非常高，必须同时匹配高效率的模式，刀刃向内，才可能向消费者让利。当然，雷军推崇开市客可能还有一个原因，就是美国的今天就是中国的明天，中国企业和中国消费者迟早要选择开市客的模式。

行动指南

刀刃向内，用低毛利倒逼高效率。

7月15日 新零售的本质是效率革命

我们为什么在去年年初的时候提出新零售？因为电商虽然有很强的优势，但同时也有不足。比如说，不容易展现需要体验的产品，不能让用户想买的时候拿着就走，而且有 90% 的消费者很少在网上买东西。我们在思考，能否用互联网思维、电商技术做线上线下联动的新零售。

去年，我们试点小米之家。大家告诉我，房租贵、人工贵、其他成本贵，进商店价格不提高一倍肯定不赚钱。我当时是抱着关门的念头开的，先开几家试试看，试一下发现远比想象的好，小米在线下很受欢迎。一年半的时间已经开了 179 家，未来 3 年计划开 1000 家，基本覆盖一、二线城市。

小米之家的体验非常好，不但品类多，而且很完整。我们在做的过程中想了很多办法提升效率，结果坪效 ① 非常惊人。很多连锁店前辈跟我分享，说国内坪效做得特别好的可以达到每平方米 15000 元，我们基本单店月均 519 万元，2017 年 8 月小米之家全部门店的总收入为 6 亿元。每个店平均 200 平方米，今年 1 到 8 月份坪效为每平方米 27 万元，全球范围内仅次于苹果，相当于国内平均水平的 20 倍。上海大悦城店也是两三百平方米，一年差不多能够做到 1.7 亿元（营业额）。8 月 26 日，湖北黄石万达广场店正式开业。我们现在 179 家店有 42 家店开在万达里面。

小米之家为什么这么火？我觉得，做零售的核心还是要做爆品，也就是说，你要有老百姓想要的东西。我们的手环、空气净化器、平衡车、扫地机器人等都是全球（销量）第一。新零售是一场效率革命，就是要用高效率来实现传统零售业的目标。通过一年半的实践，我认为是完全能够做到的。谈到这里，我觉得大家应该理解小米的目标是什么，我们就是要做科技界的无印良品，高品质，高颜值，高性价比，而且有丰富的产品组合，用互联网的技术和方法论来做线下零售。

——《小米新零售的本质是效率革命》2017 年 8 月上海国际商业年会上的演讲

背景分析

2016 年 10 月，马云和雷军再次"英雄所见略同"，分别提出了新零售的概念。两人都指出，新零售将是线上线下的融合，马云更是说"电子商务"这个概念即将消失，未来只有新零售。雷军更在意的是，新零售的本质是效率革命。而只有用互联网思维，打造爆品，才能给线下零售带来效率提升。近年涌现出来的新消费品牌，比如元气森林、喜茶，都非常注重爆品打造。

---

① 坪效是经常拿来计算店面经营效益的指标，指的是每平方米面积可以产出多少营业额（营业额/专柜所占总面积）。

做新零售需要认真打造爆品。

7月 16日 竞争力来自效率

8 年前，小米公司成立时，我们就有一个宏大的理想：改变商业世界中普遍低下的运作效率。一件成本 100 元的衬衣在中国的商店里要卖到 1000 元，定倍率有惊人的 10 倍。一双鞋要加 5 到 10 倍，一条领带加 20 多倍，这样的例子不胜枚举。但我始终难以理解，为什么商业运转中间环节的巨大耗损要让用户买单？小米有勇气、有决心、有毅力推动一场深刻的商业效率革命：把每一分精力都专心投入，用来做好产品，让用户付出的每一分钱都物有所值。

我们所有的雄心都从这里出发，我们所有的成就都来自这里。

商业竞争的本质是效率之争，敢于承诺硬件综合税后净利率永不超过 5%，就是小米高效率的证明。不光是手机，1 万毫安时的移动电源以前定价普遍在 200 元以上，我们定价 69 元；主流空气净化器原本定价好几千元，我们把定价拉到了千元以内……我们在众多领域都同样以一流的品质、紧贴成本的定价彻底改变了行业面貌，大大加速了产品普及。

——《始终坚持做"感动人心、价格厚道"的好产品》

2018 年 4 月发表于微信公众号

在宣布硬件综合净利润率不超过 5% 时，雷军也剖析了小米能做到的底气，那就是高效率。雷军看到的是，商品加价的背后是效率问题，比如商业环节过多，生产效率不够高。小米模式就是尽量减少流通环节的损耗，高效率地把优质产品交付给用户，最终效率带来了市场竞争力。

提高生产效率，就是提高竞争力。

7月 17日　向中间环节要效率

8 年前，小米公司成立时，我们就有一个宏大的理想：改变商业世界中普遍低下的运作效率。

商业竞争的本质是效率之争，敢于承诺硬件综合税后净利率永不超过 5%，就是小米高效率的证明。不光是手机，1 万毫安时的移动电源以前定价普遍在 200 元以上，我们定价 69 元；主流空气净化器原本定价好几千元，我们把定价拉到了千元以内……我们在众多领域都以一流的品质、紧贴成本的定价彻底改变了行业面貌，大大加速了产品普及。

——《小米是谁，小米为什么而奋斗》2018 年 5 月小米上市董事长公开信

背景分析

雷军在很多场合都提到过商品定价的"定倍率"，以此来说明商业世界普遍存在的流通成本过高，消费者并未得到实惠的问题。小米反其道而行之，以极高的效率把产品交付给用户，将全部精力都投入打造产品中。电商模式崛起，中国基建对物流的完善，让流通环节的效率提升成为可能。小米之后，大量企业都意识到了运营和交易环节拥有大量的机会。由此产生的巨大红利，可能超出了很多人的想象。阿里巴巴和京东形成两强争霸的格局时，没有人想到拼多多会因交易模式创新等多种因素而崛起。电商对于流通效率的提升还远未到顶。甚至，这还仅是中国的情况，以 Shein（希音）为代表的中国电商正在出海攻城略地，说明全球还有大量的机会。

生产尽量做加法，流通尽量做减法。

7月 18日 严控成本的本质是提高效率

2010 年，我选择再次创业，创办了小米。10 年过去，对于如何渡过难关有了一些新的思考。

首先需要说明一点，严控成本的本质是提高效率。控制成本对于任何一家公司都非常重要，但其根本目的和出发点是提高效率。片面地以低成本为目标，也许能熬过一时的危机，但无法在未来的竞争中立足。只有以提高效率为目标，才能在危机中保持长久的战斗力。

小米在创业时选择了一条极为艰难的道路，需要在"硬件＋新零售＋互联网服务"的"铁人三项"中成为全能选手。过去 10 年，小米模式得到了充分的验证，用 9 年时间成为最年轻的世界 500 强，用 6 年时间成为智能电视的中国第一，现在还是全球排名第四的手机品牌。其中，效率就是小米模式的灵魂。

小米效率的提升来自运营成本的降低，尤其是交付产品给用户时交易成本的极大降低。小米独特的商业模式使得商品既好又便宜的目标得以实现，从而建立了用户信任。而持续赢得用户的信任，是一家公司长久发展的基石。

因为我们要面临的绝不止眼前一个难关，经济活动起起伏伏，谁也不知道明天和意外哪一个先来。企业只有真正实现世界级的效率，才能拥有穿越经济周期、持续抓住行业涌现的新机会和长久保持优秀运营表现的能力。

——《疫情拐点之际，谈谈企业如何渡过难关》2020 年 3 月写于微信公众号

2020 年初，新冠疫情暴发，经济活动被迫按下了暂停键。对于企业来说，则是再

次陷入了因外部环境变化而带来的寒冬。雷军在2009年《企业过冬生存技巧》的基础上，结合自己最近10年的管理经验，表达了最新的思考。话题依然是节省成本，但雷军指出节省成本是形式，本质是提高效率。这也是小米模式的灵魂。有兴趣的读者可以查证，疫情结束后，小米集团的现金流在2023年再创新高。这一成绩是在小米大力投入造车的情况下达成的，这充分说明了雷军的"过冬"生存经验所言非虚。

行动指南

用效率考核成本。

7月19日 控制合理利润

纵观人类商业史，无论是汽车行业，还是PC行业，改变世界的伟大公司都是把好东西越做越便宜，让越来越多的人用到。小米是一家工程师文化主导的公司。工程师所的追求就是不断探索最新的技术，惠及大众，改变世界。

我们的使命，就是坚持做"感动人心、价格厚道"的产品，让全球每个人都能享受科技带来的美好生活。

过去8年间，我们凭具有极致性能、极致性价比的小米手机，推动了智能手机在中国的普及，以及全行业性能、品质的提升，为中国的移动互联网快速崛起、成熟做出了贡献。现在，我们还在把这些积极的影响推向全世界。

不仅如此，我们还和近100家价值观一致的小米生态链企业一起，把小米模式和方法论复制到了上百个行业，推动了智能新生活方式的加速渗透，建成了世界上最大的消费级IoT平台，使得既好又便宜的精致产品能够深入日常生活的各种场景，让更多人享受到科技带来的美好生活。

坚决执行5%硬件综合净利率红线，就是践行小米的公司使命。

因为我们始终坚信：相比追求一次性硬件销售利润，追求产品体验更有前途；相比渠道层层加价，真材实料、定价厚道终究更得人心。

我们始终坚信，我们的信念——大众消费商品应该主动控制合理的利润——将成为不可阻挡的时代潮流，任何贪恋高毛利的举措都将走向不归之路。

——《始终坚持做"感动人心、价格厚道"的好产品》

2018 年 4 月发表于微信公众号

背景分析

小米的"价格厚道"不仅被大众质疑，甚至一些"米粉"和投资人也不理解。在 2018 年上市前夕，米粉呼吁小米高端化，行业期待中国手机能抢占苹果和三星的利润。这里雷军是从商业发展的历史规律来解释小米的"价格厚道"。事实确实如雷军所说，工业化大生产的规律不是将产品越做越贵，反而是越做越便宜，最终惠及更多人。

行动指南

赚取合理利润。

7月 22日　品质支撑

中国百姓习惯性认为便宜没好货，很多没去过小米之家的顾客，潜意识里觉得小米就是便宜货，去了之后发现里面卖的全是世界顶级品质的产品。因此，对于我们这个模式，不是卖得便宜就能做得成，"最最最核心"的是要靠品质支撑。

在小米创建之初，我们选择最好的工程师、供应商和代工厂。对于硬件产品，我没有半点经验。但我们选择通过最简单的办法来实现小米对品质的把控，即找最好的工程师＋最好的供应商＋最好的代工厂。我们花费了巨大的代价来保证产品品质，并且从一开始就坚持这么做，基本上没有哪家企业是这么起步的。

——《用显微镜看品质》2017 年 12 月工信部交流发言

背景分析

雷军一直强调小米的性价比不是便宜，也不是劣质。一支连续使用一周而不坏的圆珠笔，如果价格便宜，也能称得上有性价比，但显然不足以提升老百姓的生活水平。电商行业向下沉市场扩张时，就一度出现这样的现象。价格便宜吗？便宜。品质好吗？那是真不好。这样也就不怪消费者眼中便宜没好货。要改变这种现状，出路只能是做出高品质的产品。

行动指南

不论价格高低，品质是核心。

7月23日　无就是有

有一个曲解，说小米不是实业。小米是国内领先的手机公司、领先的电视机和机顶盒公司，这怎么会不是实业呢？

格力的确非常强大。论营收，去年格力是我们的 8 倍，今年是 4 倍，今年格力有100 亿元利润、纳税 100 亿元，都遥遥领先于我们。我们非常钦佩格力，格力的确做到了极致，但这是在传统市场做到了极致，假如格力不转型互联网的话，在以互联网思想武装的小米面前，我觉得它一定会输。

小米的确没有工厂，没有自己的线下渠道。但我认为，第一，小米的"无"就是小米的"有"，这是辩证的。小米没有工厂，所以小米能用共赢的思想团结世界上最好的工厂，对于格力，除非董明珠有本事把她的工厂一直管理到世界最好。

第二，小米没有零售店，所以没有包袱，转型升级的动力更强。正因为没有现成渠道，所以一定要把自己的互联网电商渠道做到极致。因为"无"，所以我们有后发优势，我们又领先了一步。

第三，我们的主要精力不在最复杂的、管理难度最大的制造、零售和渠道系统上，而是集中在产品研发、技术创新和用户服务方面，全身心投入地和用户交朋友。格力模式很大很全，但是很累，一个环节做不好都不行，我们把自己不擅长的，但有人做得好的，让别人去干，我们只干自己擅长的。

20多年来，我一直在做研发，而且小米所有的创始人都是技术、产品背景出身，我们还在源源不断地引进世界级的人才。我相信，小米的"无"，就是小米的"有"。

——《两场对谈：夸我骂我都是为我好》2013年12月写于微信公众号

背景分析

2013年央视年度经济人物颁奖现场，雷军和董明珠立下了著名的"十亿赌局"。一时间，小米与格力5年后谁的营收更高成了一个话题，此后几乎年年被提及。其实，这又是一起典型的，经媒体热炒造梗，然后焦点偏移的事件。雷军与董明珠对于互联网模式的争议，相比赌局更有价值。这也是为什么雷军要在事后专门撰文予以回应。

在颁奖现场，董明珠和作为颁奖嘉宾的马云都对小米提出了疑问。他们认为小米把营销当作竞争力，而理由就是小米没有自己的工厂，不是实业。这其实是典型的传统制造业思维，也更符合大众的直觉。在当年，要公众理解互联网模式的制造业还有很高的解释成本，因此雷军也只有在事后用文字详细解释。值得注意的是，雷军为自己辩解的同时，并没有否定格力的模式。他认为格力做到了大而全，小米专注做了几件事，两个模式做好了都可以赢得市场。雷军对传统制造业保持了敬畏之心。事实上，互联网和实业不是互斥的，而是各擅胜场。在此后，小米也拥有了自建的智能制造工厂。在雷军宣布造车之后，也没有采用手机的代工模式，而是选择了自建生产线。

行动指南

做自己最擅长的事，并把这件事做到最好。

7月 24日 每一个人都精挑细选

小米有 7500 人，其中 5000 人位于服务部门，在研发运作部门的只有 2500 人，以我们今年预计的 750 亿到 800 亿元的营业额来说，我觉得效率是非常高的。所以，我们雇每一个人的时候，都需要精挑细选。比如我们的虎哥（Hugo Barra），安卓的产品副总裁，谷歌的全球副总裁。我用了三年多的时间，说服他到小米工作。其实到小米工作容易，因为小米目前的形势很好，难的是说服他离开硅谷来北京工作。

大家明白，虎哥在硅谷、在谷歌内部，都在一个很好的位置上。他也知道风险，如果小米干砸了，他可能就不能再当安卓这个副总裁了，现在安卓已经占了智能手机全球百分之八九十的市场份额。他本人在硅谷也有巨大的影响力，加入小米时，所有的商业杂志都是整版的报道。去年 10 月份他到北京，上个月在这工作满一年时我跟他聊天，他还是觉得，这是个激动人心的事业。

所以，我们在不惜代价地吸引各方顶级的人才。人，对于我们这样一个高效率的公司来说，是我们最重要的资产。我们尽量少雇人，对这些人却有一个要求：（留存下来的）前两三百人，全部有 10 年以上的经验。因为只有这样，才能使一个公司高速发展而不翻车。

——《我创办小米的思考》2014 年 12 月君联资本
（原联想投资）内部分享会受邀发言

背景分析

企业始终是要赚钱的。为员工谋福利，为社会做贡献，这都需要企业赢利。在低毛利的模式下，又不能坑用户，企业就只能用聪明才智来提高效率。提高效率有很多方法，但归根结底是用人。高水平的人才对效率的影响至少体现在三方面：第一，人才自身效率高；第二，避免企业犯错，减少试错成本；第三，产生创新来提高效率。在小米创业的早期，雷军尤其重视人才，基本上每个要加入的人都要经过所有合伙人的面试，这都是出于以上的考虑。

行动指南

雇用高水平人才，提升企业效率。

7月 25日 三十次顾茅庐都不为过

什么样的人不需要管理？假如我们找到这么一群人，树立共同的目标，确定共同的利益，这个问题是不是就解决了呢？所以我把找人作为管理的第一个切入点，我要找到不需要管理的人，我们后来总结了这些人的三个重要特点。

首先，他得能干，有能力。其次，他要有高度的责任心，在没有外部激励的时候，这种责任心能够确保他把每一个动作都执行到位，所以我们对责任心的要求非常高，因为责任心可以使我们简化很多流程。最后，有强大的自驱力，这个自驱力是我们有共同的愿景，大家在一起干一件什么样的事情，对此是否认同。之后，我们采用了互联网的手段，用股权和期权在内部形成一个利益共同体，使大家为了一个伟大梦想，也为了每一个人的自身利益，有效地团结在一起。

这一点，简单来说就是志同道合，就是找一群志同道合的优秀的人。所以在小米创办的第一年，我们有80%的时间都在面试。寻找志同道合之人也需要花费时间去深入了解对方，确定对方是否为我们需要的人。我们曾经为了考察一个关键技术人员，核心团队在三个月时间里跟他谈了十几次，每一次持续四五个小时，甚至十个小时。

现在常说人才缺失，我觉得首先应当思考你是不是花了足够多的时间。有句成语叫三顾茅庐，而在今天，为了招募人才三十次顾茅庐都不为过。我们常开玩笑说，不是找不到人才，而是企业下的功夫不够。怎么在初创企业、快速变化的企业里面管好人？首先要找对人。他要有能力，有高度的责任心和高度的自驱力。找到这样的人以后，即使你的管理能力稍微弱一些，其实也完全没有问题。

——《小米这九年的管理经验》2019年10月
获"复旦管理学杰出贡献奖"时的感言

背景分析

雷军参与创办金山软件，也管理了几千人规模的公司，但他在创办小米时主动清零了自己，从一个真正的创业者角度出发，思考如何简化管理。雷军由此得出答案是，要想不管理，就要找到不需要管理的人。这种人被雷军称为"三有"新人：有能力，有责任心，有自驱力。因此，找人就成为管理的第一个切入点。在小米创业早期，雷军投入了大部分精力用于建立团队，有时候花费数月时间也不一定能搞定一个人才。雷军曾连续找了10个谷歌工程师都被拒绝，直到第11个遇到了洪锋，后来他成为小米联合创始人。从结果上看，雷军在找人阶段的巨额投入回报相当惊人。小米创业时只有14个人，仅用9年时间就成功跻身全球500强企业，是史上最年轻的500强公司。

行动指南

找人需要下功夫，三十次顾茅庐也不为过。

7月 26日 能人所不能

极致，就是实现你能做到的最好状态，就是做到别人达不到的高度。

最近很火的 Instagram（照片墙），刚刚被 Facebook 用 10 亿美元收购。要知道，Instagram 只是一家 13 人的小公司做的图片分享应用，只花了 2 年时间就发展了 5000万用户、卖了 10 亿美元。Instagram 不是 iOS 上的第一款照片分享 App，甚至不是第二款或者第十款。是什么让 Instagram 能值 10 亿美元？说白了，Instagram 真正与众不同的是，把易用性做到了极致。十几种滤镜效果，一键分享，社交元素，这些让用户在手机上分享图片变得非常简单方便。

说起暴雪，每个游戏迷都知道，这个公司创办了 20 多年，只出了几款游戏，但款款都是精品。比如《魔兽世界》，返工了好几次。《暗黑 2》是 1999 年出的，等了 10多年，现在才出《暗黑 3》。这也是一家伟大的公司！

我们谈极致的时候，其实说起来很容易，做起来很难。

比如说，我永远弄不明白：为什么 PC 充电器又大又难看，还那么难用？为什么没有一家公司把 PC 充电器改得像苹果充电器一样漂亮？我们以前的时髦是每天带着笔记本上班，却还要装一个难看又难用的充电器，那真的是很痛苦。

极致就是要把别人看不到的东西，也做得非常好。我们小米第一次做手机，为什么一上马就是双核 1.5G 处理器，就是高通、夏普、三星、LG 的元器件，还要找英华达、富士康代工？因为只有这样，你才能做到别人达不到的高度。小米手机销售半年多了，在市面上也还是极少有同等配置的手机出现。

至少小米创业第一次就做了全球首款双核 1.5G 的高端 WCDMA 智能手机，这就是我们追求极致的表现。

——《用互联网思想武装自己》2012 年 5 月写于新浪博客

背景分析

在今天反"内卷"的氛围中，可能谈极致并不讨喜，因为极致本质上是竞争的产物。如果大家都流行"躺平"，就不可能有极致的产品。

雷军创办小米前功成名就，但他一旦踏上了创业路，就随时有失败的可能。手机行业是全球竞争最激烈的行业之一，无数的企业和品牌都在这个市场中争夺份额。如何才能生存下来？唯有极致，能人所不能。

对于一些人来说，他们可能并不喜欢竞争和压力，更倾向于追求内心的平静和满足。但是，对于那些愿意接受挑战的人来说，追求极致是一种动力和信仰。他们相信只有不断地挑战自己、超越自己，人生才有意义。

行动指南

做别人做不到的事。

7月 29日 勇气和决心

小米的几个创始人在创办小米之前，就已在各自领域中小有成就，但是大家还是愿意聚在一起，放弃一些已有的东西，冒很大风险，挑战自己，做一些前人从未做到过的事。比如负责手机团队的周光平博士，在摩托罗拉干了15年，海归，早已财务自由，现在57岁了，但还和年轻人一样风风火火，深夜里还在办公室里开会，在小米社区回复用户的问题和建议。如果看到这些，你就能感受到做小米所需要的勇气和决心。

创办小米，我们选择了"铁人三项"的道路，就是"硬件＋软件＋互联网"。这条路前途光明，但过程艰险。手机行业是红海中的血海，做好硬件就很不容易，还要做好软件和互联网，对一个创业公司来说，困难巨大。通往理想之路，雄关漫道真如铁。有风口、有机会、有困难、有挫折，如果没有进取之心和毅力就实在无法走下去。

只有经历过，才能真正懂得。第一代小米手机发布前，我们已经在高强度下努力奔跑了一年多时间，我们创立了MIUI每周更新的互联网开发模式，赢得了50万核心发烧友用户；我们的同事从零开始，"死磕"下了全球数百家顶级元器件供应商；小米手机发布后曾经遭遇泰国洪水而面临供货困境，最后也是咬牙急起直追才尽快实现了产能的快速爬坡。产能爬坡和经验积累对任何一家厂商而言都是必经之途，从来都没有捷径。小米拿出了最大的诚意，投入了巨量的资金，工程师们付出了巨大的努力，才逐步跨越一道道产能关口，走到了国内出货量的第一阵列。

——《进取之心，顺势而为》2014年7月写于微信公众号

背景分析

雷军说过"台风来的时候，猪都能飞"，小米确实也站在了移动互联网的台风口。但仅仅站在大势上是不够的，没有进取心也不能成功。创业从来都是九死一生，对于雷军和他的伙伴来说也不例外。尤其是在功成名就之后，仍愿意挑战自己，这需要很大的勇气。早期，为了打通夏普屏幕的供应链，雷军和联合创始人刘德约好了前去日

本拜访。临近出发时，日本发生 3·11 大地震，福岛核电站发生泄漏。雷军和刘德还是毅然决定前往，飞机上仅有小米公司的这三名乘客，这一举动也打动了夏普，支持了当时初出茅庐的小米。没有人可以随随便便成功，任何人都要以勇气照亮前路。

行动指南

没有一个成功是不冒风险的。直面风险，豁出去干。

7月 30日 精益求精

2015 年小米插线板发布后，各大企业都来向小米学习。我深受鼓舞，买了很多同行的插线板，想看看其他企业有多大的进步，结果有点失望，他们学的是外形，却没有学到精益求精的工匠精神。同样的功能，拿着别人的产品，却学不好，这说明中国的制造业真的缺乏精益求精的工匠精神。这就是为什么总理要在全国两会上倡导培育工匠精神。

做模具都有拔模线，斜度越小精度越高，小米的插线板几乎都是垂直的线条。但是友商的产品做成一个大大的斜角，就是为了节约成本。虽然插头很难看，但是同行也在改，只是好像没有设计师似的，很多做法还停留在几十年前。而我们全部是重新设计，才能做得这么小、这么精致。我们是一体成型，开个孔穿着线，但友商产品却设计了一个豁口。我们中国产品现在已经达到了相当的水平，但是就差那么一点点，就被看作低质低价了。

——《小米生态链春季媒体沟通会演讲》2016 年 3 月演讲实录

背景分析

工匠精神近年来被广泛提及，但往往被误解为匠人精神。其实它的本质是精益求精、追求卓越，这种精神同样适用于工业化生产。雷军以手机行业的标准来做传统产品，其中就包括在各种工艺上严格要求，力求做到极致。有些传统行业在学习小米时，很容易把外形、设计等表面因素学到手，例如，市面上曾出现名字都借鉴小米的小辣椒手机、大可乐手机，但只有理解其背后追求极致的态度，才算是真正掌握了精髓。

行动指南

学习工匠精神。

7月31日　事情就怕认真

40 岁时，我觉得我们国内的东西做得不够好。我属于那种完美主义者，我说我能把产品做好，我就会做给你看。我觉得要是能把一件事情做成艺术品，对中国制造业转型升级绝对是巨大的贡献。

其实所有的事情就怕"认真"，就怕"用心"。即便是今天，我仍然觉得真正用心做事的人是不多的。用心做事情，就是想着能不能把事情做到极致，甚至可以说是自己和自己较劲。比如最近我们在 Redmi Note 7 上公布了一项重大决定：打破手机行业 12 个月质保的标准，率先开始 18 个月质保。我们能够做到这样的突破，本质上是因为我们对自己的工作极度认真负责。对我们而言，做到现有的标准还不够，还要建立更好的标准，我们要不惜一切代价达到这个目标。所以，如果对每件事只是抱着做得差不多就行的心态，是绝对没有办法突破的，就很容易沦为平庸。

——《双折叠屏手机公布，小米为什么能够不断创新》

2019 年 1 月写于微信公众号

背景分析

创新不单是做之前没有的事情，把原有的事情升华成艺术品，也是创新。雷军认为创新来源于精益求精的态度，因为只要一个人对自己有要求，就不会甘于平庸，就会憋着劲做和别人不一样的事，结果自然会导向创新。创新是个复杂的概念，可以体现在很多方面，但一定都需要具备创新思维和实践的勇气。

行动指南

严格要求自己，做点不一样的事。

互联网七字诀：口碑

8_月 1_日 超预期

我经常问大家一个问题：去过海底捞吗？海底捞（的服务）就真的比五星级酒店（的服务）好吗？一去那里乱糟糟的，真的好吗？

很多人说口碑就是好，口碑就是因为便宜。我要告诉大家，其实不是的，口碑的真谛是超越用户的希望值，或者说期望值。因为海底捞都开在比较常规的地方，当我们走进去的时候，它的服务超越了我们的期望值，我们就觉得好。当我们去五星级酒店时，会自动提升期望值，酒店就很难再提供超越顾客期望价值的服务。

我去了一次迪拜的帆船酒店，据说这是全球最好的酒店，一走进去金碧辉煌。但是，我觉得无比失望，怎么这么土啊！其实它本身是不错的，只是我的期望值太高了。

还有美国的卖鞋网站 Zappos（美国一家以卖鞋为主的电商平台），亚马逊在 2009 年花了 8.47 亿美元收购它。Zappos 为什么那么值钱？其实简单到你都想不到，就是通过服务让用户发出一声"WOW！"的惊叹。Zappos 是怎么做到的呢？就是通过调整用户预期来实现良好的口碑。他们承诺用户，买了鞋子后 4 天能送达，实际上基本隔天即到。还推出售后延迟付款的方式，顾客购买商品后90天内可以不付款。甚至允许用户买一双鞋，却能试用三双鞋，然后把不合适的都寄回来——这是免费的。

——《用互联网思想武装自己》2012年5月写于新浪博客

背景分析

2010年左右，"人类已经无法阻止海底捞了"成为网络热梗，到处流传着海底捞员工"逆天"的无微不至的服务。那时还没有"自来水"这个词，但海底捞可以算是最早的互联网口碑营销实例了。雷军在解释自己对口碑的思考时，最常用的也是海底捞的例子，并得出了口碑来源于预期的结论。当然，今天也有人批评海底捞的服务过于烦琐，有些甚至是过度服务，让顾客感到压力很大。海底捞的服务是否流于形式，这个尚待商榷，但海底捞的服务理念独树一帜，仍然值得学习。

行动指南

准确把握用户的预期，给用户惊喜。

8月 2日 管理预期

口碑的核心是超越预期。所以，我在小米创业初期，特别强调我们一定要保密，一定要足够低调。我说这玩意大家一看是雷军做的，期望值就高，我们就说是张三、王五做的，甚至是无名之辈做的。当我们第一个产品出来的时候，我们就是在几个论坛里发了几个帖，就是靠"米粉"口口相传，甚至被翻译成二十几个国家的文字，传到世界去了。2010年底还有一个美国博客网站提名我们为年度产品，这种褒奖和支持让我有些愧不敢当。为什么？是因为他们没有期望，所以才觉得这个产品好。如果他们有很高的期望值，他们就不可能说这个产品好了。

前段时间，我们还推出了感恩回馈活动，专门为前30万名小米手机用户制作了感恩卡，还无条件赠送他们每人 100 元现金券。用户感受就非常好，觉得买了手机 8 个月后，小米还能有 100 元购物券的福利，这就超出他的心理预期了。

当然，有很多人认为自己很努力，产品还是没有口碑。很简单，你的产品没有做到极致，你真的拼命做了吗？如果你真的做到了，我相信你能做好。

——《用互联网思想武装自己》2012 年 5 月写于新浪博客

背景分析

超预期的本质是给用户制造惊喜，这就需要有一定的预期管理。小米在创办的初期，很长时间都没有对外宣布是雷军再次开始了创业。与之相反的是罗永浩创办锤子手机，他一开始就高调进入，把自己置于聚光灯下。在吸引关注度方面，这样做确实有好处，但另一方面给用户制造超预期的空间就相对小了。甚至，如果用户的期望值被拉高，产品一旦无法达到期望，就会让人产生过度宣传的感觉。

行动指南

低调行事，管理用户预期。

8 月 5 日　早期营销少花钱

口碑：初期市场营销坚持少花钱甚至不花钱，这样才能看出产品对用户真正的吸引力。

（1）产品完成后，不要着急，先坚持在一个小规模的用户群中试用，听听用户反馈。

（2）大规模的推广会带来如下两个问题：第一，投入大量市场费用后，用户期望值很高，如果产品不完善，很容易引起负面的口碑，为以后的推广留下隐患。第二，大规模市场推广得到的测试效果可能不准确。比如，产品不完善，甚至是产品需求方面存在问题，这些都会因为表面良好的数据而被掩盖，无法在这一过程真正显示出来。当大规模推广停止之后，这些问题暴露出来，预期本该持续增长的用户量就会不升反降，等到那时就悔之晚矣。过去几年成功的互联网创业公司，其实在市场营销上花的钱都非常少，但这些公司在市场营销上花的精力并不少。

（3）刚开始最重要的推广技巧是搜索引擎优化和病毒式营销。

——《互联网创业的葵花宝典》2009 年 2 月写于新浪博客

背景分析

中国商家很早就总结了：金杯银杯，不如用户的口碑。口碑是产品成功的关键，最佳效果是用户能口口相传。2009 年时，雷军对于口碑的理解还仅仅是作为市场营销的一环，重点仍是少花钱多办事。这说明雷军对口碑的理解也有一个过程，等到做小米手机时，雷军才把口碑作为做产品的方法论。

行动指南

营销投钱可以少，投精力不能少。

8月 6日 "作秀"要想透

丁磊养猪是"作秀"的巅峰之作。我百度一下"丁磊养猪"，相关网页已经有 8.7 万篇了。我多少对丁磊有些了解，我相信，丁磊不是在开玩笑，养猪是丁磊想透了再干的事情。

这些年来，丁磊相对低调，"作秀"或"炒作"一定不是丁磊的本意。或者，丁磊已经不屑于低层次的"作秀"或"炒作"了。而且，网上蹿红的各种事件，完全不可预测。在今天信息泛滥、注意力稀缺的时代，想"策划"如此轰动的事件，难度非同一般。但从"作秀"角度而言，丁磊养猪绝对称得上品牌营销的巅峰之作。

丁磊作为首富、互联网名人，却喜欢"养猪"，反差极大，于是瞬间便成为媒体和观众关注的焦点。也有人质疑，总觉得"养猪"这个词上不了台面。但今天的互联网，其实是越逆反越有人关注，假如丁磊养牛养羊，影响力就小了很多。

丁磊养猪，这个极具娱乐性的事件，自然就成了最近 IT 饭局的主力谈资。火到什么程度，能火多久，才是营销背后需要思考的内容。

——《丁磊养猪的商业狂想》2009 年 2 月写于新浪博客

背景分析

早在各自还是程序员时，雷军与丁磊就在论坛上相识了，彼此有一定的了解。丁磊宣布网易进军养猪产业时，互联网上一片哗然。雷军自然了解老朋友不是哗众取宠之流，这段内容是在分享"养猪"背后的营销奥秘。"作秀"和"互联网营销"是有区别的，前者的目标就是"秀"，而营销的本质是手段，要服务于业务。今天，单纯吸引眼球的炒作已非常少见，人们也较少使用"作秀"这个词了，而"网易黑猪"已经成了一个知名品牌。

行动指南

互联网营销背后要有思考。

8月
7日 抓住注意力

所以，生态链的第一个战略目标，叫 attention（注意力）。阿里模式的核心是流量，而小米模式的核心其实是注意力。可能获得流量的方式有很多种，但我认为流量的本质还是注意力。我们一直在讲的一个小米模式的秘诀就是注意力，就是怎么能够顺势而为，抓住注意力。

举个例子，自拍杆。我在人民大会堂用了一下自拍杆，自拍杆就火得一塌糊涂。

如果我们等上半年再发一个自拍杆，即使仍是市场上最好的自拍杆，一个月也应该就卖 5 万只到 7 万只。当时我们定制了一个自拍杆，一个月卖了 20 万只，而且是在小米网基本不给我推广位，我自己跳出来写了几条微博的情况下。不是我雷军能干，是那个时间点就应该卖自拍杆。今天再卖自拍杆，你就 low（低级）了。

——2015 年 6 月小米网内部培训讲话

背景分析

"注意力经济"最早见于 1994 年美国学者写的一篇叫《注意力经济学》的文章，此后不断有学者对其进行描述。"注意力经济"认为，当今社会信息极大丰富，甚至泛滥，信息处于过剩状态，而稀缺的是人们的注意力。"随着信息的发展，有价值的不是信息，而是注意力。"在电商时代，有更直白的解读是：注意力就是流量，有了流量才能转化成销售。

雷军这里举的就是一个典型例子。2015 年全国两会期间，雷军举着小米自拍杆自拍的场景被媒体捕捉到了，立刻带火了小米自拍杆的销售。

行动指南

流量时代，要善于吸引用户的注意力。

8月 8日 最好的服务就是营销

我相信口碑，我认为最好的产品和服务，其本身就是营销，好东西大家会心甘情愿地帮你推广。初期的时候大家不信，我们做 MIUI 时实践了一把，大获成功。广告这东西，一半有效一半无效，但比广告更有效的是口碑。

我们为什么觉得保健品人见人烦，就是因为他们天天吹牛，广告多得让人心烦，消费者渐渐不愿意相信了。而没有广告以后，口碑会传达出每一个用户都会被真心真意对待的信息，之后所做的每件事情都会超过预期。

比如说我看到一个用户在微博里投诉"电池用了两个星期以后充不进去电了"，正当我打算回复时，却发现已经有同事回答了他的问题。第二天我发现这个用户贴了一条微博，说他"已经收到小米免费寄的一个新电池"。大量制造的工业品不可能不出一点差错，用户投诉时，一般人只会建议返修，而我们的员工却给他寄了一个新的电池，最后那个用户是挺感激的。又比如"双十一"，凌晨一点多钟下的单，第二天早晨六点就送到了。用户说小米的物流丧心病狂，刚买完几个小时，货就已经送到了，这就是一个能够打动用户的小细节。

——《我创办小米的思考》2014 年 12 月君联资本

（原联想投资）内部分享会受邀发言

背景分析

口碑不是新媒体营销，一营销就变味了，口碑的本质是认真琢磨产品和用服务打动消费者。服务中最重要的就是细节，小处往往更动人。小米曾经在给用户补寄的发票中附送手机贴膜，海底捞为希望打包西瓜的用户提供一整个西瓜。最好的服务是无微不至，细节决定了口碑的好坏程度。

行动指南

服务无小事，任何小细节都应为用户着想。

8 月 9 日　不要说自己营销好

讲完这个话以后，我接着要说，要警惕外界说我们营销得好，因为潜台词是小米产品很烂，只会炒作，这是有巨大杀伤力的一句话。我们的市场团队一定要深刻意识到，强要放在心里，而不是天天跟人家说我们的营销有多好，这是错的。一个真正的营销高手,绝对不说自己营销得好。对小米网的肯定和表扬,我们放在内部,但是对外我们不要讲。因为用户绝对不是买你的营销和炒作,用户买的是你的产品,是你的技术,是你的产品体验,不是买你的营销能力。

——2015年6月小米网内部培训讲话

背景分析

舆论对企业有两种伤害,一种是棒杀,另一种还是捧杀。前者很容易让人警惕,后者则很难被发现。2014年小米销量登顶中国第一,引发外界各种解读,其中就有声音认为小米的成功是营销的成功。著名的营销4P理论,第一P指的就是产品product,营销promotion反而放在了最后,就是告诉大家不要本末倒置。雷军这段话就是在强调产品是根本,不要让外界误认为小米只会营销。

行动指南

不要自夸营销效果。

8月 12日 东西既好又便宜

我们来谈谈性价比。苹果手机180美元的成本,如果没有运营商补贴要卖600～700美元,基本上是以3～4倍的价钱卖出。我们小米手机具有强大的性能,却只卖240美元。如果运营商一补贴,就不要钱了,恨不得给用户倒贴钱。如果我们的手机在美国也上市,以240美元左右的价格售出,那美国用户一定也会成为"米粉"了。

小米首发的时候有30个小时卖30万部的销售量,你们知道这30万部是怎么产生的吗?前10万部只用了半小时。之后,我们提醒客户,两个月之后才能发货,还需要吗?之后的10个小时又有10万部的订货,然后我们说:12月份才能给你,还要吗?后面的10个小时,又有10万部的订货。我相信如果把这些限制都去掉,30个小时卖 300 万部都没有问题。如果我们在美国卖，一定也行。所以说，赢家就在于看谁有能力一上来就说：我只要 10% 的利润，我要做一个比较厚道的人，我的东西既好又便宜。经济发展的规律就是如此。

——2011 年 11 月谷歌总部演讲

背景分析

在产品定价上，小米和苹果是完全不同的两条路线。雷军看到的是商品发展的规律，质量越来越好，价格越来越便宜，PC 行业就是如此。事实上，此后 10 多年，以小米为代表的中国手机厂商，的确实现了"东西既好又便宜"，但苹果坚持的高溢价路线也没有动摇。当然，直到今天中国手机厂商都没有大规模进入美国本土市场。定价路线之争的答案可能还不到揭晓的时刻。不过，Shein 和 Temu（拼多多旗下的跨境电商）等跨境电商已经先行登陆了海外市场，并且成为热门应用。这在某种程度上说，全世界消费者对于价廉物美的需求是共通的。

行动指南

谨慎判断性价比模式和高溢价模式。

8月 13日 中国人需要好东西

我做小米时就想走一条不同的路：我们做产品的材料，要全部用全球最好的。夸张地说，我们"只买贵的，不买对的"，贵的肯定是有道理的。对于一个从零创办的公司而言，这是非常不容易的，因为这意味着我们的成本比别人高了一大截。但我们还是这样做了，处理器用高通，屏幕是夏普，最后组装也找全球最大的平台——富士康。

做到这一点后，我们还有一个问题，就是谁愿意和一个初创企业合作呢？原来我以为做手机跟做 PC 一样买个元器件就行，后来发现不是的，手机里面绝大部分都是电子件，这意味着我们的合作商需要投资研发资源，要承担巨大的风险。所以每一家供应商在选择合作伙伴的时候，都异常小心。

组装的事，我们列了业内排名前十的公司，我从第一名谈到第四名，都没有人理我，最后我说服了第五名的英华达，就是英业达集团的子公司。我跟他们南京的总经理谈了三次，他觉得我的想法是靠谱的，所以选择跟我们赌一把。今天，我们的组装主要就两家供应商，英华达和富士康。我想说的是，一个创业公司从零开始的时候，很多人不相信你能做成。而找手机主要的供应商，我花了大概9个月的时间。想做一个好东西，是很不容易的。

3年前，我们第一款产品做出来时，成本高达2000元。当时国产手机都是五六百元，2000元的手机怎么卖？我们内部完全没信心。原本我们的定价是1499元，一部手机要赔500元，那肯定是不行的。在产品发布的前一周，我想了一个通宵，第二天晚上，和几个合伙人一起商量，决定定价1999元。我们相信，是好的东西，就值1999元。一周后我们发布了，大获成功。

我发现我们中国人需要的，首先是好东西，而不仅仅是便宜的东西。

——《我创办小米的思考》2014年12月君联资本
（原联想投资）内部分享会受邀发言

背景分析

伴随着经济发展，商品品质和消费购买力是个相互促进的过程。在改革开放伊始，中国百姓消费力有限，国货的核心竞争力在于低价。经过几十年的发展，中国百姓的钱包鼓了起来，但在2010年小米刚创立时，大多数人显然没有跟上市场风向的转变。1999元的定价在当时还需要雷军和合伙人反复讨论，才能下定决心，今天看来已经有点不可思议。归根到底，中国消费升级的规模超过了所有人的预期。2021年，中国奢侈品市场同比获18%的增长，总消费额达近1万亿元，首次成为全球最大的奢侈品市场。以低价产品获取消费者青睐的时代已经过去，中国已经进入了品质化生活的时代，做优质的产品才是当下的主旋律。

行动指南

只要东西足够好，就不用担心消费者不买账。

8 月 14 日 好一大截才能立得住

相比传统企业，小米是在线上卖东西，用户买到坏产品的第一反应不是去店里找商家，而是先到网上发言，甚至要我们主动联系客户来发现问题，然后上门赔礼道歉。所以，我们这种模式要承受比传统企业高一百倍的压力，所以，产品必须比传统企业好一大截才能立得住，这是我们的业务模型决定的，因为我们把产品卖给了对互联网最熟悉的一群人。

还有就是假货问题，市场上一度恶劣到 80% 的小米充电宝和 40% 的小米手机都是假货，我们为什么如此担心假货，因为假货动摇了所有消费者对我们的信心，这些是我们这个高效模式遇到的挑战。

——《用显微镜看品质》2017 年 12 月工信部交流发言

背景分析

雷军这番话说的是互联网模式给小米带来的挑战。互联网时代用户的口碑效应很明显，但负面评价的影响也非常大。互联网不仅给企业发展带来了效率优势，也反向倒逼企业狠抓品质。今天互联网对于传统企业的渗透更甚从前，几乎没有商品不通过互联网售卖，几乎没有消费者不会使用互联网发声。因此，雷军对于互联网业务模型的思考几乎适用于所有企业。

行动指南

时刻警惕网络"差评"，倒逼产品和服务质量提升。

8月 15日 高品质第一，高性价比第二

谈到这里，再重复一下小米最重要的观点，首先是做高品质的产品。

高品质的产品不仅仅体现在质量上，还体现在设计和用户体验上。为什么小米系的产品会让大家眼睛一亮？因为小米最核心的创新在于设计和用户体验方面。小米系的创业公司成长到一定规模以后都会遇到瓶颈，就看在传统能力这一块上能不能补齐。如果不能提升品质控制能力、供应链能力和大规模的组织能力，光靠设计、体验，到一定规模后还是会有增长压力，所以这三项能力都要逐步提高。

第一条是高品质，第二条才是高性价比。前不久，我们也争论过高性价比。我说，办公室用的一块钱的很差的笔，也是高性价比。山寨的产品性能，只要配上更山寨的价钱，也是高性价比。中国制造业就是在高性价比的指导下成功做到了今天的规模。然而7年前我们面临的问题是品质升级和消费升级，小米在中国传统企业的高性价比的基础上，加上了高品质。我们认为产品最重要的，首先是品质，其次才是性价比。因为中国的消费能力上来了，比谁更便宜已经没有意义。

——《努力工作，克制贪婪是世界上最笨也最高明的办法》

2017 年 11 月小米投资年会上的讲话

背景分析

2015 年拼多多成立，至 2018 年月活就超过了一亿，崛起速度非常快。伴随拼多多走红的，是平台存在大量山寨产品，网民甚至发明了"拼夕夕"一词来反讽这一现象。这里产生了一个巨大的争议，拼多多代表的到底是"消费降级"还是"消费升级"？认为是降级的理由很明确，这些山寨产品品质堪忧；但也有人提出，消费者并不愚蠢，山寨产品价格低廉，让下沉市场的用户享受到了电商的便利，对于他们来说就是升级。两种观点用"性价比"就很好理解，消费者都喜欢高性价比，但单纯的高性价比不是社会进步的方向，反而可能让产品和服务劣化。以高品质为前提追求性价比，才是消费升级的正确方向。

行动指南

做高品质的产品，然后再做到高性价比。

8月16日 让行业服气

大家都知道，我们成为第一以后，很多同行不服气。不服怎么办呢？各式各样的整法层出不穷，有几次烦得我在微博上都骂了几句。后来市场部就找我说，你就别出面了。后来我只好不骂他们了。那么我们的目标是什么呢？就是让他们服。以后不要争老大了，老大是我们家的，那估计就没有人想骂我们了。但是，我们在智能手机市场上怎么能够做到当之无愧，让所有人都服服帖帖，我觉得还有一场血战。

过去3年里面，同行不熟悉我们的套路，不熟悉我们的打法，再加上我们团队的执行力、创新能力强，所以我们赢了。早期我们说，同行看小米，第一个是看不起，觉得小米比较low（低端），第二个是看不懂，第三个是学不会。但是这个阶段，我觉得他们学会了。听说同行买了1000本《参与感》，每天挑灯夜读，那我们下一步不创新不行。

小米是互联网公司，小米从出生的第一天就开始书写历史，刷新了一个又一个自公司创办以来纪录。我们是（自公司创办以来）全球最快过10亿美元的公司，我们是（销售额）全球最快过100亿美元的公司，我们是全球最快过100亿美元估值的公司。我们在一次又一次地创造历史，我希望小米网能够让整个手机行业都服气。

——《小米IoT是在捕捉下一个千亿美元机会》

2014年10月 小米网调整内部会讲话

背景分析

2014年，伴随着小米手机销量登顶中国第一，小米在网上也遭遇了大量的攻击。小米与互联网营销深度绑定，避免不了其中的副作用。直到现在，互联网口碑的攻防也是所有涉足互联网的企业必须解决的课题。但是，雷军看到的仍然是事情的本质：

面对质疑，唯有实力才是最好的回击。对于负面评价，企业不能仅依靠公关手段回应，更应该在自身上下功夫。没有一家企业是因为外界质疑而倒闭的，全部是因为自身业务出现了问题。我们在日常生活中也是如此，事实胜于雄辩。

行动指南

用实力回应质疑。

8月19日 鼓励大家拆机

一款手机零售价1999元，大家可能觉得很便宜，实际上你想想1999元在互联网上是很贵的东西，卖出这么一件贵东西是非常不容易的事情。这个手机大家没有拿到手，没有仔细看一看，没有摸一摸，没有把SIM卡装进去，没有听音乐、上个网、拍个照，我们什么都没做过就要大家买这个手机，而且是1999元，这么贵的价钱，这其实是很难的事情，我们怎么能够做到让大家买呢？

我自己做了十几年的电子商务，我觉得首先要让所有想买的人，全方位地了解小米手机是怎么回事，所以我们做了形式各异的评测，请了发烧友，请了国内的媒体，也请了一些国际上的媒体来评价我们的产品，并且鼓励大家拆机，做了360度的评测。这些评测包括大规模的试用，让第一拨先行者打消疑虑。

——《创新的本质是要容忍失败》2011年12月创业邦公司年会上的演讲

背景分析

2010年，阿里巴巴年营收为55.6亿元，而在2022年，阿里巴巴营收达到了8530.6亿元。可见电商行业在2010年还处在培育市场的早期，大多数人对网络购物接受度不高。那时，国产手机的售价非常低廉，1999元是一个高端定价。要用户在没有看到实物的情况下，掏出1999元的确不容易。为此，雷军首创了"拆机"评测，鼓励发烧友拆机，还投资了一些自媒体 KOL（key opinion leader，关键意见领袖）。用这种方式，小米打破了厂商和用户的信息不对称。今天，从事"拆机"的自媒体已经成为消费电子生态的一部分。任何厂商的产品都会被放到显微镜下，客观上也促进了行业进步。

行动指南

做产品要经得起"拆机"。

8月 20日 要相信口碑

如今的中国已经是产品过剩的时代，如果不认认真真地把产品做好，那不就是忽悠吗？为了保证做到这一点，小米在创办初期的一年半里，没有市场部门，也没有发过一篇公关稿，并且要求全员保密，甚至不能说这个公司是雷军做的。

刚开始，我们从擅长的软件入手，做了基于安卓的 MIUI。2010 年 4 月 6 日，我们创办了公司，8 月 16 日发布了 MIUI 第一个版本。产品发布时只有 100 个用户，但是第二周就变成了 200 个，第三周 400 个，每个星期翻一番。10 月份，我们就被全球的开发者论坛 XDA 推荐，在国际上火了起来，当年就获得了安卓最佳产品的提名。所以说，要认真做好产品，要相信口碑，而口碑就是信仰的一部分。

我们的每一款手机，哪怕是只卖 599 元的红米 4G，也都是由国内顶尖的供应商来供货，而且为了把手机做好，我们每年只出一两款手机。到今天为止，4 年半时间只做了 6 款手机。并且我保证，每一款手机都是我自己用过半年一年的。我知道这个手机好在什么地方，我也知道我的产品不好在什么地方。我做了 25 年技术，如果这个东西我自己都没用过，我自己都不觉得好，我能够站在这里给大家推销吗？

——《我创办小米的思考》2014 年 12 月君联资本（原联想投资）内部分享会受邀发言

背景分析

小米创办初期曾对外严格保密，不说公司是雷军做的。一方面是因为雷军出于管理预期的考虑，避免外界过度关注；另一方面是以此来倒逼团队做出好产品。互联网七字诀中的"口碑"，不是一个营销的结果，什么是好产品，唯有产品力能决定。因此，雷军没有投入市场费用，同时坚持自己首先使用，真正做到了相信口碑的力量。需要注意的是，零市场费用是特殊时期的特殊产物。小米创办时，享受到了新媒体平台崛起的红利，大量流量都是免费供给的。今天几乎所有互联网平台都对流量有变现需求，因此零市场费用的客观环境已不存在了，但我们仍可借鉴其中的思想。

行动指南

口碑的根本是产品力，不是营销话术。

8月21日　连员工都感动了

七八年前，我在机场的书店买了一本书：《海底捞你学不会》，可是看了三四小时之后，我发现我学会了。我发现海底捞的秘诀其实只有两个字：口碑。怎么能把口碑做好呢？很多人很快就想到了口碑营销，可是你一旦想到营销，这件事情就死了，你首先要想，什么样的东西才有口碑。我看完这本书就去了海底捞。跟其他火锅店一样，海底捞的环境很嘈杂。但让我惊讶的是，海底捞的服务员有着发自内心的笑容。其他的服务型行业，比如民航业，空姐们虽然比海底捞的服务员更漂亮，制服也更好，但是，她们常常是一种皮笑肉不笑的状态。相比之下，海底捞服务员的笑容真的能够打动人。

我就问海底捞的服务员："你当个服务员有啥好笑的呢？"她跟我说："我40多岁下岗女工，一直找不到工作，结果海底捞录用了我，七八年前就给我每月4000元的工资，我睡觉做梦都会笑醒。"这深深地触动了我，海底捞连员工都感动了。所以我决定，小米的客服，在北京首先能比同行平均工资高 30%。如果我不能对员工好，员工怎么会对我们的客户好呢？

——《我创办小米的思考》2014 年 12 月君联资本
（原联想投资）内部分享会受邀发言

背景分析

口碑影响的第一个圈层是谁？很多人会认为是种子用户，其实应该是自己的员工。员工才是产品的第一批使用者，如果员工都对自己的产品没有信心，他们根本就无法将产品推荐出去，此其一。其二，用户不仅接触产品，也要接触员工，特别是对零售行业来说，员工就是企业的活广告。如果员工都像海底捞的一样，给人阳光正能量的感觉，那么用户也会受到感染；如果员工在岗位上没有热情，用户对品牌的印象也会大打折扣，又何谈口碑？ 2020 年，雷军透露，小米成立第一年有 91 位员工，其中 65 人在小米成立 10 周年时依然奋斗在小米，初创员工留存率高达 71%。小米人真诚热情的模样，也是公司口碑的一部分。

行动指南

对员工好，口碑首先要感动自己人。

8月 22日 把产品推荐给朋友

我们做每一笔生意，我都在想：当卖给朋友的时候，我怎么跟他推荐我的产品？很多人说，雷军是个广告狂，每天早晨七点钟起床开始做广告，凌晨两点半下班的路上还在做广告。我跟一个好朋友聊天说，你知道我每天睡觉、走路、吃饭，每天就在想这些东西，这就是我的全部。因为我热爱这个事情，我不觉得这是在做广告。如果你觉得我是在做广告，那你取消关注我，我不需要你的关注。我需要寻找一群跟我一样热爱这个美好世界的人，我们的使命就是让生活变得更美好。难道我们真的习惯了尔虞我诈的生活吗？生活中能不能有一个公司真的值得你信赖，真的是你的朋友呢？

早期我做小米手机，还有朋友经常跟我说，买手机能不能打个八五折？我说大哥，你在侮辱我，因为我们就是成本价，我怎么打八五折？我们的任务是把黄金当稻草卖。如果在你的生活里，真的有一个像小米这样的人，你愿不愿意成为他的朋友？当然，还有很多事情我们做得不够好，但那是我们的能力跟不上。我们的问题，不在态度，而是在能力。再给我三年五年，等我们的能力没有问题的时候再来看。今后，我们的手机、电视，包括路由器这些新品，颜值都会飙升，成本也会控制得更好，摆在桌上要能把大家震得一愣一愣的。

——《我们不需要把稻草卖成黄金的人》2015 年 6 月小米网内部培训讲话

背景分析

雷军是小米最大的产品经理，所有人都要面对他对产品的严格要求。"敢不敢推荐给你的朋友、家人使用"，就是雷军挑战小米产品的金标准。普通人都非常重视朋友，除非是误入了传销，否则不会轻易为一款不靠谱的产品背书。反过来，一款靠谱的产品还可能起到增进朋友关系的作用。所以"和用户交朋友"，一方面是要重视用户调研，需要倾听用户意见；另一方面是要设身处地为用户考虑，只做有利于用户的事情，不坑"朋友"。雷军曾说，他的梦想就是要把企业开成小餐馆一样，每天门口有人排队。老板呢，跟每个来吃饭的人都是朋友。在我们每个人的生活中，可能都有这样一个餐馆、这样一个老板。雷军想做的，不就是普通人习以为常的体验？

行动指南

不会推荐给朋友用的产品，也不要卖给用户。

8月 23日 带领中国改变产品形象

今天介绍了我们很多业务，谈到生态链，谈到智能家居战略。大家都知道我们投入了非常大的精力，但很多同事有困惑。以前我解释了半天，才发现了一个基本问题：生态链跟智能家居，不是完全一样的事情。它们在公司序列里是两个部门，我也一直没有完整地介绍过，为什么有两个部门好像看起来干着同一件事情。去年年底，我希望两个部门合并。最后反馈的结果是：能不能再放放？这倒逼我想清楚了，原来我给它们的目标不完全相同。

我们做这件事情的时候，初衷是什么？是我们希望改变中国产品在中国人心中的形象，和在世界上的形象。说实话，我们每一个人对国货都没有足够的信心。这是谁造成的呢？我花了很长时间研究，我发现20世纪60年代日本的产品也不怎么样。70年代有一个公司崛起——索尼，它提出了精益制造，只用了10年时间就影响了整个日本工业，到80年代的时候日本就成了精品的代名词。80年代，韩国出了一个公司叫三星，也开始改善品质，也是用了十几年，使韩国产品在全球也站住了脚。我觉得中国到了这个阶段，需要孵化一家公司能够带领整个中国改变产品形象，所以我把这个总结叫新国货运动。

——2015年6月小米网内部培训讲话

背景分析

新国货运动没有具体的发起人，但雷军绝对可以算较早的提出者之一。自2010年开始，中国制造逐渐摆脱了便宜的标签，开始以品质打动人心。不仅国内兴起使用国货，一些品牌还在海外流行起来，比如飞跃、老干妈。消费电子产品的崛起与这个过程是同步的。2011年小米手机发布，到2015年时国产手机全面崛起，"华米OV"的格局初步形成，并且行销全球。而雷军是最早提出要把手机的经验复用于传统制造业的企业家，这是因为他总结了发达国家的经验。制造业没有捷径，所有国家都是从低端开始做起的，但跨过一个临界点后，就会涌现出代表性的企业，成为该国的制造业名片，改善整个国家的产品形象。对于企业来说，这既是机遇，也是责任。

行动指南

做符合国家形象的产品。

8月26日 提升品牌形象

手机之间的比拼难点在什么地方？手机可设计的地方，只有 6 个。我不知道在你们眼里手机分多少种，反正我们拆解后，一共是 6 个大地方，11 个小地方，几乎没啥可做的。你们回家琢磨一下，发现手机真的没办法设计，因为就只有 11 个点可以设计，全球这么多手机公司天天在折腾，只要你想过的其实都有人想过了。大家说我们抄 iPhone 5C，我们的小米 4i 的设计师说：我 2010 年就设计过了，这是我的获奖作品，一模一样。

手机经常"撞脸"的核心原因，是可设计的空间太小了。在这样的情况下，怎么提高小米产品的颜值，提升小米的品牌形象？做一些简单的产品反而更彰显小米对品质和设计的重视。比如，小米插线板、小米体重秤，那种很小的产品，拿到手的时候，有时候会让你觉得震撼。

我觉得，生态链产品对整个公司的品牌形象提升有巨大的帮助。今天，如果你再骂小米产品丑，你会发现自己没有号召力了，"黑"小米也没有人响应了。因为我们已经在用产品传播了，很多人都用过小米，小米不是他们"黑"的那个样子。所以提高颜值，提升设计感，提升品牌形象，这是生态链的第二个战略目标。

——2015 年 6 月小米网内部培训讲话

背景分析

"颜值即正义"是互联网时代流行起来的网络用语，意思是长得好看的人做什么都是正确的。虽然看起来毫无道理，但这句话在商业上却意外地好用。颜值就是生产力，因为品牌形象的的确确会影响消费者的观感，进而影响消费决策和口碑传播。雷军非常重视设计，小米创始人中有两位是设计师出身。智能手机由于竞争激烈，很难体现出差异化，于是雷军将提升品牌形象的任务交给了小米生态链。小米生态链出色地完成了任务，例如小米插线板出现后，国内插线板厂商全体开始注重设计，小米设计的净化器、台灯、空调等屡获国际大奖，并且在设计界形成了"Mi-Look"的设计风格。

行动指南

注重产品设计。

8月 27日 改变公众误解

4年多前，小米发布了第一款手机，就是因为其新国货的理念，极深地打动了消费者，仅仅用了3年时间，小米手机就排到国内市场的第一位，并且连续两年都是第一。上个月我们发布的小米5，代表了小米手机的巅峰水平，也深受消费者的喜欢。一些"米粉"在抱怨，因为太抢手，买不到。这款产品发布后，不仅得到了消费者的认可，也得到挑剔的国际媒体的认可。我看到这些报道时十分激动，新国货也终于在国际上饱受赞誉。

《福布斯》评价：小米用300美元的小米5，发动了对苹果和三星的突袭。这就是说，小米的品质可以媲美三星和苹果的旗舰机型。《瘾科技》（*Engadget*）评价：小米最让人惊艳的地方不在于价钱，而在于其所达到的极致品质。

上周我们发布了65英寸曲面分体电视，非常漂亮。有一个朋友曾经说小米什么都好，就是价钱太便宜了，怎么做高端呢？他提出的解决方案是取个"洋名"，定个买不起的价钱，就是高端。但是小米的使命就是改变公众的这种误解，就是要做真正质优价廉的产品。《瘾科技》的评论让我很欣慰，小米不仅价格实惠，更重要的是小米达到了极致的品质。

——《小米生态链春季媒体沟通会演讲》2016年3月演讲实录

2016 年雷军开始提及"新国货"的概念，并且说小米的梦想之一就是改善国货的国际形象。21 世纪的头 10 年，中国一跃成为世界工厂，但产品的品质不受认可，甚至中国人对国货也并不信任。纵观世界制造强国的发展历史，它们也都有一个质量改进的过程，这中间最重要的推动力量就是制造企业的觉醒。雷军可以说是其中的代表之一，他着力想改变的就是公众对于价格的迷信，真正做到质优价廉。

行动指南

用产品说话，改变用户和市场的偏见。

8月28日 诚意定价

网上有句笑话叫"别谈钱，谈钱伤感情"。为什么会伤感情呢？因为大多数人谈钱的时候，没诚意，都想着自己占便宜。你要占人家便宜，当然伤感情了。

如果我们用有诚意的态度，做出了有诚意的产品，但我们不能给出有诚意的定价，那么当用户要用钱包投票的时候，恐怕是不会买单的。

这也能解释为什么市场上有的手机产品做得不错，广告砸得响，宣传做得好，但是最终销量比起小米来却有巨大的差距。根本原因是当用户在网络上单纯讨论一个产品的时候，自然会有多种评判标准，但是当他们要掏自己的腰包来为这个产品买单的时候，用户看重的就是你的诚意。产品不够好，自然没人愿意买。产品做得不错了，但是如果太贵，用户恐怕也要费心掂量一下，到底值不值。

——《诚意是王道》2014 年 7 月写于微信公众号

背景分析

雷军推崇的性价比常被误解为低价，但性价比的核心其实是诚意定价。生意需要产生健康的盈利，雷军其实并不提倡用低价做文章，而是要有合理的利润。人们常说，一分钱一分货，反过来，一分货就该是一分钱，而不应该是十分钱。价格应该与品质相符，而不应该通过低价来制造噱头，也不应该通过高价来牟取暴利。

行动指南

产品定价要符合用户预期。

8月 29日　用诚意做产品

中国是世界制造大国，拥有丰富的业界人才，也不缺做产品的经验，最关键的是大家有没有决心下这么大的功夫，用这么大的投入，去做出一款有诚意的产品。

同仁堂真材实料地做产品，得到了老百姓的信任，成就了百年品牌。所以我认为对于任何企业来说，它的本质就是永远做诚意产品。

小米从一开始，就坚持选用世界上最好的元器件供应商，选择最好的代工厂做性能上不打折扣的好产品。也许小米手机是这个市场上噱头最少的产品了，我们就坚持三点：性能高，系统好用，性价比高。我们就用产品的诚意打动了用户。

——《诚意是王道》2014 年 7 月写于微信公众号

背景分析

雷军非常推崇同仁堂的理念，就是真材实料。老百姓不懂药，也不懂电子元器件，但一定分得清真材实料。只有用真材实料，才能赢得用户信任，这也是用户口碑的本质。

行动指南

真材实料是最基本，也是最大的诚意。

8月 30日 让用户放心买

"感动人心，价格厚道"这八个字密不可分，它们是一枚硬币的两面。产品不行，价格定再低也没有人喜欢。要做到不逾越5%红线的同时保持强大的竞争力，我们就必须坚持创新科技和顶尖设计，拿出远超消费者预期的极致产品，还要做到"价格厚道"，这样才能真正"感动人心"。

正因如此，我们才有不竭的探索动力；我们才会拿出引领全球行业风潮的全面屏技术，死磕陶瓷技术工艺；我们才会实现全球设计金奖大满贯，至今拿下200多项全球顶尖设计奖项。

8年来，我在小米有过很多难忘的瞬间。聆听小米手机的初啼、第一次收到"米粉"送我的礼物，第一次听到小米MIX手机被博物馆收藏的消息……但最让我激动的，莫过于听到用户说，进入小米之家或者登录小米商城，他们可以放心地"闭着眼睛买"。这说明，我们所有的努力和心血，都没有白费。

用户为什么会信任我们？因为我们始终坚持技术创新，在用户心目中已经建立起了高品质、高颜值、高性价比的口碑。他们相信，只要是小米出品，品质、价格一定是最优的。

——《始终坚持做"感动人心、价格厚道"的好产品》

2018年4月发表于微信公众号

背景分析

这段话是雷军对"感动人心，价格厚道"的解读。价格厚道，表明小米不是一味低价；感动人心，表明小米不是以价格来取悦用户，而是靠产品品质取胜。要做到这一点，就要通过创新、效率提升，建立起用户对于小米的信任：凡是小米出品的一定是精品。让用户闭着眼睛买，其本质是建立用户心智，减少用户在购买时的决策成本。

行动指南

建立用户心智。

互联网七字诀：快

一步一个脚印

金山公司曾经几乎要关门。十来个人，账面只有几十万元，甚至有一个月我都差点发不出工资。我是什么感受？我一定很害怕这样的情况再出现。这种感受旁人是很难理解的。做企业是件挺不容易的事儿，我非常感谢这个时代的变化，风险投资对科技创新所起的作用，使创新和创业的成本大幅降低。我们出生得早了一点，这个好环境来的时候我们包袱也太重，甚至不如重新开始来得更快。如果大家都重新开始，割断历史也不是很好的做法。历史决定了金山只能一步一个脚印。它通往伟大公司的路会比别的公司长，但这样的公司更有韧劲，更能适应环境的变化。

现在是 2007 年，到 2017 年的时候我敢肯定金山还在那里。如果未来 10 年的金山还能与时俱进，保持梦想——做世界一流的技术公司，做一家伟大的公司——如果这个梦想还在，金山肯定还在。这些市场可能都不行了，又出来了一个新的市场，金山一定会在新的市场中处在前几位，这就是我的自信，我们已经换了三任领导者，最主导的方向换了好几个，但我们还在。

——《我和金山的"五次上市"》2007 年 10 月发表于《中国企业家》

背景分析

2007 年，雷军站在香港联交所的看台上，避开人群透过玻璃窗观看楼下的交易大厅。此刻的雷军百感交集，他对媒体说自己很平静，但脸上难掩疲惫之色。或许他回想起了初见求伯君的那个下午，年轻的自己为了梦想加入金山；又或许他回想起了《盘古组件》开发失败后，自己从心灰意冷到再次振作。最大的可能，是内心里对上市完成后的一声长叹。与同一时期上市的互联网公司不同，金山的上市过程太过曲折，中间有很多优秀同事选择了离开。付出很多，却没有回报，让人难以接受。雷军把上市当作兑现承诺的机会，这个承诺既是对金山的，也是对自己的。

行动指南

快是相对的，实现梦想还需脚踏实地。

9月 3日 变则通

不少人指责金山是一个跟风的企业。这主要的原因在于金山一直在寻找根据地，在求生存、求发展，我们没有因循守旧。在早期的通用软件市场上，只有杀毒软件和财务软件才有机会，我们毫不犹豫杀进杀毒市场；最近几年网游市场增长迅猛，我们再次拼死一搏，成功挤入网游市场。

我们能够应势而变，与时俱进。市场变化了，我们一定要紧跟市场变化。金山经历了从 WPS 到杀毒软件到网络游戏的三次转型，业务也从国内市场做到了国际市场。

我相信一条，困则变，变则通，通则赢。突围不是撤退，变革就是发展。只要能发展，无论多大的变化都可以接受。

——《金山为什么》2007 年 11 月为《梦想金山》作序

背景分析

坚守和变通，两者是对立统一的。雷军曾表示自己是《毛泽东选集》的读者，也是"游击战"的实践者。金山面对微软时采用的战术，颇有几分红军面对围剿时的风范。雷军从小处入手，做微软不做的产品，不惜跨领域来扩大规模。这让金山在微软的强压之下异军突起，也让雷军也积累了企业经营智慧。

行动指南

为了发展，要快速适应变化。

9月 4日 保持好奇心

计算机技术更新换代非常快，每年都有各种各样的新技术出现。在我过去的职业生涯中，仅编程语言，我就用过 VB，MASM，PASCAL，C++，VBA，Delphi，Java 等。只有时刻保持好奇心，不断学习各种新的东西，才能在未来的几十年职业生涯中不落伍。

人的精力有限，高手往往工作压力也比较大，如何在有限的时间内掌握整个行业动态，的确不是一件简单的事情。我的经验是经常看业内的各种技术杂志，参加各种聚会，可以节约很多时间。最重要的是，交几个博学的技术高手朋友，多和他们交流，一定获益匪浅！

——《这样的程序员创业有戏》2008 年 12 月写于新浪博客

背景分析

技术行业的迭代非常迅速。以雷军来说，不仅经历了编辑语言的变迁，还经历了行业的剧变。从软件时代，到 PC 互联网时代，再到移动互联网时代，再进阶到万物互联时代，雷军几乎一步不落地经历了，并且一直坐在最高端的牌桌上。没有对技术的敏感，对最顶尖思想的吸纳，是一定做不到的。无独有偶，乔布斯广为人知的一句话就是：求知若饥，虚心若愚。

行动指南

对新生事物保持好奇，多与高手交流。

9月 5日 先跳进去

美国互联网热潮从 1995 年 Netscape（网景）上市开始拉开序幕，AOL（美国在线），Yahoo（雅虎），Amazon（亚马逊），eBay（易贝）等公司陆续登场，NASDAQ（纳斯达克）指数从 1000 点涨到创纪录的 5132 点。2000 年 4 月互联网泡沫破灭终止了这次热潮，接着大批 ".com" 公司关门，NASDAQ 指数跌回 1000 多点。这种疯狂是 1998 年传到中国的，到 1999 年达到巅峰。处在躁动中心的北京，每个人都有点慌乱。只要是互联网，无论做什么，不管是否能赚钱，都有 VC 的巨额美元投资。

我明白在这样的潮流面前，不能做时代的看客。但 10 年商业经验让我想不明白：这些公司靠什么挣钱？什么时候能挣回烧掉的钱？实在有太多想不通的问题，我决定先跳进去，边做边想。1999 年初，我在金山内部开辟了一块试验田，建立了一个专门的事业部，招了十多个人，做软件下载站，取名叫卓越网。

——《关于互联网的两次长考》2008 年 12 月写于新浪博客

背景分析

雷军这里讲的是 1999 年他对互联网的思考，这一阶段被他称为"疯狂的年代"。短短数年涌现了一大批互联网公司，然后它们在 2000 年互联网泡沫中破灭。互联网当时弥漫着金钱的味道，但极少有人关注互联网的本质是什么。当时雷军的主要精力还在与微软缠斗，但时代机遇不容错失，要学会游泳就不能站在岸上，要到战争中去学会战争。雷军力主创办了卓越网，这是中国最早的电商之一。在互联网泡沫中，卓越网被卖给了亚马逊，成为雷军永远的痛。但他也因此积累了经验，了解到互联网的本质，以及风险资本的作用。

行动指南

实践出真知，边做边想。

9 月 6 日 比传统业务反应快十倍

互联网是一次观念革命，是"深度互联，全天候快速反应"的观念。这里面有几个关键词：互联、全天候、快速。因为是互联网，所以联盟非常关键，联盟是互联网业务必须考虑的最关键的因素，就是说如何整合上下游，如何整合更多的推广资源；全天候，传统的业务服务时间是 5×8 小时，而互联网必须是 7×24 小时，必须确保任何时候的业务都能正常运行；快速，更是互联网的精粹，必须快速开发、快速推广、业务快速成长等，反应速度一定要比传统业务反应快十倍，才有更大的发展机会。

——《关于互联网的两次长考》2008 年 12 月写于新浪博客

背景分析

在卖掉卓越网后，雷军没有失去进军互联网的雄心壮志，仍然在思考互联网的本质。这段文字是他对互联网的总结。此时他还没有总结出七字诀，但已经把"快"列为互联网的关键词。并不是说"快"对传统行业就不重要，而是说互联网颠覆了大家对"快"的理解。互联网时代，信息流转快，技术迭代快，成长速度快，"快"成为商业活动的一项基本属性。

行动指南

更新对速度的理解，做到互联网级别的"快"。

9月 9日 把握时间点

首先，要在对的时间做对的事情，这是一个战略的问题，非常关键。假如事情明明不可行，还执迷不悟，这样的人注定以失败收场。做对的事情相对容易，难在把握时间点。比如联众1998年创业做棋牌游戏时非常成功，假如那个时候他们选择做网游，结果会如何？我相信他们失败的可能性比较大，因为时机还不成熟。盛大2001年9月开始代理韩国游戏《传奇》时非常成功，很重要的原因是时间点把握得比较好，网吧已经兴起，宽带已经开始普及，市场急需好的网游。

其次，要选择能做的最大的市场。一定要算清市场规模，想清楚后再做。一旦开始做了，就陷进去了，这是我个人最大的体会。假如时间回到1996年的金山，我们选择的突破口是毒霸，我们会更成功。因为毒霸的市场规模远大过词霸。在2000年底再杀入，有点晚，成本相对比较高。

——《如何挑选创业项目》2008年12月8日创业邦公司年会上的发言

背景分析

雷军对小米之前的创业，最重要的感悟之一就是"在对的时间做对的事情"。细究起来，对的时间比做对的事更为重要。时间不对，其实就是事情不对。1998年的网游，2002年的棋牌游戏，都不是对的事情。因此不要执着于事，着眼点应放在时机。巴菲特说过相似的话：以好的价格买入好的公司。如果只知道学习巴菲特买入可口可乐、比亚迪，而不了解他的买入价格，失败是大概率事件。

复盘一下，哪些事儿做的时间点可能不对。

9月 10日　快速开发

快：开发周期一定要控制在三到六个月，一定要快。

（1）互联网时代，用户需求变化比较快，而且竞争也比较激烈。快速地开发，容易适应整个市场的节奏，并且节约成本。

（2）如果用户在试用过程中，发现问题，反应速度也要快，尽快改善、尽快更新。初期，我认为要保持一两周的更新周期。

——《互联网创业的葵花宝典》2009 年 2 月写于新浪博客

背景分析

如果说商场如战场，那"兵贵神速"也一定适用于企业。过去的商业世界并非不知道快速响应市场可以带来竞争优势，只是受限于信息技术的进步，整个商业效率没有那么高。进入互联网时代后，用户需求变化更快，企业与用户之间的沟通更加高效，"快"的重要性就凸显了出来。即使答案如此明显，雷军也是最早将之总结和理论化的企业家。这或许要归功于他早年的程序员经历，养成了关注用户反馈的习惯。

行动指南

控制开发周期。

9月 11日 抓住时机快速发展

2009 年，迎来了 PC 互联网企业向移动互联网转型的高潮。从国际市场经验看，PC 互联网企业向移动互联网大规模转型是产业走向成熟的标志。2009 年，日本移动互联网企业 GREE 在金融海啸中逆势上市成功，市值超越 PC 互联网同类企业 mixi，就充分说明了这种转化所带来的巨大价值。

尽管 2008 年的金融海啸给全球经济带来了巨大的负面影响，但我觉得，好的企业反而会借助这一时机，快速发展。一方面，金融海啸会淘汰很多泡沫成分，让市场中的搅局者提早离场，让产业发展更加踏实；另一方面，金融海啸将使企业更加内敛，更能抛却浮华而注重实实在在地发展用户、发展渠道、提升服务。UCWEB 正是因为看到了这一点，在 2008 年取得了非常优异的成绩之后，依然保持头脑冷静，2009 年继续专注于发展用户、专注于产品与服务品质的提升。我们相信只要抓住当前的时机，实现稳健快速的发展，UCWEB 就能够继续保持在移动互联网领域的领先优势。

——《今年将迎来移动互联网产业的快速发展》2009 年 1 月写于新浪博客

背景分析

寒冬是好季节，因为对手正在死去。2008 年金融海啸席卷全球，雷军一面在博客上分享企业"过冬"的经验，另一面则一直在为移动互联网时代的到来鼓与呼。到了 2009 年，PC 互联网向移动互联网转型的拐点已经非常明显了。在雷军看来，金融危机对这一过程有加速作用。因为体质差的企业被淘汰了，剩下的企业可以迅速地占领市场。雷军是个典型的理性乐观派，始终在困难面前寻找机会，并且抱有信心。

行动指南

在危机中看到趋势，实现快速发展。

9月 12日 安全情况下提速

我坚信"天下武功，唯快不破"，尤其是处于互联网时代的今天。

我记得我刚开始琢磨互联网的时候，其实准备为小米花4年时间做到今天的规模。但这确实太慢了，我每天都很焦虑，我们可不可以更快一点？互联网真的把速度看得非常重要，所以，怎么在确保安全的情况下提速，是所有互联网企业发展过程中最关键的问题。

——《用互联网思想武装自己》2012年5月写于新浪博客

背景分析

天下武功，唯快不破。商场上也非常讲究快人一步，但雷军把"快"提到了互联网方法论的高度。因为互联网企业的更新换代速度更快，"慢"就意味着被淘汰。但"快"的前提还是要保证安全，盲目扩张不可取。"快"，不是"蒙眼狂奔"，互联网发展史上有不少这样的案例，某些企业为求快速扩张，造成资金链断裂等恶果。

行动指南

追求速度，但要保证安全。

9月 13日 快就是一种力量

有时候，快就是一种力量。企业在快速发展的时候往往风险是最小的，当你速度一慢下来，所有的问题就都暴露出来了。

所以，我们MIUI坚持每周迭代，因为新版本需要有满足更多需求的功能，这便能推动我们以极快的速度推陈出新。

——《用互联网思想武装自己》2012 年 5 月写于新浪博客

背景分析

雷军重视"快"，不仅是互联网行业竞争压力使然，而且是看到了"快"对企业发展的内生作用。就好比自行车，只有骑行起来，才是最平衡的。企业处于高速发展之中，团队有一致的目标，有稳定的回报，上下同心，或许就能避免许多问题。

行动指南

在发展中解决问题。

9月16日 率先国际化

曾经有投资者问我："你为什么要做国际市场，做中国市场不就够了吗？中国市场一年卖 4 亿多部手机，你们现在才卖 1000 多万台手机。"这个问题我想了很久，答案其实很简单。我觉得，把中国市场拿下，是我们应该能做到的，但是我还是想在世界舞台上占据一席之地，小米要做一家有梦想、有抱负的企业。我希望大家和我一起，走到全世界的舞台，让小米成为全世界最耀眼的电子消费品牌。

——《我最在意的不是数值》2013 年上半年企业全员大会讲话

背景分析

在 2013 年上半年，小米就开始试点境外业务，向香港和台湾进军。在过去，港台市场基本为苹果、三星占据，内地的品牌基本卖不动。而小米仅一个月就占据了市场总额的 5.5％。所以，雷军这段话里有雄心，但更多的是远见。从雷军这段话中已经能预感到，中国将是全球竞争最激烈的市场，能够在这个市场生存下来，就具备走向国际的强大竞争力。10 年之后，中国开启了内外双循环战略，每一个中国企业都应该以全球视野来开展自己的业务。

行动指南

国际化动作要快，创立时就要有全球视野。

9月 17日　先往前冲

生态链和智能家居看起来是一个队伍，甚至协同度足够高，但方向不完全一致：一个是为小米网服务的，一个是为小米手机服务的。我们也在思考怎么简化战略目标，但是又觉得这两个方向都很重要。大家讨论了半天，还是分两个团队先往前冲，以快为主，把结果干出来。等我们坐下来讨论半年一年，黄花菜都凉了。

——2015 年 6 月小米网内部培训讲话

背景分析

改革开放以来，所谓的"摸着石头过河"，让中国企业习惯了后发优势，甚至在今天也还有不少企业抱有这样的心态。后发优势是真实存在的，但仅限于自己的起跑线落后于对手。如果双方处于同一起跑线，那当然是谁先起跑谁占优势。

2015 年雷军遇到的就是这个情况。当年年初，谷歌收购了 Nest Labs（鸟巢实验室），被认为是智能家居起势的信号。但其实智能家居应该怎么做，在当时还没有定论。小米、谷歌和苹果，其实都处于同一起跑线，小米未见得就不如两家巨头。互联网七字诀讲究一个"快"字，想到就要做到。事实证明，小米的智能家居战略是成功的，此后几年设备接入量一直遥遥领先。

在相同起跑线时，一定要快人一步。

9月 18日 听完意见要改

小米参与感的核心是尊重用户，听取用户的意见。尊重用户，第一要听他的意见，第二要有行动。如果听完了什么都不改，没有执行力也是不行的。所以小米最伟大的技术是操作系统每周迭代。

我跟微软的一些高管交流，说起操作系统每周迭代，他们说几乎不可能，因为做软件一定会有 bug。万一有 bug，一亿台手机全部都不能用了。但是，小米做到了。我们是从小米社区开始，从发烧友开始，从"铁杆"开始，反复征求他们的意见，让他们深切感受到小米把他们当朋友。

——《小米真正聪明的地方是群众路线》2015 年 6 月小米网内部培训讲话

背景分析

与用户交朋友不能只是做做样子。MIUI 开发的早期，工程师每天都泡在论坛上收集用户意见，然后每周升级最新版，这让微软感觉非常不可思议。雷军后来透露了小米是如何做到一边大规模升级，一边还要保证使用不出问题的。当时小米手机中有两套系统，如果出现问题，就会自动回滚到旧的版本。这个思路说破了其实并不难，但如果不以尊重用户意见为前提来倒逼执行，就连微软这样的软件巨头也很难想到。

行动指南

尊重用户意见，改进措施要迅速。

9月 19日 先行者优势

　　我们要做最极致的外形，达到极限的外观，而且我们的设计要解决所有的问题。有的充电宝有好多个按键，普通人用充电宝还要学习，所以要用最少的按键。更重要的是用什么材质。今天大家都用金属外观，因为显得高级，但是金属加工在两年前贵极了。怎么才能做到用金属外观，做得非常精致，还能有极致的性价比呢？张峰的经验起了作用，有一种工艺是直接把铝材挤压成型，工艺最漂亮，成本比塑料略高一点。我们花了4个多月时间，没日没夜地找各种解决方案，最终找到了移动电源材质的最优解——也是做这件事的唯一正确答案。做产品设计十分重要，先行者占有很多优势，如果他有极致的想法，往往能做出唯一答案。

　　举个例子来说，我们做手机时，设计了652种解锁方案，最后发现，唉，还是比不上苹果的滑动解锁。那个方案是唯一的解，是绕不过去的，是最好的，是最极致的，但是苹果已经把这个申请了专利。感谢上帝，前不久美国最高法院已经驳回了这项专利。但我真的要感谢苹果工程师找到这么优雅的解决方案。小米移动电源第一次拿到手里时，大家是不是有这种获得极致产品的感觉？

　　　　　　　　　　——《小米生态链春季媒体沟通会演讲》2016年3月演讲实录

背景分析

　　创新有很大风险，但同时也有很大收益。设计行业有个概念叫最优解，最优解一旦被找到，企业就永远领先于后来者。雷军这里举了两个例子，都是在讲最优解的好处。所以创新也要有目标，就是找到问题的最优解。

行动指南

　　先行先试，找到问题的最佳解决方案。

9月 20日 提高消费频度

公司的战略是要把小米网办成网上专卖店。可是我们的小米网不是7-11，不卖水，不卖方便面，早晨不卖关东煮，也不卖牛奶，没有消费频度。

做电商除了 ARUP 值(average revenue per user，每用户平均收入) 这个指数以外，还有一个叫指标叫频度。客户一年才买一回手机，甚至两年买一回，等他两年以后要换手机，想不起来小米，那我们不就死了吗？所以要办网上专卖店，最重要的一件事情就是，得有一定的品类让客户愿意一个月来一趟。让客户一个月或者两个星期来一趟，这就是我们的目标。

那好，我们应该怎么做？除了手机之外，应该还有 100 个爆品，今天打中这一群人，明天打中那一群人。总之我认为，三年后，小米网可能每周发两次新品。不用做特别复杂的，除了重点产品以外，直接上架新品区。我的梦想是一年 52 周，每周两个爆品。这样的话，我们就牢牢地把握住了用户购买频度。

——2015 年 6 月小米网内部培训讲话

背景分析

在拼多多崛起之前，排在阿里和京东之后的中国第三大电商是谁？可能很少有人知道，小米网曾一度占据这个位置。2014 年，小米手机出货量为 6000 多万台，其中大部分是通过小米网销售的，这让小米网成了中国第三大电商。不难看出，小米网之所以能创造这个奇迹，主要是执行了爆品战略。但随之而来的问题是，如果仅销售手机，或者说爆品太少，小米网就无法支撑起合理的用户消费频度，这会让小米的"铁人三项"模式崩塌掉"新零售"的一角。因此，雷军规划了小米生态链，增加爆品品类，以提高用户消费频度。

行动指南

保持用户消费频度。

9 月 23 日　战战兢兢

　　我们冷静想一想，忘掉这个数值，我们从成立到现在只有三年零三个月，每一分钱都是省出来的血汗钱。我们为什么有如此好的业绩？就是因为我们用了更少的人，承担了更强的工作量，我们做出了更优质的产品。我们每个人都如此努力，我们的表现可能超过了大家所熟知的那些企业的表现。

　　我想跟大家表达的是，手机行业是一个竞争异常激烈的行业，每天我们都战战兢兢。讲到这里，我就不得不提周光平博士，他做了一辈子的手机。有时候我们有压力，他就跟我说，这很正常，如果有一天我们忘掉了压力，我们的公司就离关门不远了。所以只有保持创业心态，找最优秀的人，下最大的功夫，做最好的产品，战战兢兢的，我觉得这个公司才真正有前途。

　　我们搬到了这么好的办公室，有更多的员工了，但这并不表明我们已经是一家大公司了。说实话，我特别怕成为大公司。因为大公司很容易官僚，很容易把架子端起来，跟用户的距离也就远了。我觉得只有当我们还是一家创业公司，只有当我们真正理解了危机感，才能持续地乘风破浪，一往无前。

　　——《我最在意的不是数值》2013 年上半年企业全员大会讲话

背景分析

　　俗话说，骄兵必败。而骄兵也不是凭空产生的，必然是有过光辉的战绩，才会有骄傲的资本。所以，在企业风光的时候，领导层要格外冷静，在给团队打气的同时，也要适时泼点冷水。雷军在 2013 年讲这番话时就颇为冷静，甚至可以看出他有一点担忧。有时候，发展过快未必是好事，管理跟不上，员工心态发生变化，都会给企业带来后患。两年后，小米陷入低谷，未尝不是对前期火箭般蹿升的一种偿还。在生活中，很多人也会遇到类似的情况，取得一定成绩，就容易变得自满。雷军始终保持着谦虚谨慎的作风，因此事业可以不断做大做强。

行动指南

要警惕快速发展带来的隐患。

9月24日 轻轻松松三年时间

过去 5 年，我觉得第一个机会是移动互联网，第二个机会是电子商务。为什么当时我会觉得电子商务是未来？因为我看到了消费升级，我们中国老百姓好不容易有点钱了，消费会全面升级。我认为做服装的毛利绝对不比做软件少，一件生产成本 100 块钱的东西在商场卖 1500 块。为什么卖这么贵，这也是我搞不懂的。

有了这个想法以后，我又看到了优衣库在日本的成功，10 多年前它在日本，100 块钱的衣服卖 150、200 块，靠这一招，它击败了日本其他中低档服装对手。我想：有没有可能通过电子商务的手段实现这一切？ 2007 年底，我找了卓越网以前的同事一起创办了凡客诚品。这个公司从创办到完成第三轮融资只花了 9 个月的时间。不过，这个公司真正牛的不是完成了融资。

去年年底，北京市委书记到凡客诚品参观，发现两年时间我们就能建成这么大规模的企业，他很震惊。在过去 6 个月，凡客诚品最高一天的销售额达到 660 万元。过去的传统服装企业，超过 10 亿元销售额需要付出 10 年的努力，超过 100 亿元销售额需要再用 10 年，而今天凡客诚品已经超过 10 亿元，才 3 年时间不到。凡客诚品的本质不是电子商务，是消费升级，这是过去 5 年里面我赌的第二个机会。

——《创业运气很重要，成功须三大秘诀》2010 年 8 月发表于《创业邦》

背景分析

2007 年，陈年在雷军的支持下创办了凡客诚品。凡客诚品邀请了韩寒做代言人，还创造了"凡客体"广告语。为什么说凡客诚品的本质是消费升级？因为雷军的初衷是用便宜的价格给消费者提供有品质感的服装，电商是提升效率的形式，可以帮助凡客去掉从厂家到消费者的中间环节，提升产品的性价比。顺势而为让凡客的营收增长非常快，但也带来了隐忧。后来凡客产品出了问题，雷军曾和陈年一起挑选凡客的衬衣，竟然找不出一款满意的。此外，凡客发展速度过快，品质这个基本功没有跟上，无法应对激烈的竞争。这对雷军也是一个警钟，让他在此后小米快速发展时保持了冷静。

行动指南

快速发展时要看清自己的本质。

9月25日　人才越老越值钱

一直以来，我们都在宣讲，中印两国都有丰富的人才资源。但我国最缺的是有 10 年经验的工程师，这导致我们可能需要花费更长的时间赶超印度。在印度，包括在美国，我见到的项目经理都是三四十岁的人，他们"越老越值钱"，有些人甚至拥有超过 20 年的行业经验。国内的情况大不相同，项目经理和部门经理都是工作两三年的人，有值得骄傲的年轻资本，但缺乏宝贵经验。这会大大影响我们国家软件行业的发展速度。如何改善这一点，我觉得只有仰仗时间和高强度的培训。

——《到印度取经》2011 年 6 月发表于《IT 经理世界》

背景分析

雷军认为中印软件行业发展态势不同，对人才的态度也不同。中国程序员盛行"35

岁焦虑"，印度却视行业经验为宝。10多年过去，中国互联网行业欣欣向荣，但软件行业并无大的变化。但须知软件行业本来就是快速发展的行业，造成这种现象的原因是"欲速则不达"。任何行业都需要沉淀积累，急功近利不利于长远发展。

行动指南

人才队伍需要沉淀，勿急功近利。

9月26日 消费习惯的改变需要时间

本质上我们遇到的一个困难在销售方面，我们前4年的增长速度太快，在电商的市场上占据了相当大的份额，发展遇到了瓶颈。

可能很多人不理解，其实电商只占全国商品零售总额的20%～25%。小米用4年的时间，占据了电商市场50%的份额，再往前突进很难。有几个分析商跟我说电商进入负增长时代，我说"你们胡说"。中国整个电商行业凭借着过去20年的努力，才从零做到了占全国商品零售总额的20%～25%。而小米只用了4年时间就完成了手机行业的转变，这是一个创举。所以小米目前遇到的问题不是电商负增长，是人们的消费习惯产生变化需要时间。

但是电商是更高效率、更好体验的一种购物方式，我觉得这个方向是不会变的。我们遇到的困难是电商遇到了瓶颈，同时竞争对手变多了。在我们最强的电商市场里，我们遇到了与魅族、乐视、360、华为、荣耀几乎各种流派的竞争，战况极其惨烈。

——《我们成长中的问题》2016年9月小米网内部总结

背景分析

电商是互联网最激动人心的事业之一。这个赛道诞生了亚马逊、阿里巴巴、京东、易贝等著名公司，它们不仅带来了创富神话，而且深刻改变了商业生态和社会生活。但是增长存在极限，电商虽然是大势所趋，但和线下零售不是完全的替代关系。据国家统计局数据，2022 年全国实物商品网上零售额占社会消费品零售总额的比重为 27.2%。① 显然，大量消费场景仍然在线下，大多数人还是习惯在线下消费。

行动指南

重视电商，但不唯电商论。

9 月 27 日　知耻而后勇

这个行业的竞争真的是腥风血雨，大家对比 iPhone 可能会觉得，iPhone 也没有强大到令人畏惧，为什么小米不尝试超越 iPhone？然而苹果现在是我们这个星球上市值最高的公司，是个赚钱的机器，人是干不过机器的。

华为也是全球 500 强企业，在通信市场里也是全球老大，员工足有十七八万人。OPPO、vivo 是从 20 多年前开始干的，这些企业在每个城市不知道已经播撒了多少年的种子，才成长为如今的模样。只有四五年历史的小米凭什么藐视一切？所以我们还得保持谦和的态度，认识到我们的不足。我一直在手机部讲一句话叫"知耻而后勇"，知道差距才能确定追赶的目标。我们要真心意识到跟苹果、三星、华为、OPPO、vivo 之间的差距，我们也的确在过去几年中进步了。在市场竞争中，对手也许会一百招，我们只会三拳，而且我们的三拳已经被对方习得，所以我们要承认这个差距。承认后，对不完善之处进行补充和完善就会很快赶超对方。

——《我们成长中的问题》2016 年 9 月小米网内部总结

---

① 光明网.【2022 中国经济年报】2022 年全国网上零售额 13.79 万亿元，同比增长 4%[EB/OL].(2023-01-31)[2024-05-10]. https://m.gmw.cn/baijia/2023-01/31/36335173.html.

背景分析

小米前期的成功过于耀眼，很难不让人"轻飘飘"。然而事实上，手机行业是竞争最激烈的行业，站在决赛圈中的几乎都是全球最优秀的企业。从某种程度上说，小米在 2016 年的下滑只是回归了正常，并且给了小米一个正视自己的机会。雷军重新盘点了队伍，调整了员工的心态，开始全面地补课。创业是个长跑，有时候停下来未必是坏事，解决中途的问题，才能走得更远。

行动指南

正视与他人的差距，快速调整。

9月30日 浴火重生

作为一家年轻的互联网公司，小米的发展并非一路坦途。2016 年，我们的市场占有率曾有过下滑。我们清醒地认识到早先几年过于迅猛的发展背后还有很多基础没有夯实，因此我们主动减速、积极补课。2017 年，小米顺利完成"创新＋质量＋交付"的三大补课任务，迅速重回世界前列。

据我们的了解，除了小米，还没有任何一家手机公司，销量下滑之后能够成功逆转。

浴火重生，小米经历了一家能够长期稳定发展的公司所必需的修炼。我们的管理更加有序，我们的人才储备更加充实，我们的技术积累更加深厚，我们的供应链能力和产能管理能力更加强大。

——《小米是谁，小米为什么而奋斗》2018 年 5 月小米上市董事长公开信

背景分析

作为上市公开信，雷军需要向投资人讲述小米是一家拥有长期发展能力的公司。能代表一家企业发展潜力的，往往不是高光时刻的表现，而是面对低谷时的抉择。2015 年小米遭遇了销量下滑的局面，雷军充分认识到公司有很多课要补，于是加强了质量管理和研发投入。2016 年，小米发布了小米 MIX 手机，开创了智能手机的全面屏时代。当时合作伙伴评价，这显然不是一家陷入危机的公司会做的事，因而对小米充满信心。没有人是常胜将军，但溃败和军容严整地撤退及卷土重来，有着本质的区别。

行动指南

低谷补课，局部的慢才有全局的快。

10 月
与用户交朋友

10 月
1 日　产品属于用户

产品不仅属于开发者，更属于用户。

以后几年的开发中，BITLOK 一直坚持开发，出了一系列的版本，已经有不少的用户在使用，他们提出了不少好的建议，我们也坚持把他们的意见综合到产品中去。这样，BITLOK 也更受用户欢迎了。从这里，我得出一个结论，产品是开发者和用户合作的产物，产品不仅属于开发者，更属于用户。BITLOK 比同类软件好的地方，就是愿意采纳用户意见。

BITLOK 已经取得了一些成绩，但我们冷静地分析过加密软件的市场，发现几个方面的问题：第一，加密软件只有开发者才用，市场很小，整个市场每年不到 1000 套，作为个人业余兴趣，还能接受；作为公司的开发项目的话，并不合适。第二，随着软件市场的繁荣，国内有些软件开始试探不加密销售的方法，这是软件市场发展的趋势。不少朋友认为加密软件不用做了。我也非常困惑：到底还做不做？

——《我赚的第一桶金》1996 年 5 月发表于金山西点 BBS，

12 月收录于《软件》

20 世纪 90 年代初，中国已经走到了互联网时代的前夜。在互联网时代出现之前，产品迭代和用户基本处于脱节状态。传统企业开发产品，往往要通过主动调研来寻找改进点，周期也较长。而个人电脑的发展，互联网的出现，让用户表达意见的成本急剧降低。在雷军开发软件的过程中，与用户互动是一个自然而然的过程。这奠定了他之后"与用户交朋友"的思想，也是 MIUI 操作系统敏捷开发、快速迭代的原点。

行动指南

倾听用户意见，产品服务于用户，也属于用户。

10月 2日 玩者之心

岩田聪在 GDC 2005 上做了一次堪称经典的主题发言，他谈的最重要的观点就是玩者之心。一家游戏公司成功的关键在于，必须营造热爱游戏的文化，每一个人都必须是游戏玩家！这样的公司才能获得持续长久的成功。

"在我的名片上，我是一个公司总裁。而在我自己来看，我是一个游戏开发者。在内心深处，我实际上是一个玩家。"

"你曾经是否为了一款自己都不愿意玩的游戏而辛苦开发呢？"

"即便我们来自世界的不同地方，即便我们说着不同的语言，即便我们吃着不同的食物，即便我们在游戏中有不同的体验，但今天我们在座的每个人有一个非常重要的相同点，这个相同点就是我们都拥有同样的'玩者之心'。"

被问及如何看待和其他公司的竞争。他回答，我从来不觉得任天堂在和其他公司竞争。任天堂应该做的不是和其他公司竞争，而是关注玩家的感受。任天堂的敌人是"不关心玩家"的思想。

暴雪成功的关键，其实也是玩者之心，暴雪要求所雇用的每个员工都是狂热的暴雪游戏迷。一个不真正热爱游戏的人，很难在游戏业保持持续长久的成功。

——《任天堂如何反败为胜》2008 年 12 月写于新浪博客

背景分析

这段文字的主旨是"做好游戏的前提是玩者之心"，也是雷军以游戏从业者身份，观察任天堂变革的总结。所谓玩家，就是游戏行业的用户，要具备玩者之心，其实就是要求从业者具备用户思维，从用户角度出发考虑问题。不爱游戏的人，做不出好游戏；不爱自己产品的人，同样做不出好产品。雷军创办小米后，不论是小米手机，还是小米生态链产品，他总是亲自试用，并且会问开发人员：你们愿不愿意给自己的家人朋友使用？产品就是作品，所有人都只会把自己感到骄傲的作品介绍给家人朋友，这是对开发人员最极致的要求。

行动指南

代入用户的感受。

10月 3日　发现市场需求

能洞察用户需求，对市场极其敏感，这是一项要求很高的能力！

大家都听过去太平洋上的一个小岛卖鞋的故事，有人觉得岛上的居民没有穿鞋子的习惯就没有市场，而有人觉得岛上的市场很大。这就是一个关于洞察力的典型例子，觉得鞋子市场很大的人就穿透表象看到了事物本质。史玉柱把脑白金这样的保健品精确定位在送礼，源于他在武汉和一群老年人交流后发现的市场需求。

1996 年金山在微软和盗版的压力下差点关门，这个时候我反思最多的是我们做的产品为什么卖不出去。我站了 90 天店面，天天和用户面对面交流，终于找到了一些感觉。1997 年金山开始重新创业，做了词霸、毒霸、网游等，都比较顺利，最重要的原因是有了一定的把握用户需求的能力。

——《如何挑选创业项目》2008 年 12 月 8 日创业邦公司年会上的发言

背景分析

什么样的人会打仗？《明朝那些事儿》的作者当年明月说："会打仗的人会打仗。"这可不是一句废话。人类先有战争，而后有军事家，然后再有兵法。会打仗的人在战场之外是看不出来的，也不是学出来的，但这种人上了战场就是会打仗。和打仗类似，人类的很多能力都是从实践中得到的，通过间接手段加以学习的效用很低。雷军说洞察用户需求是一项要求很高的能力，道理就在此。今天我们听再多史玉柱的故事、雷军的故事，也不可能具备洞察用户需求的本事。要想学会，只有到市场中去实践，才知道自己有没有这方面的能力。

行动指南

到用户中去，锻炼对市场的敏感度。

10月 4日 高性能一定是赢家

沿着这个思路，我们就会发现手机越来越像 PC，手机其实就是 PC。那么这时候我们就看到了击败苹果的机会，那就是开放。我们思考过去 30 年 PC 业的竞争，会有什么经验教训呢？至少我们看到一样东西一定是赢家，那就是高性能。

有人说苹果卖的是用户体验，从来不是卖性能。我看不是这样，前两天去苹果店，看到 iPhone 4S 的大幅广告，上面第一行就写着 dual core 1G。这不就是性能？他们在转变，和小米一样重视性能了。有人说用户不需要那么快的手机，你放心，他们一定要的。其实用户有时并不知道自己真正的需求是什么，但跑得快的手机没人不认可。所以性能的竞争是有核心意义的。

我很自豪地说，小米有最快的手机，我们是全球首发的双核 1.5G 手机，发布于 3 个月以前。不光是速度，我们还有 1G 内存、800 万像素、1900 毫安的电池。

——2011 年 11 月谷歌总部演讲

背景分析

手机将会替代 PC，成为个人的运算平台，这件事在今天已经成为常识，但在 2011 年还鲜有人提出。雷军为了验证这一点，一度还强制自己只用手机办公。这个观点看起来平淡无奇，但其实非常重要。因为如果认同手机就是未来的 PC，那么性能就一定是核心竞争力。自微软与英特尔的联盟结成，PC 产品的核心指标就是 CPU、GPU 的算力。事实正如雷军所说，此后手机芯片的运算能力不断构筑，推动手机制程一路攀升到了 3 纳米，接近了芯片的物理极限。

行动指南

看到产品本质，分析什么是用户最在意的。

10月
7日 与用户良性互动

不知道从什么时候开始，互联网社交媒体的部分舆论空间中，吐槽小米似乎成了一件"政治上正确"的事情：周末开放购买，被上班族吐槽；工作日开放购买，被学生吐槽；预约排号，很快被排到 3 个月以后，赶紧叫停，被吐槽；每周开放购买，被吐槽搞抢购；6 月份产能和需求达到平衡不用抢了，被吐槽卖不出去了；7 月降价促销，需求量大增，又被吐槽抢不到；有按键灯，被吐槽晚上晃眼；没有按键灯，被吐槽夜里找不着；跑分第一，被吐槽我们是"参数党"；一年后别的新手机跑分上来了，又吐槽我们性能不够高了……万万没想到哇。算了，我们还是继续埋头做事吧。

其实无论在中国还是在海外，总是会有人对创业者投去怀疑的目光。创业多数时候是在创新和试错，众人对创业者有疑问倒也正常。对舆论的质疑，充耳不闻不是好办法，闭目不见更是要不得。但是如何面对着众人的嬉笑怒骂，保持和用户之间的良性互动，是当今每一个创业者的必修课。至于大家的吐槽，在这个社会里，每个人都很艰难，如果吐槽一下能让他感觉生活变得更美好一些，那就随他去吧。还有很多工作要做，毕竟，能让大家用上更好的产品，还保持高性价比，还要继续大幅度增加产能……这些光靠吐槽是无法实现的。

——《总有些事情让人无奈》2013 年 10 月写于微信公众号

背景分析

小米手机诞生的前两年，互联网营销做得风生水起，但在这个过程中也面临了一些问题。不仅是小米，雷军本人在收获大量关注的同时，也引来了各种挑剔的眼光。任何时候舆论都是带有质疑眼光的，特别是对于有创新色彩的事物。因此对于网络舆论必须有良好的心态，这在什么时候都一样。梁启超有言："天下唯庸人无咎无誉。"有光就有影，有赞誉就有批评，成就事业就不应该被负面声音影响判断。

行动指南

面对网络舆情，心态要好。

10月 8日 直接让用户感知

特斯拉十分善用互联网营销即口碑营销，让你觉得你有一辆特斯拉就是时尚，很酷。而且特斯拉也是在互联网上接受预订，在网上直销、排队，它能把所有中间渠道都去掉，不靠广告，靠最早的用户使用后的良好体验进行口碑营销，因为目标客户的社交圈子相对比较集中。这类对科技有尝试热情的新贵们总是喜欢在他们自己的圈子里交流心得。当圈子里有一个人买了特斯拉，这会成为这个圈子的时尚话题；当圈子里有很多人都买了特斯拉时，这就成了圈子里的标准配置。所以在这个圈子里，以后汽车就只剩下了两种：一种是特斯拉，另一种是其他。而当种子核心用户在圈内普及之后，它又能产生新的辐射势能，影响、吸引更多的用户。

也有人指责特斯拉，觉得它外形不够拉风，或者说它使用的电池技术是用几千个18650 电池并联起来的，并不先进，不代表技术的先进方向等。

特斯拉外形可能还是不如法拉利好，它跟法拉利、保时捷，还是有很大差距。它的工业造型也许还不是最酷的，但是，它的全智能控制、用户体验，每个细节都很好。作为一款跑车，它主打的参数指标很高，加速很快。特斯拉采用的电池材料技术的确没那么"梦幻先进"，但巨量电池串并联的电源管理技术的确也是优点突出的。

真正关键的恰恰不是技术，而是具体的驾驶和智能网络体验。埃隆·马斯克就通过更聪明的市场定位让特斯拉在汽车市场上站住了脚，然后再通过完全互联网化的智能体验，让特斯拉的用户感受到特斯拉与众不同的内涵。特斯拉汽车的智能系统，拥有强大的软件系统和互联网服务。

——《Elon Musk 是个酷同学》2013 年 11 月写于微信公众号

背景分析

小米和特斯拉在运营早期种子用户时，有很多类似的做法，核心是做用户口碑。技术是好产品的基础，而口碑的关键是让用户可感知。不论小米还是特斯拉，消费者其实都很难理解背后的技术，真正打动他们的是使用体验。雷军一直以来都非常重视用户体验，积累的第一批用户正是操作系统 MIUI 的用户，那时候小米甚至连手机都还没有做。当时智能手机对中国用户的适配非常差，MIUI 优化了通讯录、输入法等问题。就和特斯拉的电池技术一样，安卓的优化也没有很高的技术门槛，但恰恰是这些事关用户体验的改进，让小米手机有了第一批种子用户。

行动指南

技术是手段，提升用户体验才是目的。

10月 9日 诚心倾听用户

倾听用户意见这事儿，是个说起来容易做起来难的事情。我们通过互联网渠道，通过社会化媒体，终于打破了企业和用户之间的隔阂，但是蜂拥而至的用户意见又让我们难以抉择。很多时候，用户们的意见之间的分歧和争议是很大的，有的向左，有的向右。怎么才能听懂用户真正想要什么，并且达到用户的要求？

这就要求我们拿出诚意来，真正和用户在一起。小米公司上下，从我们合伙人，到产品经理和开发工程师，都直接面对我们的用户，随时接受用户的意见和建议，和用户一起开会，探讨产品需求。

——《诚意是王道》2014年7月写于微信公众号

背景分析

"说起来容易做起来难"，这句话在雷军的成功之道中多次出现。倾听用户这件事也一样。所有公司都知道重视用户的意见，号召与用户沟通，但不同的是态度，也就是诚意。普通公司可以做到的，不过是让一线服务人员去和用户交流，但小米做到了从合伙人到工程师，都直面用户，这就是诚意的差别。需要注意的是，诚意之差没有绝对分值。没有人会给诚意打成54、83、96这样的分数，人们只会比较高低。竞争中，哪怕只是多出了一分诚意，另一方就会被直接判定为"没诚意"或是"诚意不足"。一分之差，往往是天渊之别。所以，诚意打不得折扣，容不得保留，只要付出就要全心全意。

行动指南

面对用户，要拿出百分百的诚意。

10月 10日 群众路线

我一直有个梦想，做一个好手机，用户有好的意见，我马上就能改。所以我设计了这样的模式：建立小米社区，每天有 300 万人访问，提各种建议。吸纳建议后，我们一个星期出一个操作系统新版。这其实是个世界级的难题，因为操作系统比较复杂，尤其是对可靠性要求很高。

举例说明一下。比如，有名人提到很多粉丝给他们打电话的烦恼，问能不能做个只接通讯录电话的功能。后来小米就有了这个功能。再如，有一位领导跟我说他的手机要 24 小时开机，但晚上 12 点以后有电话打进来就睡不好觉。后来，我们就设置了 VIP 联系人，只有 VIP 联系人能 24 小时都打得通。像这样的功能都是人民群众发明的，因为我们不在那个场景里，想不到。实际上，小米手机发起了一场群众运动。

在这点上，我们跟 iOS 其实有着完全不同的设计思想。我们是"易上手"，看起来跟 iOS 一样简单，但是"难精通"，功能非常多，集大成。甚至在设计时，我们有句名言叫"让用户有发现的乐趣"。我对互联网思维最深的理解，除了七字诀以外，就是群众路线，即开源社区。互联网是一种思想，一种先进的生产力和先进的指导思想。如果能把这个模式想透，应用到任何业务里，那个业务都会与众不同。

——《我创办小米的思考》2014 年 12 月君联资本
（原联想投资）内部分享会受邀发言

背景分析

在影响了雷军的那本《硅谷之火》的结尾，作者写道：个人计算机以及它所驾驭的一切不断增长的能力都是属于人民的。不知道雷军对于互联网"群众路线"的认识，是否就是从那时开始萌芽的。但是我们的确能看到，互联网连接起每个人，每个人的才智都可以更好地施展，由之而来的集体智慧远超个人。互联网最伟大的地方就是可以赋能于人，更好地解放生产力。今天我们已经清晰地看到，互联网的力量在很多领域产生了显著的影响。电商改变了商业流通的效率，社交网络改变了媒介形态，数以亿计的普通人受益于此，个人生活得以改变，社会财富得以增加。

行动指南

走群众路线，发动用户一起想办法。

10月 11日 参与感

　　我们是从社区粉丝参与感崛起的。什么叫参与感呢？拿我来举例子。我原来最喜欢用诺基亚手机，我又是一个做软件的工程师，我觉得诺基亚手机还是有很多功能设计得不合理。有一次，我跟诺基亚全球负责研发的老大吃了个饭，谈了两个小时，提了150条意见，每一条都说得他哑口无言，因为我自己做了20年软件。他答应改，结果等诺基亚干关门也没改过。我的积极性受到了巨大的打击，我就决定要自己办一个公司，只为发烧友服务，大家有啥想法咱一起出主意。作为一个手机发烧友，我不是为了从这里面挣钱，因为这是我的兴趣爱好。如果我给你提一个意见你能采纳，我觉得比给我多少工资都要强。诺基亚给我多少工资我会为诺基亚工作？不可能的嘛。但是如果诺基亚听取我的意见改了，我觉得这就是最大的奖励。

　　所以我办小米的时候，我认为对于粉丝来说，让他们参与进来异常重要。你想一想：如果你给我提了一个建议，我采纳了，你会不会拿去跟朋友炫耀，跟家人炫耀，跟同学炫耀？口碑就是这么来的。其实，社区上最重要的是你听他的意见，然后你去改、去完善，这就是对他最大的奖励，再加上一些社区的荣誉系统、激励系统，那就行了。

　　由于我的亲身经历，我办小米后提出了参与感。参与感是小米凝聚粉丝的精髓，但怎么把足够的人全部凝聚在一起，这个真的很难。当然，想明白以后，你会发现其实也挺简单，因为粉丝要的东西也不多，就是跟你聊两句，你能看得见，给他点个赞，就挺好的。

　　——《小米真正聪明的地方是群众路线》2015年6月小米网内部培训讲话

背景分析

参与感要说简单，也不简单，小米联合创始人之一黎万强专门用了一本书来介绍。但参与感要说复杂，也不复杂，其核心就是让粉丝有参与的机会，获得参与过后的正反馈。首先听取用户的意见，再根据意见去完善，最后给一些激励，就足以让粉丝对品牌产生归属感。

行动指南

用心设计一些活动，让用户有参与感。

10月14日 越草根越懂社区

我特别要讲，不管是印度理工还是麻省理工，找到做社区高手的可能性几乎等于零。为什么？

互联网兴起首先是从 BBS 兴起的。BBS 是个虚拟世界，跟游戏的虚拟世界是一样的。有时间天天在 BBS 上面的人，大部分在现实社会中比较宅，也就是愿意花很多时间在虚拟世界里。他们在现实生活中可能不是特别擅长交往，也不是名校毕业，也没有显赫的声望，绝对不是男神和女神。所以他们有一种心理需求，需要在虚拟社会里面交一大群朋友。如果现实生活中的朋友已经多得不行了，他就很少有工夫到 BBS 上去花那么多时间。当真的要做这个事情时，用常规的面试方法是找不到这群人的，最好的方法是从各个网络社区里找，说服社区高手来干这件事情。

我是怎么学社区的？ 1996 年金山差点关门，发不出工资，我整天很郁闷，无以排解。既然现实生活很失败，那我就每天早晨 7 点开始泡在 BBS 上，一直到凌晨 2 点，每天写 200 到 300 个帖子，每个帖子不少于 200 字，最长的帖子 1.5 万字，简直就是练文笔了，那时候我键盘打得极快。

我也是版主，在 BBS 泡了一年，所以我对这一类人的心态非常了解。我很有幸地认识了同在 BBS 的马化腾和丁磊，他们一个在瑞讯公司，一个在电信局，当时都还没有开始创业。可以说我们是中国最早做社区的人，腾讯能做 QQ，网易最强的是主页。

所以，如果想要做虚拟社区的业务，应该有意识地寻找有以上特点的人。如果他从印度理工或麻省理工毕业，他或许真的没工夫钻研这件事情。在现实世界中越精英的人其实越难理解这个道理，反而"草根"更容易搞懂社区。

——《小米真正聪明的地方是群众路线》2015 年 6 月小米网内部培训讲话

背景分析

雷军从小就是学霸，但他的人生经历非常接地气。尤其是在做程序员和管理金山时期，他并没有大量的社交，反而是泡在论坛上的时间居多。也因此，他悟出了这段关于如何做社区的干货文字。互联网是由精英发明的，但主导互联网社区发展的却是"草根"，可以说越是"草根"越懂得如何做社区。这种现象在每个社交平台崛起时，都有非常典型的例子出现。例如，抖音、快手上成长起来的大批红人，尽管没有较好的教育背景，但却能聚集起上千万的粉丝。面对技术变革，普通人似乎不太能够以开放的心态面对。因为技术带来的效率提升，的确可能将一些行业淘汰出局。但其实普通人更应该积极拥抱技术变革。变革意味着旧有规则的失效，将所有人拉到了同一起跑线。不胆怯犹豫，不妄自菲薄，就可能抓住改变命运的机会。

行动指南

做社区要不拘一格使用人才。

10月15日 做第二聪明的公司

需要跟每个业务端口明确的是，我们要走群众路线，做第二聪明的公司，不要做第一聪明。小米真正的聪明其实是走群众路线，用开源社区的模式来做智能硬件，来做操作系统。让群众路线覆盖到每一项业务，是我们的关键思路。我在成都时，经常看到有"米粉"义工在周末来帮我们为顾客解答疑惑。所以我觉得如何带动"粉丝"助推我们完成更多的事情，是小米群众路线需要继续钻研的地方。

大家不泡社区，可能会低估了社区的力量，很多同学不知道我们是怎么起来的。小米能赢，其实是从社区崛起的。后来，我们以微博为主战场，因为微博是个营销平台。但是微博上的"粉丝"不是真正的"粉丝"。我觉得follow可能是一个更准确的词，用户只是"关注"了你。泡BBS的那些人才是真正的"铁杆粉丝"，我们真的应该系统地思考，怎么坚持早期的群众路线，利用人民如汪洋大海般的力量来打一场人民的战争。我觉得在竞争中要走群众路线，做产品更要走群众路线，这一点绝对是我们崛起的关键。

——《小米真正聪明的地方是群众路线》2015年6月小米网内部培训讲话

背景分析

走群众路线，相信用户的智慧，发动用户的力量为己所用，可以事半功倍。另外，在群众面前做第二聪明是一种谦逊的态度。当一家公司自认第一聪明，通常也就意味着脱离了用户，有时候会想教育用户，反而迟早会被用户抛弃。中国人历来相信"物极必反""满招损，谦受益"，这是一种敬畏，敬畏规律、敬畏世界，以及要对自我有约束。

行动指南

面对用户，保持谦逊。

10月16日 真正面对消费者

今天在座的很多是 LP（有限合伙人），我们 VC 行业干过很多蠢事，但是我依然坚信我们在推动社会的进步，比如农村互联。我觉得我们还会干很多蠢事，我们的经验就是在无数的挫折中积累起来的。今天的低谷，其实也隐藏着大家所期待的机会，大家要静下来做产品，要静下来琢磨业务策略，静下来服务用户，只有这样，这个产业才可能可持续发展。

在过去的几年，讨论项目的时候大家把很重要的一条列上去了，叫融资能力。过去 20 多年里我一直在创业，从来没有把融资能力作为评判这一个项目好坏的标准。但是最近一两年，讨论项目时多了一条叫融资能力。我后来一想，如果在一个复杂的市场里面，大家都是面向 VC，等待风险投资公司来投资入股，那自然是谁的融资能力强谁就是真的厉害。当然，本质上我还是希望我们的业务是真正面对消费者的，真正面对客户的，给客户带来价值的，而不是做漂亮的数据图给 VC 看。

——《未来十年依然是创业的黄金十年》2015 年 11 月
GGV 成立 15 周年峰会上的演讲

背景分析

创投界有句话，创业公司有三种商业模式：to B，to C 和 to VC。意思是一些创业公司能赚钱，既不靠 B 端业务，也不靠 C 端业务，全靠 VC 砸钱。而投资机构为此不惜拿钱砸数据，甚至造假，只为再次融资，在下轮融资中离场。这也是为什么融资能力被当成了项目评估的标准。雷军对此持批判态度，认为创业要回归到生意逻辑，评判企业的标准应该是有没有产生真实的价值。

行动指南

融资能力不是核心，做好业务才是根本。

10月 17日 不要把稻草卖成黄金的人

　　两个星期前，我面试了一个我们高管推荐的人，他觉得这个人非常非常厉害，这个高管我就不说名字了。我跟他说这个人不行，他说为什么。我说，这个人跟我聊了一个小时，他的简历接近完美。他在一家重要的供应商单位供职，在他接手的时候营收大概是一年900万美元，4年时间做到了两亿美元。

　　我说："你是挺牛的。"他说："我有能力把稻草卖成黄金，这就是我的能力。"我跟他说："你跟我们的价值观不符合，我们不需要骗用户的人，而且关键在于你的用户就是我。"我发现，原来我用的是黄金价格的稻草！真的，他还得意洋洋地跟我谈了半个多小时。

　　我今天创办小米，不想做一个坑人的人，而且我也不喜欢把稻草卖成黄金的人，我们不需要。我们每天就像农民种地一样，一分耕耘一分收获。我们不做坑爹的事情，哪怕这种人在市场上是非常受欢迎的，但这不是我们的哲学。

　　什么叫真材实料？什么叫和用户做朋友？如果你有一天知道，你的朋友是把稻草用黄金价卖给你的时候，他是你的朋友吗？你会这么做生意吗？你不会吧，你也不敢。如果有这样的朋友，那这个朋友一定是做传销的，他绝对不是你的朋友。

　　所以我面试他时，就因为这一句话，我把他淘汰了。我不要把稻草卖成黄金的营销大师，我要的是像农民一样每天下地干活，然后用我们的辛勤和汗水挣一个合理利润的人。我觉得这样的人才会坚持下去，这样的人才能拥有真正的朋友。

　　——《我们不需要把稻草卖成黄金的人》2015年6月小米网内部培训讲话

背景分析

　　2018年小米上市后，一部名为《一团火》的纪录片上线了。其中有一个片段广为流传，内容正是雷军的内部会议讲话，也就是上面的这段话。大道至简，雷军想说的不过是"诚信"二字。无独有偶，马云也曾经否定过"把梳子卖给和尚"的案例，认为这不是销售，而是骗术。诚信是商业活动的基石，不复多言。

不要做骗用户的人。

10月 18日 经营用户信任

很多人问我，小米做到了高性能和高性价比，可开的店为什么不够火。其实挺简单的，小米在经营用户的信任。我为什么下这么大功夫，把产品做好——把质量做好，把产品做好看，把价格做得这么低？因为我想获得消费者的信任。让消费者走进我们店里可以不用看价格，甚至不需要关心这个产品好不好，只要你需要的产品小米之家有，你就可以直接买。这是小米经营过程中最核心的东西——消费者的信任。

在互联网时代，信息传播得很快，消费者很快就都知道一款产品是否劣质了。在这样一个极为残酷的电商市场上，品质想要得到消费者的认可是非常不容易的。如果我们确保了产品品质，你就不用为品质担心。我们确保在品质一样的情况下以其他市场一半的价格售出产品，消费者就不用为价格担心。我在小米之家跟消费者交流的时候，有不少消费者认同我的观点，说他们缺什么先去小米之家看看，有就直接在小米之家买。

——《小米新零售的本质是效率革命》2017 年 8 月上海国际商业年会上的演讲

背景分析

"生意"其实就是陌生人之间的买卖，信任是一切商业活动的基础。今天每个企业都很熟悉"品牌信任度"这个词，因为它与用户购买意愿直接相关。雷军希望用户在小米之家"闭着眼睛买"，就是要建立小米"感动人心、价格厚道"的品牌形象，让用户做到消费决策零成本。

行动指南

获取用户信任，提高自身的品牌信任度。

10月 21日 和用户交朋友

小米的核心竞争力到底是什么？我在小米内部反复讲的话有这么几句：第一是"米粉"文化，就是和用户交朋友，其实和用户做朋友是件挺难的事。很多人想的营销方法永远都是怎么把东西更贵地卖给消费者，这样，用户就是你的敌人，怎么会是朋友？把他口袋里面的钱放到你的口袋，就是"抢"。所以怎么样和用户交朋友，是我们所有业务开展的基础。第二是做感动人心、价格厚道的好产品。第三是"铁人三项"，就是三项基本功：硬件＋新零售＋互联网。第四是实业＋投资，用生态链完善产品组合。

——《小米如何成功逆转》2017年8月于亚布力中国企业家论坛上的演讲

背景分析

雷军在不同场合都讲过小米的核心竞争力，答案不止一个。但如果只说一个的话，还是要归结到和用户交朋友上。"和用户交朋友，做用户心中最酷的公司"是小米的愿景；而要完成这个愿景，小米采用的方法是做"感动人心、价格厚道"的好产品；为了能做出这样的好产品，雷军又设计了"铁人三项"的商业模式；最后是建立生态系统来巩固和扩宽护城河。

行动指南

不要与用户为敌，要真诚对待用户。

10月 22日 有信任，才会有粉丝

　　我讲过很多次"小费模式"。我们赚的钱是用户心甘情愿给的。我也不希望做亏钱生意，我要求硬件加新零售平台能够维持收支平衡，利润主要来自互联网业务和互联网金融。用户愿意用我们的互联网服务，愿意付给我们钱，我们就挣一点点钱，所以我们视其为一种收小费的模式。

　　其实 Costco 早就是这样的模式：Costco 毛利率非常低，营业总收入与营业总成本基本打平，利润主要来自会员费和信用卡收入。Costco 应该算传统连锁店。沃尔玛只有十一二倍的 PE（price earnings ratio，市盈率，是一种用于评估股票价格相对其每股收益水平的财务指标），但 Costco 与 Google、Facebook 一样，享受了三十几倍的 PE。这里的逻辑是，像这样的公司才能真正获得用户的信任，才会有人追随，才会有"粉丝"。

　　"粉丝"这个词，现在已经被滥用了，但"粉丝"本质上就是相信你的人。小米之家为什么坪效高？我们一个用户说："我进小米之家可以闭着眼睛买东西。"各位，扪心自问一下：你的客户能不能闭着眼睛买你的产品？在座的小米的同学也扪心自问一下：我们今天的业务能不能让用户闭着眼睛买？用户要有多么信任你才能做到这一点。各位去小米之家可以看到，小米之家跟超市一样，是有篮子的。很多用户一篮子一篮子地去买东西，在这背后的是信任。小米用了 7 年多时间，才一步一步构建了这个完整的商业模式。

　　——《努力工作，克制贪婪是世界上最笨也最高明的办法》
　　2017 年 11 月小米投资年会上的讲话

背景分析

　　"粉丝文化"是小米的特色之一，雷军在上市招股书中就自述小米是"一家少见的拥有'粉丝文化'的高科技公司"。最早拥有"粉丝"的科技公司可以追溯到苹果，其"粉丝"也被称为"果粉"。小米则是最早在中国建立起"粉丝文化"的公司，也因此影响了一大批企业。由之而来的"粉丝营销"大行其道，以至于到滥用的程度。雷军就曾说过，在社交平台上获得的"粉丝"其实叫 followers（关注者）更合适。在雷军的语境中，"米粉"其实是用户的代称。和普通消费者不同，"米粉"和小米之间有深厚的信任关系，不论小米出什么产品，他们都愿意为之买单。而要做到这一点，就要以用户的利益为先，赚的钱是用户心甘情愿付出的。

行动指南

赚用户钱少一点套路，以真心换真心。

10月23日　用技术手段改善用户体验

下午我就在想，其实所有这些互联网行业的创业公司，本质上的方法论是一样的，是什么样的方法论呢？那就是，我们想用互联网的思维、工具和方法论来解决实体经济里产品和服务的问题。那么互联网给我们这个行业带来的最重要的东西是什么呢？或者说，互联网思维的本质是什么呢？

一切以用户为中心。这个话说起来很简单，因为在实体经济中也这么讲。但其实，传统经济在谈到以用户为中心的时候，"把用户当上帝看"在本质上是没办法实现的——因为你接触不到用户！而互联网有了量化的工具来帮我们了解 DAU（日活跃用户数量）、流失率等各种指标，本质上是用技术手段来改善用户体验。因为有互联网，所以我们真正有机会以用户为中心。

而由于互联网的业务形式，用户的重要性远超想象。在这一点上，Google 的十戒、价值观的第一条，就叫"一切以用户为中心，其他一切纷至沓来"。你们想要的所有指标都会有，前提是你真的把用户服务做好。

——《商业的王道到底是什么？》2017 年 2 月于顺风堂房地产的分享会

背景分析

几乎与小米同时，雷军还创办了顺为资本，延续他作为投资人的事业。早期顺为资本专注于移动互联网，后来延展到"互联网+"领域。互联网有与实体经济结合的需要，实体经济更多的是希望向互联网学习。雷军认为，互联网对于实体经济最大的好处，就是使"以用户为中心"成为可能。雷军曾经拜访过国内一家著名的白电公司，该公司说自己有非常多的用户，雷军问这些用户在哪里。让雷军没想到的是，该公司搬出了厚厚几本的通讯簿。小米的用户群活跃在小米社区里，随时可以与企业对话沟通。今天大数据还可以给用户精准画像。如果没有互联网，用户只能以电话号码的形式存在通讯簿里，企业与用户之间的沟通是单通道的，用户与用户之间的沟通更是隔绝的，不可能形成社群。所以，互联网大大拉近了企业与用户的关系。

行动指南

善用大数据等工具了解用户、服务用户。

10月24日 把实惠留给用户

前天，小米董事会批准了一项决议："从现在起，小米正式向用户承诺，每年整体硬件业务（包括手机及 IoT 和生活消费产品）的综合税后净利率不超过 5%。如超过，我们将把超过 5% 的部分用合理的方式返还给小米用户。"

我们紧贴成本定价，把实惠留给用户，用户会始终支持我们。"利小量大利不小，利大量小利不大"，薄利多销也会有合适的利润。我们不同于传统的硬件公司，并不单纯依靠硬件获取主要利润。小米本质上是一家以手机、智能硬件和 IoT 平台为核心的互联网公司。这就是我们独创的"铁人三项"商业模式：硬件＋互联网服务＋新零售——把设计精良、性能品质出众的产品紧贴硬件成本定价；通过自有或直供的高效线上线下零售渠道将产品直接交付到用户手中，并持续为用户提供丰富的互联网服务。

——《始终坚持做"感动人心、价格厚道"的好产品》

2018 年 4 月发表于微信公众号

背景分析

2018 年 4 月 25 日，小米在武汉大学举办了一场产品发布会。此时，小米已经临近上市，雷军宣布了上述决议，即小米的硬件业务综合税后净利率不超过 5%，如超过就会向用户返还。的确，硬件行业利润率本来就不高，但以公司决议来约束的，小米还是第一家。每个行业不同，竞争态势不同，商业模式不同，雷军这套"硬件不赚钱，通过互联网赚钱"的模式不一定适合其他企业。但是，雷军的中心思想"把实惠留给用户"，以换取用户长久的支持，则可以学习。薄利多销，也是中国传统商业的智慧。

行动指南

给用户让利，用户也会让你更有利。

10月25日 做感动人心的好产品

想和用户交朋友，不仅仅是靠态度，不仅仅是靠利润率，更重要的是做出感动人心的好产品。初期我们整个创始人班子百分百是研发工程师背景，平均有 20 年的行业经验。在创立这个公司的时候，所有人都是技术背景出身，整天在想怎么做好产品。想做好产品，最核心的是创新和研发。小米的创新力被世界各个知名机构和媒体评价为"在中国的创新里是顶级的"。前不久，《财富》杂志评选的中国最具创新力企业，小米排第三名。再说一个关键问题，我们才干了 8 年，我们去年在研发费用上花了 58 亿元，同比增长 83%。

——《小米 9 年：创新、变革与未来》2019 年 4 月清华大学演讲

背景分析

"顾客就是上帝"这句话在中国流行了很多年，雷军是第一个公开表达质疑的人。他的理由是，中国基本没有信"上帝"的，既然不知道怎么对待上帝好，又怎么谈得上对待顾客好？说这话就是在忽悠人。但是雷军相信，每个人都需要朋友，都能够设身处地感受到怎么对朋友好。把用户当朋友，很容易就能想明白，朋友真正需要的是高品质和高性价比的产品。很有意思的一点是，雷军从事科技创业，也对标世界级大公司，但他的商业思想一直没有"全盘西化"，始终有着鲜明的"中国特色"。雷军的观察无疑是正确的，我们身边所有的电商，称用户要么是"亲"，要么是"家人"。相比"上帝"，这才是适应中国的商业文化。

行动指南

做对用户有价值的事。

10月28日 光调研是不够的

还有一点非常重要，就是深入群众。其实无论做什么业务，搞清楚用户的需求往往是最难的。

以前我们做硬件的时候都是在实验室里、办公室里关起门来做。可是互联网是打开门来看，它是一个极为有效的组织工具，能瞬间把几百万、上千万的人组织在一起。

接着，光做调研是不够的。其实绝大部分用户不知道自己需要什么，是你拿出这个东西给他，他说这就是"我要的""我喜欢的"，他愿意用用看。那么我们怎么找到这个需求点呢？

第一，我们搞了一个巨大的社区，邀请很多用户在社区里面提各种各样的建议，汇集用户的意见来做产品。第二，有了用户的意见以后，更重要的是我们用了互联网开发 App 的方法来开发手机硬件，MIUI 这么复杂的系统。我们用的方法是每周迭代，听用户意见。你有什么意见我立刻就改，改完了你马上就能用，你觉得不对我再改。这个方法看起来挺笨的，但是有效。这一点是小米为整个消费电子行业带来的一个巨大的变化，而且我觉得今天还没有哪家做得比小米更好。

——《双折叠屏手机公布，小米为什么能够不断创新》2019 年 1 月写于微信公众号

背景分析

创新不是炫技，只有满足用户需求的才是有效创新。如何了解用户需求呢？曾经，苹果创始人乔布斯是极其看不上用户调研的。他说："汽车发明之前，用户只会想要更快的马。"这种看法当然过于武断了，因为用户的意见完全可以理解为"马太慢了"或者"想要更快地出行"。另外，他即便认同乔布斯，也不建议大家学习乔布斯。因为乔布斯拥有顶级的产品洞察能力，他可以不做用户调研，但旁人未必敢夸这个口。相比起来，"好学生"雷军的成功更可复制。雷军也认为绝大部分用户不知道自己的需求，但他却走向了乔布斯的反面。雷军没有抛开用户调研，而是更加深入群众，汇集用户的意见，随时随地修改。和用户交朋友，的确是小米的一个创新。

行动指南

深入群众，和用户打成一片。

10月29日 亲自带头发微博

和用户真心交朋友。这个话说起来很简单，但是不容易做，因为在中国有句古话叫无商不奸，真心和用户交朋友在中国是很难做到的。但是互联网有一个最大的好处——在初期的时候，我自己带头，所有人都在社区里倾听用户声音，收集了 2.1 亿个帖子的建议和资料。我们把互联网快速迭代的特点引入了硬件产品的研发，把手机

系统做到了每周迭代。当时刚刚做出来的时候，很多人很惊讶。我们坚持到今天主要是针对两三百万的"铁杆粉丝"做每周升级。

我亲自带头发微博。在今年小米9发布前的一个星期，我统计了一下，我一共发了97条微博。于是"米粉"亲切评价说我是小米公司第一数码博主。这些微博全是我自己发的，其实我每天很忙很忙，用所有的碎片时间跟用户沟通，还会看每条用户反馈。这是一个巨大的工作量，但是我认为这是我在小米最主要的工作。今天上午，我们就用户意见改善的会议开了三个小时，100多个高级主管在一起。我说，我们现在做的事情就是坚持初心，坚持跟用户交朋友，坚持根据用户的意见去改进。不要觉得我们大了，不要觉得我们怎么样了，这些都不重要，重要的是我们做的是不是用户要的东西。

——《小米9年：创新、变革与未来》2019年4月清华大学演讲

背景分析

很多对小米感兴趣的人都会问一个问题：雷军的微博是自己发的吗？答案还真是。和很多名人将社交媒体交给团队打理不同，雷军的微博一直是自己在发。首先这是由小米的创新性决定的，"参与感"是从小米开始的，在此之前并无前例可循。雷军是"与用户交朋友"想法的提出者，又奉行管理的必要手段：身先士卒，所以在早期亲自带头上阵，并且要求公司从联合创始人到员工都要如此。此后，尽管管理工作再忙，雷军也坚持每天上微博看用户反馈。因此他意识到，在团队规模不大时，统一思想是简单的，但当小米成长到数万人，要让所有人保持"与用户交朋友"就不那么容易了。这个时候就需要以身作则，做出表率。

行动指南

一个公司要坚持初心，领头人需要以身作则。

10月 30日 好不好用也是质量范畴

作为一个外行，我还想谈一点对质量的看法。我们不仅仅要在乎制造业的硬质量，还要在乎互联网行业的软质量。今天的消费者看待一个产品，好看不好看，好用不好用，都属于软质量。这是小米给中国制造业带来的一股新风。

小米极端重视设计，建立了一支强大的工业设计团队，拿遍了世界四大工业设计奖的金奖。在小米看来，高质量发展就是实现"高端产品大众化，大众产品品质化"，让更多的人享受高科技和高品质带来的美好生活。

好用不好用，是互联网行业谈得最多的事情。我认为要充分借助互联网的优势，让用户深度参与产品的研发过程，实时收集他们的反馈，并形成良好互动。

再举个小例子，MIUI是小米手机的操作系统，我要求MIUI的负责人在微博上全部开具实名账号，一个月内连开10多场用户座谈会。所有的干部都到一线了解用户对产品的意见，从大量反馈中整理出了数百条可以改善的项目，再进一步明确，确定了32个重点改进项目，并给出具体的时间表。这些都不是"硬质量"，但用户觉得好用不好用，也属于质量的范畴。

——《我关于质量管理的一些想法》2019年8月中国质量协会
成立40周年纪念大会上的演讲

背景分析

2018年11月28日，中国质量技术领域的最高奖——"中国质量协会质量技术奖"颁发，最终5家单位获得一等奖，其中就包括了小米集团。另4家单位分别是：中广核工程有限公司、中国运载火箭技术研究院、徐州工程机械集团有限公司和上汽通用汽车有限公司。不难发现，获奖单位中小米是唯一的互联网企业，并且是与核电、火箭这样的大国重器单位站到了同一领奖台上。而小米的获奖项目是"面向高质量的互联网敏捷开发技术"，正是雷军所说的听取用户意见反馈来改进操作系统。可见，雷军的"软质量"理念得到了质量行业的认可——产品质量不仅指的是可靠性，也还包括用户感受。将外观设计、用户体验等纳入质量范畴，是小米对质量工作的贡献。在中国制造业日渐成熟的今天，中国企业的硬质量普遍过硬，但软质量还普遍偏软。而产品能否在市场竞争中胜出，软质量可能更为关键。

行动指南

要关注产品软质量，重点是外观设计和用户体验。

10月31日 性价比是价值观

有些大品牌高高在上，像上帝一样。我们不是，我们真诚对待用户，把他们当朋友。这样的结果就是我们是全球罕见的拥有海量"粉丝"支持的公司。去年5月，在法国的第一家小米之家店开业时下起冰雹，但很多人坚持排队。在西班牙更是如此，西班牙人对小米疯狂得不得了。我认为，这个模式对全世界每个人都有价值。就像我当初提的，让全球每一个人都能享受科技带来的美好生活，让每个人都可以感受得到。

这一套模式的核心是"感动人心、价格厚道"。其实每一个公司做起来的时候都有一段价格厚道的时候，每个公司在起来的时候都用过一段时间的价格战，都是这么一步一步成长起来的。但是这些公司把性价比当成战术，没有当成价值观。我也特别害怕10年后、20年后小米也变成我曾经憎恨的公司，于是在上市之前我们出了一套"宪法"：小米对用户永久性承诺，小米每年整体硬件业务的综合净利率永远不会超过5%，如果超过我们，那就将其全部回馈用户。我们把这一条做成规定，每年请审计公司审计我们的利润率。

——《小米9年：创新、变革与未来》2019年4月清华大学演讲

背景分析

当一个企业进入一个新市场时，首选的武器一定是性价比。中国制造的崛起就是

一个典范，比如华为正是凭着性价比打入了由欧美把持的电信设备市场。甚至现在被认为是高端代表的苹果，在发布初代 iPhone 时也是以性价比为利器。

2007 年，乔布斯是这样介绍 iPhone 的："我们要发布三件产品，一个可触摸控制的 iPod，一个革命性手机，一个互联网通信器。"后来所有人都知道，这三件产品其实是一件，也就是 iPhone。而初代 iPhone 起售价仅为 499 美元，正是当时市场主流手机的价格。也就是用户花费买普通手机的钱，就可以享受到革命性的全新体验，这是极致的性价比。

运用性价比武器的例子还有很多，甚至现代营销学之父菲利普·科特勒有句名言："没有降价两分钱抵消不了的品牌忠诚度。"但在雷军看来，性价比不是绝对的低价，也不是一种战术，而是一种价值观。他的出发点不是赢得市场，而是赢得用户的信任。而要坚持性价比，就要由此创设商业模式，将极致效率作为核心竞争力。雷军也深知这是一条逆人性的道路，所以以公司章程的形式将"价格厚道"确定下来。

行动指南

把性价比当成战术可以赢得市场，但把性价比当成价值观可以赢得用户。

基业长青

技术也是艺术

　　有人认为程序员没有什么了不起，不过是一个熟练工种而已；也有人把编程说成是艺术创作，捧上天。这两种意见争论比较激烈，甚至可以说针锋相对。

　　我们换个工种来看，石匠应该是熟练工种，跟艺术似乎沾不上边。但正是这些石匠，给我们留下了多少文物古迹，如乐山大佛、莫高窟等。应该说这些石匠给我们留下了无穷的文化财富。我认为编程的工作和石匠比较相似，有很多是技术活甚至是体力活，但编写优秀软件却非易事。熟练工种也好，艺术创作也好，这两种想法都有片面性，编程应该说两种属性都有，编程不仅仅是技术，也是艺术。

——《程序人生》1998 年 3 月发表于《电脑与生活》

背景分析

　　20 世纪 90 年代初，一大批程序员活跃于网络之间，他们中有雷军、丁磊、马化腾等日后的互联网英雄。在网络上，大家对于程序员的工作有各种讨论，有的认为程序员只不过是熟练工种，也有人认为是艺术创作。雷军专门写了文章表达自己的看法。可以看出，雷军的看法和中国传统文化一脉相承，任何岗位的人才都可以像解牛的庖丁，进乎技而达于道。艺术并不玄妙，与技术也并不冲突。苹果公司证明了科技和人文可以完美结合，取得更高的附加值。

行动指南

技术中也有艺术，要发现人文附加值。

11月 4日　技术变革其实是观念变革

我 2000 年牵头创办了卓越网，2004 年把卓越网卖给亚马逊。卖掉卓越网后，我一直在思考到底什么是互联网。我当时面临的一个很大的压力是什么呢？金山只有 20% 到 30% 的成长，而卓越网能获得 100% 的增长。我就在想，这事情好像不对，我花了 80% 时间的东西只有 20% 到 30% 的成长，问题出在了什么地方？我们怎么才可以成长得更快呢？而且互联网到底是一个什么样的东西呢？

足足想了半年多，我才觉得自己对互联网有了一点点感觉。这个门道是什么呢？其实说起来很简单：互联网是一种观念！互联网其实不是技术，互联网其实是一种观念，互联网是一种方法论，你用这种方法论就能把握住互联网的精髓了。

为了让大家更容易理解互联网，我就把它总结成七个字，"专注、极致、口碑、快"，号称"七字诀"。这个"七字诀"厉害在什么地方呢？只要按这个方法去做，就会事半功倍。

2007 年金山上市后，我辞去了 CEO 职位，做了几年天使投资后，用我的方法论帮助别人创办了 20 多家公司。两年前，我就决定用这套方法论来创办小米。真如我的想象，的确事半功倍。

——《用互联网思想武装自己》2012 年 5 月写于新浪博客

背景分析

我们生活在一个科学技术日新月异的时代，技术改变了生产范式，改变了游戏规则，随之而来的是观念的改变。正如热兵器出现后，冷兵器时代的军阵战法就统统失效了，军事思想也发生了巨大变化。雷军是工程师出身，却没有将技术工具化，而执着于寻找背后的思想观念，这才是技术进步的本质。

行动指南

关注有形的技术，也要关注无形的观念。

11 月 5 日 核心技术

小米的创新到底是什么？首先是核心技术的创新。我来举两个例子。第一个例子是，去年我们在全球率先发布了全面屏手机，屏占比高达91.3%，手机正面基本上都是屏幕。我们提前三年开始做，当时我们认为这是手机行业发展的规律。在今天，大家应该能够看到这已经成为手机发展的趋势。国外媒体给予了小米极高的评价。这项技术的实现缘于对核心技术的持续投入。去年年底的时候，我们已经在屏幕方面获得了102项发明专利。现在，手机公司在各个核心技术领域里面都设立了专门的研发机构。

第二个例子是，小米作为一家创业公司，在过去三年的时间里投资研发了中高端芯片，今年2月份发布了澎湃S1。小米成为苹果、三星、华为之外第四家拥有自研中高端手机芯片技术的手机公司。芯片发布以后，我们迅速开发了一款手机——小米5C。这款手机发布以后，受到了用户的热烈好评。大家觉得用起来还真不错，是颜值与情怀并存的手机，同时也得到了《人民日报》的高度认可。

——《"互联网 +"理念带动中国制造转型升级》

2017 年 6 月于"国家制造强国建设专家论坛"上的发言

背景分析

创新有很多形式，熊彼特就列举过 5 个类型。但是，公众对于创新的理解各不相同，不同行业的评价标准也有所不同。以智能手机来说，核心技术创新比商业模式创新更为重要。因此，虽然小米在商业模式上有巨大创新，但仍会被攻击没有技术。对此，实力是最好的回应。2016 年，小米发布了全球首款全面屏手机，引领手机进入全面屏时代；2017 年，发布了手机 SOC 芯片。雷军也一直强调小米要技术立业。

行动指南

产品的核心技术要有创新。

11月
6日　参与标准制定

小米成立集团技术委员会将带来的变化包括：我们将更大规模地参与国内外技术标准的制定。今天，我们不仅任命了来自各个事业部的技术委员会委员，还将标准与新技术部并入了技术委员会。过去几年中，在标准与新技术部的带领下，我们广泛参与了国际标准的制定。随着 5G 和 AIoT 时代的到来，我们还将继续加大技术标准的参与规模。

小米从一诞生就是一家技术公司，技术创新是小米流淌在血液中的信仰，未来小米将始终高举技术立业的大旗，持续打造深入人心的工程师文化，让全球每个人都能享受科技带来的美好生活！

——《小米技术委员会要干好 4 件事》2019 年 4 月写于微信公众号

背景分析

参与标准制定是企业技术实力的最高体现，最好的例子莫过于华为之于 5G 标准。

小米是个年轻的企业，相比 30 年历史的华为，在技术方面的积累肯定有不足。但年轻的好处是有前例可循，雷军成立技术委员会并给出了目标：小米在研发技术的同时，要参与到标准制定中去，为企业赢得话语权。

行动指南

争取在技术标准中掌握话语权。

11月 7日 让公司充满技术活力

我们将建立起年轻化、高端化、规模化的人才梯队，让公司充满技术活力。一家公司能不能做出好的产品，研发投入很重要，但核心是要吸纳非常多优秀的人才，这也是技术委员会要做的工作。

过去 9 年，小米吸纳了一大批优秀的专家加入，他们为小米的发展做出了巨大的贡献。面向未来，一方面，小米要大规模吸收年轻人才，扩大校园招聘，为更多年轻的技术人才提供成长机会。另一方面，尊重知识、尊重人才，与一流大学开展紧密合作，引进更多具有博士学位的全球顶级人才。

我们将持续扩大技术人才队伍规模。除了北京总部之外，未来计划在南京和武汉，再建两个万人规模的技术研发中心，为小米创业的第二阶段做好人才储备。乔布斯 20 年前就表示过，技术创新最重要的是卓越的人才，技术委员会的一项重要任务，就是打造卓越的技术人才队伍。

——《小米技术委员会要干好 4 件事》2019 年 4 月写于微信公众号

背景分析

对任何组织来说，干部队伍都需要年轻化，技术队伍也不例外。雷军解决人才队伍的办法，一手是引进，一手是培养。在创业公司的早期，引进人才是主流，随着公司发展壮大，就必须有造血功能。在雷军成立技术委员会的当年，小米就启动了公司成立以来最大规模的校招，对于一家成立 9 年的公司来说，正当其时。

行动指南

建立年轻化、高端化、规模化的人才梯队。

11月 8日 大专家、大学者

我觉得要在各自的纵深方向成为内部、行业、跨行业的大专家、大学者。小米的舞台已经具有这么大的规模，研发水平也越来越高，在大平台里员工和公司可以相互成就。小米如果没有大专家、大学者，怎么可能在未来 10 年参与全球竞争？我见过的三星高管都是博士，他们在系统性研发上非常出色。我们鼓励技术人员往专业领域走，去全球发展。小米以技术为先，是因为我过去 30 年都在做技术，所以大家不用担心。我们优先鼓励优秀的业务同事成为科研专家，其次在高速扩展中还需要大量的专家。

——《优秀的人内心是有使命的》2019 年 3 月手机部内部讲话

背景分析

科学技术是第一生产力。2019 年，小米集团宣布语音识别开源工具 Kaldi 之父丹尼尔·波维（Daniel Povey）加入小米。2020 年，小米集团博士后科研工作站宣布首批纳贤开启。作为科技公司，人才队伍需要规模化，更需要质量化。小米自 2019 年起，开始大手笔投入研发，着重引进和培养高质量人才。面对全球竞争，这是必不可少的"军备竞赛"。

行动指南

技术方面要拥有行业顶尖人才。

11月 11日 让技术人员获得荣誉和尊重

第一，技术委员会最重要的意义就在于，我们在业务管理之外，增加了对技术职能的管理。我们将建立和完善一整套技术级别的评定，让优秀的技术天才专注于技术领域，不仅有获得感，还拥有成就感，这样，小米的技术根基也会变得更加踏实。

第二，我们将持续加大对技术的研发投入。我们要继续提升研发效率，强化预研探索，同时继续提升研发分摊成本的水平。过去 3 年，小米研发投入达 111 亿元，仅 2018 年就投入了 58 亿元，相较上一年提高 83.3%。小米是一家成立仅 9 年的年轻的公司，投入的绝对数字和很多世界级的公司还有差距，集团技术委员会要领导各个专业委员会帮助我们把投入用到刀刃上。

我们今年还要重奖做出突出技术贡献的工程师和团队，给予他们百万元级别的年度特别奖励。在未来我们不仅会有物质上的激励，还会有各种其他形式的奖励，让技术人员获得荣誉和尊重。

——《小米技术委员会要干好 4 件事》2019 年 4 月写于微信公众号

背景分析

工程师出身的雷军尤其重视"技术立业"，而智能手机又是全世界技术最尖端的产业。自苹果发布 iPhone 后，先进制程的芯片、先进的材料、先进的通信技术等全世界最先进的技术，几乎都会在第一时间被运用在手机上。小米要保持竞争力就不能不重视技术，而重视技术最直白的表现就是重视技术人员，对有技术贡献的员工进行重奖。在雷军设立小米技术委员会的当年，首个百万美元大奖就被颁发给了 MIX Alpha 团队，因为该团队开发了首款环绕屏概念手机。

行动指南

用真金白银奖励技术人员。

11月12日 你可能不需要拥有工厂

"米黑"经常说我们是搬运工——机器是富士康做的,芯片是高通的,小米啥活没干。说实话,iPhone 也是富士康做的。其实我们的工作就像做汽车一样,我们是整机设计者。今天的产业高度已经没必要从一根螺丝钉做起,这样不经济也不科学。在全球产业化分工以后,我们最核心的能力是整机设计能力。iPhone 是富士康做的,我们也是富士康做的,怎么老是觉得我们比 iPhone 差一点呢? 其实大家都理解错了。你们认为这么漂亮的楼是由谁造的呢? 是建筑工吗?

我是这么看苹果跟富士康的关系的:苹果其实只是租用了富士康的厂房、工人和设备,但每个机台上的管理人员都是苹果的。当我们也用富士康的时候,如果我们没有强大的驻厂工程师团队,就不可能做出好产品。我们没有必要自己买块地盖工厂,就像我们开公司没有必要自己盖办公楼。

很多人会误解,不就是交给富士康做嘛! 甚至我们有些机型也是找的 ODM[①]。大家千万别忘了,使用同样的 ODM 做出的产品品质可能会大相径庭。你每天盯着装修干,和你交了 10 万块后把房子甩给装修队干,是两个结果。比如说,红米都是ODM 做的,但是我们至少派了一半的团队人员去看着,我们只是把一些重复的工作交给了他们,这样品质会完全不同。

富士康没有那么厉害。如果富士康厉害,就没有小米,也没有苹果,手机就都是富士康牌。今天这个时代,不是旧工业时代,不是工厂时代。今天是研发、产品和工厂管理的时代,你不需要拥有工厂。我希望大家能理解我们跟代工厂的关系,从严格意义上讲我们只是租用了他们的设备和人员。

——《我们不需要把稻草卖成黄金的人》2015 年 6 月小米网内部培训讲话

背景分析

"组装厂"是小米常年被攻击的一个标签,这其实是大众对制造业缺乏了解。事实

---

① ODM 是英语 original design manufacturer 的缩写,直译是"原始设计制造商",ODM 生产俗称贴牌(生产)。

上，小米采用的代工模式正是苹果开创的，是更为先进的模式。乔布斯在给平衡车鼻祖赛格威（Segway）提的建议中，也强烈反对赛格威自建工厂。当然，自2018年中美贸易战开始，全球供应链体系遭遇挑战。企业需要思考如何保证供应链安全。但加强供应链自主可控是另一个层面的问题，并不能由此否定代工模式是历史的潮流。

行动指南

正确理解代工模式，构筑真正的护城河。

11月13日　提高对制造业的理解

一直有种声音说，小米的产品都是代工的，都是贴牌的，我听完以后也挺郁闷。其实代工也是一种非常先进的生产模式。为什么大家对代工有误解？我估计，说代工的背后，主要是想说小米没技术，不懂制造业。我想，不能因为小米，让大家对代工模式产生误解。其实，要用代工模式把制造做好，需要对制造有非常多的理解。

3年前我们下决心植根制造业，做了不少事情。今年年初，我们交付了一个"实验室"，是今天国内最高端的智能手机生产线。这条生产线上，除了上下料以外，是完全无人的"黑灯工厂"。这间智能工厂位于北京亦庄，一年可生产100万台超高端手机，而整个工厂工程师加上工人只有100来人。

我们建这个工厂的主要目的是什么？就是为了提高我们对制造的理解，帮助我们的代工厂进一步提升效率。就是这样一间实验级的工厂，我们的效率比目前代工业内最先进的工厂还提升了25%。这个"实验室"做完以后，第二期就是建真正的工厂，预计能够提效100%，而且我们规划做成100%的无人工厂，目前规划的产能能达到年产千万台。

我想告诉大家的，不是小米终于有了一间实验室级别的工厂，我想说的是这个"实验室"背后是什么。这里面所有设备，除了贴片机都是小米自研或是小米投资的公司自研的。为了做这间工厂，小米在3年时间里投资了110家做智能装备的公司。

我认为未来的智能制造就是无人工厂，整个工厂就是自动化、智能化的设备和系统，这就是小米为中国制造转型升级所提供的解决方案。

——《我想澄清大家对小米的三个误解》
2020 年 11 月 18 日亚布力中国企业家论坛上的演讲

背景分析

代工等于没技术，这种认知主要是缘于大众对制造业缺乏了解。雷军多次提到，代工模式是先进生产模式，苹果同样是代工模式。事实上，代工模式下的制造业，已经不是劳动密集型产业，而是智力密集型产业。同样一个代工厂，苹果生产线上活跃的不仅是工人，还有苹果的工程师。为苹果代工往往意味着生产水平的一次升级。要驾驭代工模式，恰恰更需要技术，更需要对制造业的理解。

为此，小米开始向制造业的上游探索，2020 年的无人工厂就是这样一个例子。小米原本的想法是希望代工厂能实现自动化，但代工厂对研发先进设备和工艺流程有困难。于是，小米开始投资代工厂的上游，也就是制造设备，然后建立实验工厂，将成熟的设备和工艺流程实验完毕后，再输出给代工厂。今天小米仍然是以代工模式为主，所不同的是，小米开始带动代工厂共同进步。

行动指南

提高对行业的理解，带动合作伙伴共同进步。

11月 14日 存心有天知

柳传志当年推荐过一本书，叫《基业长青》，是关于如何创办百年企业的。于是我就问自己：怎么办一个百年企业呢？我首先想的是：在中国，谁做到了百年？

我第一个想到的是同仁堂。在研究同仁堂的时候，我发现同仁堂最重要的是其古训："炮制虽繁必不敢省人工，品味虽贵必不敢减物力"，意即做产品，材料即便贵也要用最好的，过程虽烦琐也不能偷懒。换句话说，要真材实料。设想一下：假如大家都这么做，那我们的社会还会有毒大米、三聚氰胺奶粉、雾霾吗？但这个事说起来简单，做起来是很难的。所以同仁堂的老祖宗又讲了第二句话："修合无人见，存心有天知。"你做的一切，只有你自己的良心和老天知道。这一句话，是关于怎么保证第一句话被执行的。

这让我很受震动。我就在想：为什么我们改革开放30多年来，中国在大家的观念里，就是生产劣质产品的地方呢？有时候大家开玩笑说，我们中国人太聪明。其实就是喜欢走捷径、喜欢偷工减料，才让大家有这样的印象。如果我们想基业长青，那就得真材实料，而要想坚持下去，就要把真材实料变成信仰。

我认为要基业长青，就要做到两条：第一，真材实料；第二，对得起良心。所以说不管是多少年，想办成一个持续永恒的事业，就得有理念，并且要把这种理念变成信仰。

——《我创办小米的思考》2014年12月君联资本
（原联想投资）内部分享会受邀发言

背景分析

《基业长青》是美国管理学家詹姆斯·柯林斯和杰里·波拉斯创作的管理类著作，自1994年出版以来，深受企业界欢迎。这本书更多是从管理角度来阐述一家企业永续经营应该做些什么。书中的案例都是典型的西式现代化企业，雷军则将目光放到了中国本土的百年老字号身上。这类企业或许没有现代管理思想，也没有企业战略，却实实在在存续了百年。它们的核心是价值观，这类价值观非常朴素，甚至带有对"天道""良知"的敬畏。大道至简，真实材料才可能支撑起百年企业。基业长青，需要的是道，而不是术。

行动指南

把真材实料变成信仰。

11月 15日 质量是生命线

在几种能力具备了以后，我今年提了三大命题。我们面临的问题有300个，我说300个解决不了，要以创新、质量和交付三个命题为龙头来解决问题。对手机业务来说，质量是生命线，我们是靠质量成为中国第一的，我们也是靠质量消灭了所有山寨机。但是今年的问题是，对手不是山寨机了，我们的对手是中国企业里面最牛的公司，怎么能在质量上全面超过他们？

今年年初，我亲自牵头质量委员会，经过十多次专项会议的讨论，制定了翔实的质量行动纲要，并组建质量办公室专门督办。我们的目标是用品质的铁拳赢得市场。

——《小米如何成功逆转》2017年8月亚布力中国企业家论坛上的发言

背景分析

2010年的中国手机市场还远未成熟。一方面，高端手机市场被国外品牌占据，苹果、三星等一机难求；另一方面，国产手机集中在山寨机市场，这些手机功能齐全，待机能力强，价格也低廉，但品质和体验非常差。2011年小米发布第一代小米手机，2013年又发布了红米手机，虽然定价不同，但核心器件全部来自最好的供应商。也因此，山寨机市场退出历史舞台。但是和企业一样，质量工作也是一场长跑，需要常抓不懈，并且不容有失。2016年，三星Galaxy Note7发生爆炸，叠加一系列其他因素，此后三星基本退出了中国市场。

行动指南

质量事关企业生死，工作不容有失。

11月
18日 质量专项督办

　　针对质量问题，我们成立了质量委员会，包括专属的质量办公室，专项督办，每一个部门都有质量小组，每个月都有质量例会，最重要的是我们安排了专门的人来负责督办。

　　几年前，我们成立了核心器件部，共包含 5 个部门：芯片、屏幕、相机、充电器和连接器。它们的质量都是每一个核心器件最关键的部分，同时，我还要求强化实验室的建设。

　　我们在后台引入恒温老化测试的整个流程，出厂前全部检测一遍，当我们把所有的过程都管好以后，质量自然就提升上去了，虽然每一部手机因此增加了一定的成本，但是大幅度提高了口碑。

——《用显微镜看品质》2017 年 12 月于工信部的交流发言

背景分析

　　雷军很早就认识到，抓质量不是空喊口号，而是建立一个系统的工程。雷军曾说，没有人希望自己做的东西有质量问题，但在每个环节要怎么做，就不是人人都知道了。这就需要在企业内部建立一整套流程，专事专办。为了强化质量的重要性，雷军还亲任了小米首届质量委员会的主席。

行动指南

　　要有质量意识，更要有质量体系。

11月 19日 抓质量，如果不是一把手想干，绝对干不了

抓质量，最难的不仅是举全公司之力全员参与，还要有巨大的投入。这样的事情，如果不是一把手想干，绝对干不了。我花了好几年想明白了这件事。我认为我在质量方面做的最重要的一件事，是我亲自兼任了质量委员会的主席，认真地抓了一年质量。我在担任质量委员会主席的那一年，大大小小开了254次与质量相关的会议，对细节一个一个地去盯，在每一个部门内都成立了质量部。所以，经过过去几年所做的艰苦卓绝的工作，小米的产品质量取得了长足进展。

——《我关于质量管理的一些想法》2019年8月中国质量协会
成立40周年纪念大会上的演讲

背景分析

20世纪80年代，海尔的老板张瑞敏挥锤砸冰箱，从这个事例就能看出来，质量是个一把手工程。质量工作难就难在每一个环节都不能放松，因此必须全员参与，注定是个自上而下的系统工程。2017年小米成立质量委员会，雷军亲任会长就是一个明确的信号。经过两年狠抓，小米的质量工作也得到了国家级认可。雷军在当年被评为杰出质量人，受邀出席中国质量协会40周年大会并发表演讲。值得一提的是，雷军是唯一获得全国管理质量奖中个人最高荣誉的互联网行业代表。

行动指南

质量工作是系统工程，也是个一把手工程。

11月 20日 通过后续服务获益

　　小米是一家互联网公司，我们在用互联网思路做手机。因此，我们达成的第一个共识就是我们完全有可能不靠硬件赚钱，而是靠小米手机赚钱。为什么呢？是因为当手机销售量很大的时候，其实手机本身就是一个巨大的平台。在这个平台上就会有很大的收益，我们完全可以不靠硬件来赚钱。可能对于所有手机公司来说，卖一部手机赚多少钱是他们最主要的生意，但是对于互联网公司来说，我们完全可以通过各种后续服务来获取收益。所以小米手机在刚一亮相的时候，就采用了跟其他手机公司完全不同的策略。前段时间我在硅谷跟很多人描述，很多人说这不就是亚马逊 Kindle 的模式吗？我一想 Kindle 确实是这种模式，硬件不挣钱，甚至略微赔钱。

　　——《创新的本质是要容忍失败》2011 年 12 月于创业邦公司年会上的演讲

背景分析

　　互联网思维是什么？雷军打过一个通俗的比方：羊毛出在猪身上。大多数互联网服务都是免费的，但由此产生的巨大流量可以有非常多的变现方式。小米模式的创新之处在于把硬件当作流量入口，超越了传统厂商直接赚取硬件利润的思维。

行动指南

　　具备流量入口性质的业务，可以不挣钱，甚至略微赔钱。

11月 21日 用效率提升来降低最后售价

　　当我们想保证有好的用户体验的时候，其实我们花在技术、产品、原材料、人力上的成本比传统经济高很多。我有时候也在想：我们 VC 难道就爱好烧钱吗？我们有时候干的还没有实体经济的效率高，因为只要一印上"互联网"，所有成本就都上来了。投入这么高的成本，为了达到让客户满意的最终目的，就是要用互联网的技术、人才、方法论、思维，包括更大的投入，来提升效率。用效率的提升来降低最后的售价，提高用户的体验，使用户感受到更高的性价比。像 8H 的床垫，为什么乳胶床垫能做到这么高质量，还卖得这么便宜，以"平民价钱卖奢侈品"？因为效率提升了。我们在前期的研发投入、系统投入上，花了大钱。

——《商业的王道到底是什么？》2017 年 2 月于顺风堂房地产的分享会

背景分析

雷军是互联网的信徒，但是他并不神化互联网，不是什么行业贴上"互联网"三个字就能成功。2015 年前后，诞生了大量打着"互联网 +"旗号的 O2O 创业公司，但只有极少数坚持到了最后。原因也不复杂，线下的商业机会搬到网上，并不意味着效率提升，正如雷军所说的，可能效率还没有实体经济的高。用户享受到的服务相对于传统实业并没有性价比，市场并不买账。"互联网 +"要取得成功，一定是效率的提升，给用户带来更好的体验。

行动指南

不要神化互联网，关键是提升效率。

11月22日 零售需要纪律性强的团队

我们小米之家遇到的最严峻的挑战是什么？我觉得是文化冲突。因为做零售需要有纪律性强的团队才能做得好，这和我们科技以人为本的文化是冲突的。我们要坚持做世界一流的零售团队，一定要跟星巴克、麦当劳、无印良品这样的零售集团对标。

如果这个目标达成，我觉得友商就无机会可言了。他们开一百家店，只要有一家小米之家立在那里，对他们来说都是绝对的威胁。我们有这样的产品、品牌、用户群，比加盟店模式强大太多了。你们去研究一下美国的零售历史，就知道我们代表未来，我们是中国的希望，时间是我们的。只要我们脚踏实地，发展的势头挡都挡不住。

——《我们成长中的问题》2016 年 9 月小米网内部总结

背景分析

2015 年小米就感受到了电商的瓶颈，破局之法则是尝试线上线下一体的新零售，其代表就是小米之家。2015 年 9 月，小米在北京当代商城开出了第一家小米之家零售门店。在零售行业，衡量门店效率的指标是"坪效"，指一平方米的销售额。在 2016 年，全球坪效最高的是苹果，达到了每平方米 40 万元，第二位是蒂芙尼，达到了每平方米 20 万元。而小米之家在 2016 年做到了每平方米 22 万元。这给小米极大的信心去拓展新零售。但是雷军也深刻意识到，线下零售有非常高的专业性，对于小米团队来说是未知领域。此后，以小米之家为代表的小米新零售体系经历了多次变革，最后形成了直营、授权两种模式，在全国遍地开花。

行动指南

脚踏实地做零售。

11月25日 品牌做成不容易，做砸很容易

小米模式最重要的是信任。在这里，我也恳请小米大家庭的 190 家公司明白：小米品牌做成不容易，做砸很容易。在座各位（小米生态链合作友商）的任何一个质量事故，哪怕（你）用的不是小米或者米家的品牌，都会被记到小米头上来。

我们有不少公司，网页上的宣传资料写着"小米生态链企业"，淘宝销售的时候

写着"小米生态链企业某某公司做的某某产品",这都是用小米在背书。这对小米品牌的负担非常之重,因为你一不小心就可能伤害了小米品牌。还有一点,各位自创的品牌做了这么多产品,让"米粉"和消费者很困惑:小米的业务有没有疆界?一个什么都做的公司是很难做好的。

我真心恳请大家帮我。我们今天遇到的最大难题是怎么维护好小米品牌。它承载不了那么多的产品,也不能无限地为在座各位背书,甚至为不在座的,跟我们没有关系的公司,包括那些假货去背书,这是我们承载的最大压力。大家曾一度觉得小米质量不好,说实话,在最火的几年里小米手机假货率在40%。可能到今天,小米充电宝的假货率都在80%左右。

整个小米品牌一步一步走到今天,历经了非常多的磨难。我认为,品牌对小米来说就是生命线,承载了所有用户对我们的信任。我们只有共同维护好这个品牌,大家才能共生共赢。因为我相信小米往前走得越快,小米平台的势能就越强,小米大家庭的每一个人都能受益。如果任何一个人滥用,给我们造成的伤害是没办法修复的。我们各位要一起商量,在品质管控和业务扩张里面找到一个平衡点。我相信发展和稳定是融合统一的,细节我就不讲了。

——《努力工作,克制贪婪是世界上最笨也最高明的办法》

2017 年 11 月小米投资年会上的讲话

背景分析

没有人比雷军更懂品牌之困了。自创业以来,小米一直饱受攻击,组装厂、"屌丝机"、没有技术等负面标签层出不穷,这让"高端化"成为小米的一块心病。所以,雷军才会说,小米品牌历经了非常多的磨难。而在 2017 年时,小米生态链已经初具规模,拥有了上百家小米生态链企业。其中大多数都有硬件产品,并且以小米的名义进行营销活动。对此,小米生态链出台了严格的品牌使用规范,以保护小米品牌不被滥用。

行动指南

与合作伙伴要立好规则,不能滥用品牌。

11月 26日 给行业做贡献

通常来说，生态链的推动者通常都是芯片厂商和操作系统厂商，而不是设备商。这不仅仅在于号召力，也有利益分配得失的考虑。因为前两者的努力可以尽得回报，ARM（reduced instruction set computer，精简指令集计算机）出力，所有 ARM 架构的平板市场利益都不会少了它；Intel（因特尔公司）出力推动，那 X86 架构的平板市场产出也都有它一份。

而如果由品牌设备商来推动生态圈的建设的话，付出在一家，其他竞争者却能跟随受益。这就不难理解，三星、华硕们做了平板，但没有出大力气去推动平板生态。因为大伙儿都不太乐意自己先埋头傻出力栽树，却让后来人一起乘凉。毕竟，跟着别人沾光才是最合算的事。

在决定要做小米平板时，有同事问我：咱真要做那个先出大力的"傻子"？我说，算了，苹果一次一次羞辱 Android 平板市场，总得有人先站出来吧。我们也很清楚，这需要多大的努力，而且如果我们成功了，能给其他设备友商多开一条路，提供更多便利。届时，友商们只要出屏幕比例、分辨率兼容的设备就能直接分享 Android 开放的应用生态链的成果了。

但总得有人先栽树是不是？既然不少用户需要 Android 平板，小米愿意给行业做些贡献。苹果公司首席执行官蒂姆·库克（Tim Cook）说 Android 平板都是垃圾，小米不服气，那我们就做给你看看。至少能让用户在 iPad 之外多个又好又便宜的选择。

——《总要有人先种树》2014 年 7 月写于微信公众号

背景分析

2014 年的安卓平板可说是一盘散沙，这和安卓系统在手机市场的表现形成鲜明对比。雷军认识到问题在于各家厂商都不愿意做先行者，于是率先推动平台生态的建立。无独有偶，当年华为也推出了首部平板。而此时小米仅仅成立 4 年，雷军就主动承担了行业责任。我们可以说"初生牛犊不怕虎"，但更可能的是，雷军本就有成为安卓阵营引领者的目标。

行动指南

积极推动行业生态建设。

11月 27日 实体经济留下的空白点

总结起来就是，我们所有"互联网+"的公司，本质要干的就是做"感动人心、价格厚道"的产品。你的产品能不能感动人心，你提供的服务能不能加个"厚道"，我相信这是整个商业的王道。谁也没办法拒绝东西又好又不贵的服务，我相信这也在推动社会进步。

包括在我们23家公司里，有不少商业模式在国内的服务行业里都具有开创性。我们刚刚听的那个"装小蜜"服务，我就觉得很新颖。但是我认为每个人都需要房地产的监理服务，因为我们不能把每个用户全都变成装修的专家。买了房子以后，把房子装修好真心不容易。装得不好，不光夫妻打架，还会引发一堆矛盾。我们每个人都有权利过上幸福的生活，那为什么每个人都要成为装修专家？这是我觉得匪夷所思的。

装修很复杂，所以我们沿着这个产业链投资了爱空间。不能让用户实现快捷便利的装修，这是我认为装修这个链条上最大的痛点。后来我们还发现一些问题，比如有一些自己装修的家庭需要监理服务来帮忙，那我们怎样用分享经济的模式解决监理服务问题呢？我们又投资了"装小蜜"。总之，在我们实体社会里没有解决的问题要远超过互联网自身的问题，实体经济里留下的空白点也远超虚拟经济里的。所以在过去三四年的时间里，我们在家居的板块里不停摸索，我认为可以做的事情非常多。当然，要想真正把企业做好是个长跑过程，还需要更长的时间。

——《商业的王道到底是什么？》2017年2月于顺风堂房地产的分享会

背景分析

企业社会责任是 20 世纪 80 年代兴起的概念，如今已经成为全世界的共识。它要求企业在创造利润的同时，还要承担对消费者、社会和环境的责任。企业经营好自己的业务，为社会创造价值，就是对社会责任的最好体现。过去 20 年，互联网经济可说是一枝独秀，是全社会的先锋行业，利润率远超实体经济，积聚了大量社会财富，也是时候回馈实体经济，推动社会进步和共同富裕了。2018 年以后，逆转国民经济脱实向虚之势已成社会共识。到今天，几乎所有的互联网大厂都设有专项，充分利用自身技术和平台优势，为实体经济提供全方位的支持和服务。

行动指南

关注实体经济中的待解问题。

11月 28日 勇气来自责任

任何时候都要有战胜困难的勇气。相信大家都会同意，在这次疫情中，英勇无畏的医护人员给了我们最多的感动。这种面对生死的勇气，是我们所有人的精神财富。我时常在想：白衣天使其实也都是一个个平凡的人，他们的勇气从何而来？后来我明白了，勇气的背后是沉甸甸的责任。

不久前，小米 10 系列开了一场纯线上直播的发布会，这在高端旗舰手机中还是头一次。很多人都问我，我们为什么敢这么做。其中最重要的一个因素，就是行业的合作伙伴非常希望我们开这样一个发布会，振奋行业的士气，激发市场活力。那时我们感觉到，作为行业的一分子，作为中国经济的一分子，我们的肩膀上也有沉甸甸的责任。企业是我们经济生活的主体，在面对困难时不妨多想想对员工、对投资者、对合作伙伴、对社会的责任。我们多坚持一天，"冬天"就远离一天，"春天"就走近一天。

——《疫情拐点之际，谈谈企业如何渡过难关》2020 年 3 月写于微信公众号在手机行业，发布会是非常重要的节点，即便是苹果也需要以这种形式来发布产品。可以说，一场发布会会极大影响一款手机产品的成败。在 2020 年初，各家手机厂商纷纷以录播形式发布产品时，雷军决定进行线上直播。这中间的纠结，业外人士可能难以理解，但从雷军下定决心的因素来看，至少合作伙伴深知其中的差别和困难，才会对雷军有不一样的期待。

行动指南

敢于担起社会责任。

11月
29日 相信未来

最后我想说的是，没有一个难关不可逾越，无论面对什么危机，信心比黄金还要珍贵。

疫情是一场突如其来的灾难，但放在历史长河中也不过是一瞬间。企业要战胜时间，必须目光长远，看到 5 年甚至 10 年以后的大趋势。有了这样的视角，任何难关都不足以动摇对未来的信心。

早在 2010 年创业之初，小米就以推动商业领域效率革命为己任，选择了竞争最激烈的智能手机战场中最艰难的一条创业路。2013 年，小米就判断未来是万物互联的时代。2019 年，小米正式启动了"手机 +AIoT"双引擎战略，决胜 5G 和万物智慧互联。对于这样巨大的机遇，疫情只是一个插曲，疫情过去后将会迎来高速的发展。

疫情当前，我们除了勇气之外，也要找到信心的来源。我建议不妨着眼所在行业的大趋势，脚踏实地锻炼好基本功。这样在危机过去之后，必将迎来春光灿烂的未来。

令人欣慰的是，战"疫"进展越来越好，好消息不断传来。一面是方舱医院关门大吉，另一面是正常的工作生活正慢慢回归。小米 10 系列发布以来，在政府支持、合作伙伴的努力下，工厂复工速度不断加快，相信不久后，就能迎来全行业的全面复苏。小米已经做好了准备，继续推出感动人心的新品，为国家的 5G 战略落地添砖加瓦，让大众的智能生活变得触手可及。

我相信，命运总会奖励乐观严谨、勇于行动的人。大家一起加油吧！

——《疫情拐点之际，谈谈企业如何渡过难关》2020 年 3 月写于微信公众号

背景分析

拉长时间维度，我们会发现，历史上的每一次危机，无论是经济萧条、战争，还是自然灾害，人类最终都得以度过。在智慧和韧性面前，没有一个寒冬不可逾越。这不仅是自然法则，更是人类社会进步的必然规律，不以人的意志为转移。雷军这段话，既是对团队的鞭策，也是对信心的传递。他提醒我们，面对困难时，要做一个理性乐观派，相信春天终将到来。

行动指南

相信未来，做一个理性乐观派。

12月

文化价值观

12月 2日 人是决定性因素

每个风险投资家都会说，项目和人缺一不可。

但总会遇到如下两种情况：第一种情况，人非常好，项目也不错，但还不够好，投还是不投？第二种情况，项目非常好，人不错，但还不够强，投还是不投？在项目和人之间，还需要做出最后的抉择，怎么办？最后，在中国的大部分风险投资家会选择投项目。

而我会毫不犹豫地选择投"人"！因为人是内因，人和项目之间，人是决定性因素。我的几次实践也验证了我的想法。

比如凡客（VANCL）的陈年，他2005年4月从卓越亚马逊离职后，我就对陈年说，"无论你做什么我都会支持"。第一次，他创办我有网，我投资了；2007年10月再次创办VANCL，我继续投资了。VANCL，我投的就是陈年这个人！这里也谢谢IDG合伙人林栋梁，他也是连续两次投资了陈年。

比如UCWEB的俞永福，他还在联想投资工作的时候，我就曾经说过，"如果你想创业，我一定会支持"。后来他决定加入 UCWEB 创业，我也是毫不犹豫地投资了（当然 UCWEB 是个非常不错的项目）。还有拉卡拉的孙陶然、多玩的李学凌等。

我有点不理解：大部分机构为什么不这样做呢？琢磨了许久，我觉得基金的商业模式不支持这样的投资模式，因为投资机构募集投资人的钱，都有明确的退出期，如果项目不够好，至少会浪费几年时间，机构等不起。而天使投资者投的是自己的钱，没有外部压力，有足够的时间投"人"！

所以，我的判断是投"人"的成算更高！

——《如何挑选创业项目》2008 年 12 月 8 日创业邦公司年会上的发言

背景分析

2008 年，凡客诚品创始人陈年获选年度创业人物，UCWEB 的俞永福获选年度潜力创业人物。而这两人都是雷军所投，他也因此入选年度最佳天使投资人。雷军总结过看项目的标准：一看人，二看方向。这里进一步说了二者之间的关系，项目方向是外因，人是内因。一个好的创业者，无时无刻不在寻求机会。从这个意义上来说，投资对的人就像在沙漠里跟着骆驼，有更大的概率找到水源。

行动指南

凡事以人为先。

12月 3日 兄弟文化

在金山近 20 年的历史上，曾经"打仗"无数，在长期作战的过程中形成了兄弟文化，"胜则举杯相庆，败则拼死相救"。如果赶项目需要加班，领导会和员工一起加班，其他同事也会留下来陪着加班。总之，不会有人被丢下，总会被照顾到。长时间里，一仗一仗打下来，员工和员工之间会结成深厚的友谊，这种情谊会使整个公司处于一种情感共同体中，有利于员工保持良好的生活状况，也有利于公司的稳定。

深厚的兄弟情谊多次挽救了我们的事业：10 多年前我们差点关门的时候，不少人愿意减工资留下来继续工作；2003 年做网游的时候，不少人愿意放下自己喜欢的工作，选择到公司最需要的战场去……

后来我总结的管理特点，就是这样三条，"管自己以身作则，管团队将心比心，管业务身先士卒"。只有将心比心，才会有深厚的兄弟友谊，和兄弟们一起哭，一起笑，才能造就一支打不倒、拖不垮的团队。

——《金山为什么》2007 年 11 月为《梦想金山》作序

背景分析

在今天，"兄弟"很容易被理解为老板"画饼"的又一个话术。是不是真"兄弟"，看行不看言。在金山开发软件的时候，雷军没有只是挥动指挥棒，而是扑在一线与员工一起加班熬夜。这种情况并没有因为雷军成为总经理而发生变化，长期以来雷军都是公司里最以身作则的那个。当然，兄弟文化不只是共同战斗，更重要的是胜利果实的分享。这里雷军没有提及的是，金山早期由张旋龙家族 100％控股，到上市时，张旋龙个人所有的股权已不到 10％的比例，股份已分享给了求伯君、雷军等人。在上市前，金山授予了 430 名员工海量期权，占到了上市后的 11％。

行动指南

以身作则，与人分利。

12月 4日 挺身而出

千言万语不知道从哪里说起。十一之后上班的第一天，阿黎跟我谈了一些他的困难，刹那间我都蒙住了，不知道说什么好。然后他讲了面临的一些困难、问题，那一瞬间，我特别理解。

这种理解缘于我跟阿黎工作了15年，我非常了解阿黎的责任心、要强和能干。有时候他把很多负担都一个人扛，很少愿意跟我们分享。我之前知道他在工作中、在家庭中，可能都遇到了各式各样的困难，压力非常大，但是有时候他不说，我也不好意思问。所以阿黎跟我谈到了困难以后，我说：我们的公司是（希望大家能一起奋斗）一辈子的，今天你遇到了困难，我们大家扛，哪天也许我们谁遇到困难，我相信你也会挺身而出。

讲完以后，我回家蒙了好长时间。再仔细一想，发现阿黎扛了太多的事情，千头万绪都不知道从哪儿干起。第三季度大家看到了，我们应该进入了世界前三，而且在过去的几年的确做得非常好。我当时最痛苦的问题是，第一，我必须答应阿黎，第二，我们到底要怎么完成工作岗位的调整。

阿黎说他很感谢林斌，其实我也挺感谢林斌的。林斌说，哥儿几个创业，阿黎有困难，他愿意挺身而出。他说他要向阿黎学习，马上把家搬到了公司附近。

这个阿黎树立的标杆不太好。三年前我和阿黎做电商，阿黎第二天就把家搬到办公室旁边，说这样每天都可以凌晨三点下班。其实今天想一想，就是阿黎及在座的所有同事们的付出，才打造了小米网如此有战斗力的团队，才使小米在短短的三年时间里面改变了整个行业。所以请大家接受我代表全公司，对阿黎及在座的各位，包括不在座的各位，表示最诚挚的敬意。

——《小米 IoT 是在捕捉下一个千亿美元机会》
2014 年 10 月 小米网调整内部会讲话

背景分析

2014 年小米手机销量登顶中国第一、全球第三,然而同年 10 月却传来了小米联合创始人黎万强"闭关"的消息。

在微博上,雷军高度评价了黎万强,称他两次成功拓荒,分别是从零做 MIUI 和从零做小米网。在小米内部,雷军和整个团队都对黎万强表示了支持,由另一位联合创始人林斌接下了小米网的业务。从金山到小米,雷军都提倡兄弟文化,虽然没有明文写入小米文化中,但"胜则举杯相庆,败则拼死相救"一直在公司中流传。兄弟文化的本质也在这次讲话中被道出,那就是:挺身而出。在这种勇于担当的氛围之下,所有人都放开手脚、彼此信任,以极高的效率开展工作。

行动指南

建设挺身而出的兄弟文化。

12月5日 找到不需要管的人

早期金山极其强调周会、月会、KPI 考核、流程,但我在办小米初期有一个巨大的变化,想做一下人类管理史上最大的实验:去掉管理会怎么样? 所以小米前 8 年没有管理。很长时间我们不开会、不写 PPT 的,我们现在很多人都把 PPT 做得非常好。我在管理中总在琢磨怎么把公司和人管好。我在 40 岁办小米的时候,就想办一个不需要管理的公司。那么什么样的公司和人不需要管理呢?

1. 有高度的责任心(我推荐过一本书《致加西亚的信》,讲的是一个使命必达的故事)。

2. 有很强的能力。

3. 有强大的自我驱动力。

我们从四面八方加入小米,是为什么? 我建议大家读一下我在小米上市前夕发表的公开信《小米是谁，小米为什么而奋斗》。我参与了文章的起草和校对。公司初期所有的混乱我是有意造成的，我想试验一下没有管理我们可以做出什么事情。大家今天都看到结果了。仅仅 8 年时间我们创造了世界 500 强的奇迹，前无古人。其实是靠信任，靠共同的愿景，靠优秀的团队组合和良好的激励制度。参加今天这个会议的都是小米手机部优秀的同事，每一个人都需要想清楚你是在为自己工作，为自己的未来而工作。

——《优秀的人内心是有使命的》2019 年 3 月手机部内部讲话

背景分析

早期的小米以管理扁平化著称，创始合伙人各管一摊，下面是经理，再下面就是员工了。早期的小米上班也不打卡，没有各种流程，从管理上来看非常混乱。雷军有 30 年的管理经验，并非不知道管理的重要性，他是在故意试验"不管理"。不管理的前提是要找到不需要管理的人，小米早期很好地做到了。当然，随着小米员工人数不断扩张，很难做到所有人都能满足不需要管理的条件。今天，小米内部也会有管理制度，以及 OKR 等管理工具。但在干部圈层，雷军"不管理"的思想仍然被保留了下来。

行动指南

寻找不需要管理的"三有"新人。

12月 6日 创业股东也是投资股东

让我压力大的是，前段时间有个别同事希望投资小米。可能大家不知道小米现在的价钱贵到什么程度。有的同事跟我说："我工作了 5 年，没买房、没买车，家里存了点钱，我可不可以投？"我最初是不支持的，后来经过林斌反复劝说，我终于答应了。答应完以后，我发现愿意投资我们自己的小米同事实在是太多了。一方面让我很激动，一方面我又觉得压力很大。我们的小管同学（管颖智）说，她要把嫁妆投资给小米。还有同事跟我说："我已经把我们家的港股全卖了，现在我们的港股已经全变成'米股'了。"所以，我记得1个月前我在公司的内部会上就讲过了，我们每个员工都不仅仅是创业的股东，更是投资的股东。股东具有一定的表决权、决策权、知情权，参与公司经营管理的权利等，会给管理层带来一定的压力。只要在办公室走过的时候，每一个股东的眼睛都看着我们。今天，我们把背后的股东也请来了这里，小米给大家一个更给力的承诺是：2011年，我们会更努力！

——《今天是最好的机会》2010年小米首次年会上的发言

背景分析

在雷军年会发言的这个时刻，小米已经获得了4025万美元的投资，以当时汇率计，达3亿元。但最让雷军感到"压力"的，是他让小米的早期员工也参与了投资，让员工变成了股东。实际情况是，雷军感觉到了压力，而员工感觉到的全是动力。所谓"财散人聚"，与创始团队分享利益，结成命运共同体，大大提高了士气和战斗力。用股权方式与员工分享发展红利，也是现代企业通行的激励方式。

行动指南

做好股权架构，打造命运共同体。

12月 9日 不要用传统的干法

现代农业，我的确也没有搞明白，但我至少明白一条：一定不是传统的干法。

京郊的垂钓园、采摘园等，应该算现代农业吧。现在就有种植大棚蔬菜的农民，直接出租土地，租户想种什么就种什么。这样种出来的东西，实际成本比从市场上买贵了好多倍，但不少城里人乐此不疲。再看看网络游戏养虚拟宠物，不少人为了一个虚拟宠物，愿意花成千上万的真金白银。丁磊做网游的，自然明白这点。丁磊的一万头猪，假如结合网游养宠物、京郊大棚菜的玩法，会不会特别火爆？

首先，丁磊的每头猪都有编号，可以在养猪场的各个角度都装上摄像头，猪的每个细节都在网易上直播；然后，招募一万个网友来认养，每个网友可以实时看到自己的猪的成长情况，可以就养猪的每个细节提出自己的意见，甚至可以办养猪大赛，看看谁的猪养得好。最后，猪养大后，可以选择自己吃，也可以委托网易帮助出售。这样，网易的养猪网友一定每天趴在网上看自己的猪，到处拉网友来看自己的猪，养大还可以请网友一起吃猪肉，养得好甚至还可以成为养猪状元。

我的天呀，网易的养猪场成了最大的互联网和实体相结合的宠物社区。

——《丁磊养猪的商业狂想》2009 年 2 月写于新浪博客

背景分析

这段文字是雷军对丁磊养猪的猜想。这应该不会是雷军给丁磊写的"软文"，因为他的猜想都没有成真。与其说是猜丁磊要怎么干，不如说雷军在畅想互联网可以给养殖业带来什么新玩法。因为养殖业是相当成熟的行业，如果没有创新之处，就不可能与老玩家竞争。这也是雷军的创业经验之一，传统行业一定要带着创新去干，否则就没有竞争优势。

眼下正在发生的最好例证，就是新能源汽车的崛起。中国加入 WTO 后的 20 多年里，各行各业都有了长足的进步，唯有汽车行业，这个万亿级市场始终是德日企业的天下。而在 2003 年，比亚迪收购西安秦川汽车，开始跨行追求新能源汽车之梦。20 年过去，以比亚迪为代表的新能源势力，将外资品牌衬托得如同明日黄花。不难想象，如果中国企业跟燃油车铆上了，由于燃油车是个百年行业，德日企业存有先发优势，以及数不清的专利围墙，那么，实现超越要困难很多。

行动指南

如果没有创新，那么请谨慎跨行业。

12月 10日 创新有很高的风险

为什么创新这么稀缺？这才是大家应该讨论的问题，其实大家不应该讨论什么是创新，怎么样去创新，而是应该去讨论为什么创新这么稀缺。换一句话说就是，创新的本质是什么。我们从一个简单的逻辑来看这个问题。说创新就是做别人没有做过的事情，它的潜台词是什么？别人为什么不做？是因为这样做很容易输，很容易失败，大家才不去做。如果这样做有很多的好处，大家一定都会去这么做。创新一定有很多的坏处，有很高的风险。所以创新背后的第一个词是什么呢？是风险。对于一个大公司来说，每个人在工作的过程中都求稳，都希望成功，有很多 KPI，有很多考核要求。在这样的压力下，在希望成功的压力下，大家都会选择最保守的，肯定不会去干高风险的事情，所以创新在大公司就变得越来越稀缺。

——《创新的本质是要容忍失败》2011 年 12 月于创业邦公司年会上的演讲

背景分析

经济学家熊彼特认为，经济发展的根本动力是破坏式创新，只有创新才能发展。熊彼特还将创新分为了 5 个类型，可以作为创新是什么的回答。雷军从企业家的角度，关注的问题更为本质，即创新对企业意味着什么。创新不全是好处。巴菲特就曾说过，如果回到飞机刚发明的时代，他情愿把莱特兄弟打下来。飞机对人类进步有好处，但对企业却未必，大量的航空企业在竞争中倒闭了。因此，作为创新的主体，企业一定要明白创新首先意味着风险。

行动指南

正确评估创新的风险。

12月 11日 伟大的创新可能从小事开始

　　这两天有人跟我说："你创办小米科技，小米手机也出来了，我也没有觉得小米手机有什么创新。"反正这话说得我也挺尴尬的，我认为自己做了很多的事情，人家却说你啥也没干。我后来就在想，其实大家对于创新的理解可能还有偏差。大家理解的创新就是石破天惊，就是一上来就颠覆，可是大家有没有想过，一点点的变化就会产生很大的变化。

　　大家今天一直谈互联网，我想问大家什么叫互联网。互联网就是最早期很容易的热链接，这个热链接所带来的变化就是互联网，它很容易使各个网页连在一起。这个小小发明产生了我们今天这么伟大的互联网，所以有时候这些伟大的创新可能是从事情的一点点开始变化的。

　　——《创新的本质是要容忍失败》2011 年 12 月于创业邦公司年会上的演讲

背景分析

　　熊彼特对创新有过 5 种分类：可以是采用新的产品，也可以是采用新的生产方法；可以是开辟新的市场，也可以是创造新的原材料来源，还可以是创造新的企业组织形式。这些分类其实并不区分创新的大小，但通常人们认为创新可以分为颠覆式创新和微创新。事实上这两者并不泾渭分明，很多伟大的创新，初期并没有刻意追求伟大。比如可口可乐，最早不过是药剂师开发的一种新药物。以腾讯、阿里为代表的中国企业，对社交软件和电商做了很多微创新，同样堪称伟大。

行动指南

　　创新要"勿以善小而不为"。

12月 12日 创新的本质是要容忍失败

在硅谷也好，在全球各个地方也好，其实创新主要是小公司在干，因为小公司什么都没有。大公司有品牌、有技术、有人才，你做创新的事情，我上来跟你做得一模一样，可能很快就把你击败了。其实这也是大家讨论中国目前创业困难的原因之所在。

小公司想生存下去，想有所突破，就必须得创新，那么对于我们整个社会来说，我们要鼓励这种创新的话，最重要的就是要容忍创新所带来的后果，因为绝大部分的创新都是失败的。那么在我们这个社会上，如果没有容忍失败的环境存在，创新是很难持续的。所以我认为大家不应该问什么是创新，应该问的问题是为什么中国的创新这么少。创新的本质问题是要容忍失败。只有存在一个容忍失败的大环境，我们整个社会才能往前推进。这就是我对创新的理解。

——《创新的本质是要容忍失败》2011 年 12 月于创业邦公司年会上的演讲

背景分析

有自身创业和天使投资的经历，雷军对于创新的成功率深有体会。因此他不止一次公开表达过：创新的本质是要容忍失败。就社会大环境而言，毕竟很多创新可能会造成较大的负外部性。公众是否有容忍创新失败的必要，尚可讨论，但在企业内部，如果追求创新，就一定要有容忍度。爱迪生实验了 1600 多种材料，经历了 1600 多次失败，才为人类带来了实用的电灯。

行动指南

企业内部要有容忍创新失败的环境。

12月
13日 大胆探索新模式

今天小米之家全球首家旗舰店在深圳正式开业是个大事件。这家旗舰店位于深圳南山区万象天地商场，面积650平方米，是迄今为止面积最大的小米之家。同时这家全新设计的零售店更是小米之家发展史上的重要里程碑，为新零售蹚出了一条新路，为电商品牌走向线下树立了新标杆。

我们小米的全体高管都参加了开业仪式，还集体作为实习店员在一线服务"米粉"。现场来了很多的"米粉"，热闹非凡，我能够见证这一时刻，特别激动，特别开心。

去年2月开始，我们决定进行战略突破，把小米之家的职能从服务中心转变为零售店。之前我们花了大量的时间研究零售业的门道，咨询了一些业内人士，他们都表示线下零售业真的很难做，我们即使付出高昂的学费，也不一定能做成。我和公司高管们讨论后觉得线上线下相融合追求最高效率的新零售业态一定是未来的趋势，我们小米从诞生之日起就是个不断追求创新的公司，我们有决心也有能力大胆探索新模式，为"米粉们"带来新的购买体验。

——《小米之家深圳旗舰店开业是个大事件》2017年11月写于微信公众号

背景分析

2017年的小米深圳旗舰店是由世界知名的设计公司8 Inc担纲设计的，其创始人提姆·考博（Tim Kobe）与苹果有着20多年的合作，并且为乔布斯设计出了第一家苹果零售店。在深圳旗舰店落成前，小米之家已经在全国铺开，火爆程度超过了大多数人的预期。这也意味着雷军做线上线下相融合的新零售是正确的。

行动指南

不被固有行业经验束缚，坚持用创新解决问题。

12_月16_日　失败不可怕

　　周航找到我，说最近写了本书，中信准备出版，请我抽空给写个序，我甚至连书稿还没来得及看就一口答应下来。

　　我之所以愿意支持周航的这本新书，主要是因为非常认同他的一个观点：全社会应该更加包容地看待创业者。我从武汉大学大四时参与创办三色公司算起，至今创业已经有近30年了，深知创业的艰辛和不易。对胜利者，我们常常会报以掌声；但是对失败者，我们却嗤之以鼻。长此以往，这种社会风气会打击创业者的积极性。

　　其实没有任何一个伟大的公司、伟大的企业家不经过百转千回，不经过千锤百炼，就能够随随便便成功的！创业失败既不可怕，也不可耻，而创业者能否从失败中真实客观地总结教训，则是通往后续成功的关键。周航他能对经营易到过程中的得与失做认真且有深度的剖析，并且不避讳、不加粉饰地将他的思考分享出来，这中间需要很大的勇气，我认为值得鼓励。

　　　　　　　　　　——《认知和思考最好的体现是面向未来的行动》

　　　　　　　　　　2018年11月为《重新理解创业》作序

背景分析

　　伟大的事业没有一帆风顺的，也正因为如此，世人的目光常常集中在少数胜利者的身上，希望能从中获得成功的经验。殊不知，这里面有极大的幸存者偏差，其成功之路也往往无法复制。反倒是失败者的经验，更加值得总结，为后来者引以为戒。在以创新著称的硅谷，失败就丝毫不影响创业者的声誉，反而是重要的资历。在投资者看来，失败也是难得的经验，吸取教训的创业者在下一轮创业中反而更容易成功。

行动指南

　　尊重失败者，从中吸取教训。

12月 17日 推崇大胆创新的文化

创新科技和顶尖设计是小米基因中的追求，我们的工程师们醉心于探究前人从未尝试过的技术与产品，在每一处细节都反复雕琢，立志拿出的每一款产品都远超用户预期。我们相信打破陈规的勇气和精益求精的信念才是我们能一直赢得用户欣赏、拥戴的关键。

不只技术，我们还推崇大胆创新的文化。从手机工艺、屏幕和芯片等技术的前沿探索，到数年赢得的200多项全球设计大奖；从"铁人三项"商业模式，到依靠小米生态链公司进行集群；从"用户参与的互联网开发模式"，到小米线上线下一体的高效新零售……创新精神在小米蓬勃发展并渗透到每个角落，推动我们不断加快探索的步伐。

——《小米是谁，小米为什么而奋斗》2018年5月小米上市董事长公开信

背景分析

小米的企业文化是工程师文化，这和雷军的工程师出身不无关系。工程师文化的核心是创新精神，做前人没有做过的事，勇闯无人区。工程师文化更偏重产品研发，而创新则影响到整个公司的运作。很显然，小米是一个充满创新精神的公司，不论是"铁人三项"商业模式，还是"参与感"，都是小米敢为人先的成果。

行动指南

将大胆创新的文化基因注入企业。

12月 18日 创新源于热爱

今天的小米有 2.2 万人，这么大的规模要怎么管理，才能够持续创新？我认为，公司的管理体系固然重要，但是管理体系更多的是为了管控风险，保证公司不出大问题，而不能保证创新。所以我进一步思考：什么样的人能够不需要我去管理，自己就能创新？

首先，这个人得有能力。其次，这个人要有高度的责任心。还有一条，内心要有无穷的动力。他要跟我一样，热爱这个事情，想改变这个社会，想把产品做好。你不需要为他鼓掌，不需要给他打气，也不需要刺激他。如果你能找到这样的一群人，你的产品一定能做得很好，所以小米的理念就是要找有能力、有责任心、有自我驱动力的人才。如果每一个员工都想创新，都想探索最新的技术，惠及大众，改变世界，那么我们的产品怎么会不创新？我们的技术怎么会不创新？我们的公司怎么会不创新？

——《双折叠屏手机公布，小米为什么能够不断创新》

2019 年 1 月写于微信公众号

背景分析

小米是雷军 40 岁时创办的，那时他已经财务自由，所以创业完全是出于热爱，并且找到的合伙人也全都是发烧友。但是企业不同于个人，还得处理管理和创新的关系。管理本身是为了管控风险，并不对创新负责，因此雷军想到的办法就是找到不用管理的人，并且内心有热爱的人。

行动指南

招能自主创新的人。

12月
19日 在危机中发现并解决问题

　　要穿越经济周期，企业还应该具备持续创新的能力。创新既包括产品的创新，也包括商业模式的创新。对于一家企业，创新的本质就是发现问题、解决问题，并从中找到发展机会。这既是企业的社会职能，也是企业不断进步的原动力。

　　回顾过去的几次危机，能成功越过的企业都拥有持续创新的能力。危机是一场考验，是推动反思的终极命题，是企业价值、模式和生长潜力的试金石。不论非典还是新冠疫情，灾难本身不会利好任何事情。如果我们能够在危机中发现问题，并找到问题的解决之道，无疑拥有更大的生存优势。在这次疫情中，长时间、大范围的隔离给人们的生产和生活带来了很大的不便，因此能解决这一问题的"非接触经济"就获得了很大的发展，同时居家在线办公也给更高效、更紧密的协同工作模式提供了可能。在危机中，每个企业遇到的问题都不一样。比如这次疫情，餐饮行业最突出的问题是现金流，对于手机行业最重要的是库存安全和供应链问题。如何以创新的思维解决问题，是战胜疫情影响的关键。

　　——《疫情拐点之际，谈谈企业如何渡过难关》2020 年 3 月写于微信公众号

背景分析

　　创新不是天马行空，有效的创新应该是问题导向性的，即发现问题，解决问题。危机往往是各类问题集中暴露的时期，这中间就有无数的机会。雷军在这里还提到了非典。2003 年的非典疫情也造成了经济活动的停滞，却意外带动了电子商务的活跃，促使消费者习惯了网上购物。当然，电商发展更重要的原因是企业自身的能动性。即便没有非典，阿里巴巴和京东同样会以推动电商发展为己任。也正因为如此，这样的企业在疫情中也不会丧失信心，而是主动积极地解决问题，同时自然而然地抓住了危机中的机遇。

行动指南

注意创新的问题导向。

12月 20日 开心就好

创业心态的本质是什么？就是要做自己觉得酷的产品，就是要享受这个过程。

无论有多少困难，无论有多少问题，我们都要享受这个过程。走到今天，我们吃过很多苦，踩过很多坑，跨过很多坎，但最后一下能想起来的，不都是感动的泪和开心的笑吗？

所以我们定下了2016年最重要的战略：开心就好。

我们决定继续坚持"去KPI"的战略，放下包袱，解掉绳索，开开心心地做事。我们相信，开心了才有激情动力，开心了才有创造的灵感，我们每一个同事开心了，用户就一定能开心，成绩就一定会有，股东也就一定能开心。

——《2015 我不 OK，2016 开心就好》2016 年 1 月年会讲话

背景分析

2015 年，高速增长的小米开始遭遇瓶颈。当年，小米手机出货量超过了 7000 万台，依然领跑了国内手机市场。但是，在 2014 年拿到中国第一、世界第三后，小米于2015 年初定下的目标是年出货量 8000 万台。增长放缓的同时，外界的质疑、批评，甚至诋毁，各种负面评价铺天盖地袭来。雷军总结，小米为了预期的目标，有了太多心魔，内外压力之下，动作开始变形。因此，作为管理者，他开始给团队减负，去 KPI化，唤起创业的初心，享受创业过程。

享受创业过程。

12月 23日 诚信为本

金山是张旋龙创办的，求伯君是最大的股东，他们愿意把公司交给我管，这是多么不容易的事情。在诚信度普遍还不高的今天，信任就显得尤为珍贵。正是由于他们的信任，我感到无比的压力，我会在工作上格外努力，不辜负他们的信任。信任的背后是诚信，只有诚信的人才值得信任。

张旋龙本人被称为"中关村的不倒翁"，他说那是因为他绝对不做坑蒙拐骗的事。金山能够20年屹立不倒，诚信也是其成功的关键。我个人为人处世的态度就是不轻易承诺，但是承诺的就一定会做到！诚信，是金山最大的资本。言必信，行必果。这就是金山人。

有人问我：你是怎么管理好金山1000多名员工的？其实我只有一个简单的标准——只要你不骗我，做到你说的，我可以无条件地相信你。但只要你失信一次，我就不会再给你第二次欺骗我的机会。

诚信是金山常青的基石，无论如何，我们必须坚守诚信的企业文化。

——《金山为什么》2007年11月为《梦想金山》作序

背景分析

站在今天，金山创办已30多年，单是存续时间就已击败了90%以上的中国企业。但金山还有一项特质超越了绝大多数公司，那就是核心管理层携手奋进了30年。正如雷军所说，金山由张旋龙创办，求伯君是最大股东，而最后由雷军以职业经理人身份带领企业。拥有这类管理结构的其他公司，核心层只要稍有分歧，不知要生出多少事端，这样的案例不胜枚举。诚信不仅是雷军本人的特质，他也看到了诚信在企业管理中的巨大优势，那就是减少内耗、节省管理成本。

行动指南

言必行，行必果。

12月 24日 感恩

这些年，有很多师长、前辈和朋友帮过我，我一直心存感恩。"滴水之恩，应当涌泉相报"。我做什么才能还得清呢？

比如，在我们金山最困难的时期，1998年，柳传志拍板给我们投资了450万美元，救我们于水火，从此金山走上了腾飞之路。对柳总、对联想这种感激之情不是我们仅仅把公司做好就能还得清的！比如，我的母校武汉大学，给我创业的勇气和自信，赞助一个奖学金就能还得清吗？

想来想去，我觉得尽最大努力帮助创业者，投钱，投时间，帮助这些创业企业成为伟大公司，这是我回报所有帮过我的人最好的方式！

我自己曾经多次创业。我在大学和同学一起创办过一家小公司，1992年初作为第一批创业者参与了金山的创业，2000年我创办了卓越。在这三次创业过程中，我曾多次遭遇公司差点关门的情况。因为这些创业经历，我"懂"创业者，所以我非常敬重创业者，也知道他们非常需要帮助。从我的经验和资源的角度来看，我也很容易帮上创业者。每次创业者说谢谢我的时候，我都想说，不用谢我，等你有能力的时候，你再帮其他人吧。

——《天使投资只是我的业余爱好》2008年10月写于新浪博客

背景分析

企业成长于社会，不是无根之木，也不是无源之水。成功的企业一定离不开众多力量的帮助，尤其是经历了低谷、战胜过困难的企业。雷军这样的企业家，一路从学生时代开始创业，对此感受更为深刻。他身体力行地帮助更多创业者，是感恩，也是回馈社会。

行动指南

企业要回报社会。

12月 25日 只赚别人的一半

52 年前，老山姆在家乡创办了一家杂货店。他发现那时美国流通行业的平均毛利率是 45%，这其实是很黑的。老山姆就想：我能不能只赚别人一半的钱，只做 22% 的毛利率呢？天天平价，销量可以是别人的好几倍，肯定能挣钱。所以他就把"天天平价"做成了沃尔玛创办的 slogan（标语）。但是仔细想想，当别的连锁店赚 45% 的时候，只做 22%，理论上肯定是不赚钱的，而且亏得很厉害，这是市场竞争的原则。

老山姆琢磨了很久，心想只要便宜 100 美元，美国人就会愿意开车到 10 英里以外的地方买东西。所以他就不在市中心开超市，而是找了一个（偏远的）旧仓库，把所有的成本降到最低，就算毛利率只有 22%，他也还有几个点的净利润。结果，沃尔玛用了 30 年就成为世界第一，这就是高效率。

我们的商学院教了一堆错误的观念，包括我们这些投资者，永远在问"可不可以有更高的毛利率"。当然可以，骗用户呗！要么偷工减料，要么涨价，还有别的方式能提高毛利率吗？我现在投资，特不喜欢毛利率很高的。中国市场上什么东西都贵得离谱，稍微好一点的东西就很贵。

——《我创办小米的思考》2014 年 12 月君联资本
（原联想投资）内部分享会受邀发言

背景分析

商业活动的各个参与方有着不同的追求。就投资者来说，天然追求高利润，而企业家不同，他们当然也追求财富，但更本质的追求是改变世界，甚至是更为美好的理想。举例来说，巴菲特做投资尤其钟爱有垄断性质，或者说有护城河的行业，但对于社会来说，缺乏竞争的行业未必是全体人民的福祉。与之相对的，马斯克就不喜欢巴菲特的工作，认为最聪明的头脑却每天只用来阅读财务报表，超级无聊。因此，作为企业家不要被财务回报束缚住，而是要从提高效率的角度思考问题。历史证明，高毛利会降低企业的创新欲望，还会诱使企业走捷径，最终使企业走上不归路。

行动指南

做企业应该是效率导向，而非利润导向。

12月 26日 为社会创造财富

有的人学习编程技术，是把高级程序员作为追求的目标，甚至是终身的奋斗目标。后来参与了真正的商品化软件开发后，反而困惑了，茫然了。

可以说，一个人只要有韧性和灵性，有机会接触并学习电脑的编程技术，就会成为一个不错的程序员。刚开始写程序的时候，学得多的人写得好，到了后来，大家都上了一个层次，谁写得好只取决于这个人是否细心，是否有韧性、有灵性。掌握多一点或少一点，很快就能补上。成为一个高级程序员并不是件很困难的事。

我上学的时候，高级程序员也曾是我的目标，我希望我的技术能得到别人的承认。后来发现无论多么高级的程序员都没用，关键是你是否有想法，能否出产品，你的劳动是否能被社会承认，能为社会创造财富。成为高级程序员绝对不是一个程序员追求的终极目标。

——《程序人生》1998 年 3 月发表于《电脑与生活》

背景分析

1998 年，雷军年近而立，并且在这一年的八月担任了金山公司总经理。这一时期的雷军迎来了一个重要转折，从程序员变为总经理，从工程师变为企业家。这一时期的金山也面临与微软的竞争，雷军越来越意识到成为高级程序员还远远不够，开发出受社会认可的产品才是最重要的。

行动指南

商业就要做社会需要的事，而不仅仅是自己擅长的事。

12月 27日　怎么帮助农民

谈到农村互联网，大家就有疑问：虽然中国的农村基数很大，但是消费力没有城市这么大，真的有这么大机会吗？我觉得，看农村互联网不能仅仅看农村本身，农村互联网是一个巨大的概念。先想一想，我们在城市里消费的所有农产品，整个流通环节就让人瞠目结舌。一个苹果在产地只值 5 毛钱，我们在超市和水果摊买到的时候已经变成 5 块钱，有 10 倍的价格差距。而且农产品存在巨大的信息不对称：今天这里丰收了，卖不出去过剩；明天那里又歉收了……怎么让这些信息无缝打通，我觉得有巨大的机会。

我认为第一个巨大的机会是什么呢？在城市农产品的消费上，怎么帮助农民生产，我觉得这是第一个大的机会，而第二个大机会是农民自身的消费。

我认为，今天中国的农村和城市差 10 年到 20 年。我们在城市里有的很多服务，在农村可能要过 10 年、20 年才会有，怎么补平这个鸿沟？拿一个简单的例子来说，我们可能已经很习惯用淘宝，但是淘宝上有 1000 万种琳琅满目的商品，而大部分都不送到村子里。那么，农村需要的电子商务其实跟城里流行的不一样，他们用的产品也会和城里的不一样。

其实在过去几年，我们在做农村市场调查时，看到他们常用的 App 跟我们在城市里看到的略有差异。有些应用是我们在做农村调查时发现的：典型的场景是在一个村子里，村头有一个小卖部，有免费 Wi-Fi，有一群年轻人坐在那儿用智能手机。这是一个典型的场景，在这种场景下，大家发现用快手的人很多。

——《未来十年依然是创业的黄金十年》2015 年 11 月
GGV 成立 15 周年峰会上的演讲

背景分析

"商业是最大的慈善"，乔布斯、马云都有过这样的表达。这句话背后的原理在于，商业的本质是双赢，通过利他来达成利己。单方面的利他或利己都不是商业行为。因此，寻找商业机会也就是寻找创造价值的机会。这里雷军谈到的农村市场的机会，首先是企业可以创造哪些价值。在今天，生产助农在电商行业已非常普遍，而整个社会都在关注提升农村的商品服务质量。

行动指南

商业成功需要为社会创造价值，多看看哪些方面可以帮助社会提高效率、解决问题。

12月30日 德不孤，必有邻

今天，小米走到了历史性的重要节点。面向未来，小米建立的全球化商业生态有着极具想象力的远大前景。

小米要构建的绝不是一个封闭的商业帝国。小米也不仅是一家创新的科技公司，更是数字时代的生活方式的创立者和推动者。要实现让全球每个人都能享受科技带来的美好生活这一目标，一家小米远远不够，需要 100 家甚至更多的"小米"，一起建立丰富而繁荣的新商业生态。

"德不孤，必有邻"，通过独特的"生态链模式"，小米投资、带动了更多志同道合的创业者，围绕手机业务构建起手机配件、智能硬件、生活消费产品三层产品矩阵。现在，小米已经投资了 90 多家生态链企业，改变了上百个行业，未来这个数字会更加庞大。

——《小米是谁，小米为什么而奋斗》2018 年 5 月小米上市董事长公开信

背景分析

小米自诞生起就是一个新物种，所以也必然充满争议。小米模式也好，小米的理想愿景也好，最好的证明就是看同路人的情况。一个人交往的圈子可以看出他的为人，企业也一样。小米生态链模式就承担了这一功能，雷军曾明言：小米模式最伟大的地方就是可复制。同时，雷军也想表明小米是一个开放的生态系统，拥有广阔的发展潜力。

行动指南

建立企业的"朋友圈"，让"朋友圈"为自己说话。

12月 31日 不坑人

我做投资的时候，就是用这套理念做的天使投资和风险投资，所以我们在资本市场和投资领域里的朋友也是多得惊人。为什么我们的项目一出来就有那么多人抢着投资？因为跟我们做过几次生意的多达 10 家以上，他们都知道我的哲学：绝不坑人，宁愿你坑我，我也不坑你。

如果你跟一个人做生意，他绝不坑你，是不是达成交易的概率更高？所以在我们智能硬件融资的时候，我建议他们千万别漫天要价，炒个没完。炒得价钱越高，其实是越折损我们的信用。当年一家生态链公司，半年时间作价 3 亿美元，还想要到 4.5

亿美元。我说，3亿美元就够了，不要再炒了。

都是朋友的钱，你把人家钱赔了怎么办？人家也有业绩指标，抬得价越高，人家越难完成指标。如果咱们不认识，能蒙一把算一把，但都是做了十几次生意的朋友，你让人家赔了，你觉得你有没有压力？这3亿美元里还有小米背书的价值在里面，如果真的是独立的创业公司，1亿美元到头了。

我的整个哲学都是不坑人，然后坚持十年、二十年。我经常讲"疾风知劲草，路遥知马力"。一个人如果十年、二十年如一日，坚守一个价值观的话，一定是最厉害的。

——《小米真正聪明的地方是群众路线》2015年6月小米网内部培训讲话

背景分析

王石有一个简单的原则是"不行贿"，雷军也有一个简单的原则是"不坑人"。简单的原则，坚持做到就会很不简单。商业活动的参与方之间是一种博弈关系，并且是一种长期的多次博弈关系。理解了这一点，就能明白坚守原则不仅一种道德，更是一种策略。坑人，只会形成一次博弈，之后就再没有人愿意来做生意了；不坑人，却可以形成长期的稳定的合作关系，带来更多的收益。

行动指南

不坑人，并且坚持不坑人。